U0152102

學習改變生活

知行易徑系統

曾家達　著

策馬出版

《學習改變生活：知行易徑系統》

編　　著	曾家達
責任編輯	謝偉強
封面設計	飯氣攻心
封面圖片	shutterstock

出　　版	策馬文創有限公司
電　　話	(852) 9435 7207
傳　　真	(852) 3010 8434
電　　郵	ridingcc@gmail.com
出版日期	2017 年 10 月初版

發　　行	香港聯合書刊物流有限公司 香港新界大埔汀麗路 36 號中華商務印刷大廈 3 字樓
承　　印	陽光（彩美）印刷有限公司
國際書號	978-988-13347-9-4
圖書分類	社會工作

目　錄

iv

圖、表、框、工作表目錄

框

工作表

繁體版序

其實我在《學習改變生活》英文版 *Learning to Change Lives* 出版時已計劃出中文版，並從多倫多大學出版社方面取得版權。知行易徑基本上是由華裔同工合作開發出來的，1980 年代我在香港大學任教時的學生們是骨幹分子。在 1989 年移居加拿大後，我致力在全球化情境中建設社會工作實務的知識基礎。這個知識基礎具有幾點特色：第一，全球化是人類歷史中一個特殊階段的現象，回顧過去兩百多年，西方國家基本上主導著全球的發展，無論是透過帝國主義式的吞併、殖民或操縱，或是經濟和文化上的干預或影響。歐美以外的國家和地區，基本上避不開西方的經濟、政治、軍事、技術、社會、文化、藝術等等力量的入侵和干擾。到目前為止，可以說全球大部份的人口都在有意無意之間採取了以西方國家為中心的世界觀，簡稱西方中心觀點或西方中心主義。我們以西方的觀點作為模範，假設他們甚麼都比我們進步或優越，要改變自己來跟他們「接軌」。發展中國家常常用西方的標準來衡量自己，即使這種做法缺乏平等意識。以社會工作為例，這個專業涉及幾個領域，包括學術、職業、技術、社會體制、文化和意識形態等，在這些領域裏，西方國家已建構了常模，如果我們選擇發展社會工作，就要按別人的規則來玩遊戲。比如現在中國的高校很多都接受了西方所謂研究型大學的模型，以研究項目和發表論文的數量來評價老師的表現，而且用外語發表的一般比中文發表的更有價值，我們用第二語言來

跟別人的第一語言較量，處於相對劣勢。目前看起來，我們在理工科目上還是有不錯的競爭力（The Royal Society, 2011），但在人文學科和社會科學領域裏，我們就比較滯後。我認為，在深受西方中心思維影響的全球化趨勢中，華裔人本服務從業人員既要學習並吸收西方的理論和經驗，亦要立足本土，保持文化敏感度，才能為華人社會提供高質量的社會服務。估計在不遠的未來，華裔和亞裔的社工學者在這個領域會作出更多貢獻，並受到廣泛重視。

第二，注重具有人本價值和後職業時代（詳見後兩節）特色的實務系統。社會工作和心理學是產生實務系統的兩大主要行業。社會工作一直關注社會經濟和政治等宏觀因素，在開發社群工作的宏觀實務系統方面有較強的優勢，然而，在公共政策層面，社會工作仍然須要借鏡其他學科如公共行政、城市規劃、管理學及福利經濟學等。一般而言，在微觀層面，常用的實務方法和模型主要出自心理學界，如認知行為治療、尋解治療等都是在心理和輔導中常用的方法，這些實務模型以治療為主要取向，與社會工作中強調爭取社會公平和制度轉變的價值觀並不完全一致，不少同工在實務上較難堅持人本或社會工作價值，而往往在像醫院這樣被醫藥模型主導的場所工作，同工可能會集中做一些提供資源或出院計劃方面的工作，以幫助當事人有效地使用服務。目前，知行易徑的理想是回應實務場所的複雜現實，建設覆蓋從微觀到宏觀層面的統一實務模型，可以貫串個人、伴侶、親子、家庭、小組 / 團體、組織 / 機構、社區 / 社群，甚至政策各個層次的實務。同時，我們希望在實務中實現人本主義的價值。我具有心理學和社會工作的雙重教育背景，以社會工作理念為框架，結合心理學的技術，對知行易徑進行有系統的探索和試驗。在過程裏，我發現到這兩個專業的知識雖十分寶貴，但仍有許多不足之處，須不停學習其他學科的知識和技

術，包括哲學、經濟學、社會理論、政治科學、神經科學、財務管理、美學、批判論述分析、敘事分析等。這歷程讓我欣賞到後職業思維的價值，就是認清單一學科或職業的限制，而在處理複雜的人生問題時，其實我們須要同時採用多種來源的知識和技術。

第三，開發具有文化適切性的實務系統。社會工作及其他類似的人本服務專業都是由價值驅動、社會授權，再加上應用在特定文化環境所產生的知識和技巧，並按照既有的社會體制來組織和運作。在當前的人本服務領域裏，包括社會工作及心理治療，實務系統開發者都以西方白人為主，由華人或其他族裔人士開發的介入系統幾乎絕無僅有。在知行易徑的發展過程中，很多的實務經驗都來自華裔實務人員社群，因此面向華人服務對象時，其文化層面的適切性比較強。另外，由於我在加拿大有長期作為少數族裔的生活和工作經驗，對於文化差異、主流和小眾的差距、主導論述的霸權性十分敏感，所以在研發知行易徑的時候，會特別顧及到跨文化介面的重要性。

此外，本書的中文譯本有幾個特點：第一，翻譯取向和一般的翻譯不一樣。一般的翻譯往往和原作者缺乏直接交流的機會，即使有也相對有限。而我與本書的翻譯團隊不斷交流，維持有機的互動；加上我也能使用中文，可以跟翻譯團隊一同探討翻譯的方向和具體的細節，所以翻譯過程比較靈活。第二，我們了解到不同地區，中國、台灣和香港對於中文使用亦有差異，所以在翻譯繁體版的過程中，亦考慮到國內和港台地區使用中文的習慣有所不同，例如國內一般把 discourse 譯作「話語」，港台則翻譯作「論述」；empathy 在國內譯作「共情」，在港台則譯作「同理心」，我們把意思不同的詞彙抽取出來，以便於將來翻譯簡體版時做出更適合的修訂。

　　第三，我在開發知行易徑的過程中不斷反思和修訂，絕對不希望它被視為已經發展完善或是教條式的指引。所以於 2013 年英文書出版後，已有多方面的發展和修訂，我們希望讀者能得到原著內容和本來味道，故此把新發展和修訂內容放在此書新增的第五部份。

　　第四，這本書出版的時間配合了知行易徑的發展。知行易徑自 2005 年定了英文名之後（Strategies and Skills Learning and Development, SSLD），無論從應用領域和參與實務者的數量來說，都有了一定的擴展。2009 年中文定名之後，知行易徑中文系列實務叢書的出版也能穩定發展，已出版的包括：《知行易徑：基礎與應用》（2011）、《知行易徑：應用與反思》（2013）、《談說之間》（2013）、《知行易徑介入模式於社會共融工作的應用研究計劃實務手冊》（2016）和《萬象》（2017）[1]；在英文出版方面，亦已出版三本不同應用方向的實務叢書（Kim & Hu, 2016; Tsang, Chu, Liu, Ip, & Mak, 2014; Tsang, Kim, Kim, Peng, & Hu, 2014）[2]。預計在未來的幾年裏，我們會不斷以中文發表不同領域應用的報告，並繼續出版實務叢書系列。

1　曾家達、游達裕編著（2011）。《知行易徑：基礎與應用》。香港：策馬文創。曾家達、區結蓮、游達裕編著（2013）。《知行易徑：應用與反思》。香港：策馬文創。游達裕著（2013）。《談說之間》。香港：策馬文創。曾家達、仁愛堂、易思達行團隊編著（2016）。《知行易徑介入模式於社會共融工作的應用研究計劃實務手冊》。香港：仁愛堂。李展熙、葉翠芬、游達裕編著（2017）。《萬象》。香港：策馬文創。

2　Kim, H., & Hu, S. (2016). *The break UP book: Tangible ways to get you back on your feet.* USA: Charleston. Tsang, A.K.T., with Chu, M., Liu, K. Y., Ip, L.C.F., & Mak, N. S. (2014). *Managing sexuality and intimacy issues among seniors: The SSLD approach.* Toronto: Yee Hong Centre for Geriatric Care. Tsang, A.K.T., Kim, H., Kim, S., Peng, T., & Wu, J. (2014). *Settlement practitioner's handbook: The SSLD approach.* Canada: Factor-Inwentash Faculty of Social Work, University of Toronto.

知行易徑中文版與華人社會

本節是專為中文版《學習改變生活》而寫，針對在華人社會應用知行易徑的經驗。這本書的出版，有多層次的標誌性意義。首先，在整個人本服務內的心理和社會介入領域中，包括心理治療、心理輔導、社會工作實務等，由華人開發的實務系統絕無僅有。知行易徑的發展，源於 1970 年代，當時我在還是英國殖民地的香港開始實務，於不同領域中應用了當年牛津大學的邁克爾・阿蓋爾（Michael Argyle）的社交技巧訓練系統。到了 2005 年，經過了三十年的實務、適應、轉用、改良、反思和概念重構，集合了我們團隊成員的知識、經驗和實務智慧，才建立了知行易徑系統。我們起初的團隊成員全是華人，絕大部份都是在香港受專業教育，初時我們覺得能夠很有水平地應用外國的系統就很不錯了，沒有想到自己可以開創一個新的實務系統。事實上我們在受教育的過程，接觸到各家各派的創始人，基本都是白人，絕大部份在歐美，偶爾包括澳大利亞，所以知行易徑的開創，標誌著我們從知識系統的引進和應用走進知識系統的生產，當然在知行易徑系統的推廣過程中，我們清晰地感受到我們的膚色和族裔身份帶來的限制和挑戰。然而當想像實務發展的未來時，我們是十分樂觀的，因為我們的時代大概就要來臨了。「我們的時代」，並非單指華人抬頭的意思，而是全球的知識生產，正穩健地逐步脫離歐美為核心的知識霸權佈局，東亞國家在知識生產中扮演的角色日形重要；而其他「南方」或過去成為第三世界或發展中的國家，亦不斷從邊緣移向中心。而在未來的知識生產中，我們相信英文主導的局面也會有所改變，中文將會成為越來越重要的知識生產語言，我們非常慶幸能在這大趨勢中，可以有一點點微薄的貢獻。

　　知行易徑系統於 2015 年在多倫多大學完成了發明項目申報，
也算是在心理社會介入領域中一個罕有的現象，其一是因為心理社
會介入項目在創新發明項目中為數較少，其二就與我的華人身份有
關。作為華人實務人員，知行易徑的開發者處於一個特殊的定位：
我在一所北美的研究型大學任教，深深感受到兩種身份的交錯。一
方面，我植根於華人思想文化，華人身份自然對其開發項目的過
程息息相關；另一方面，我又身處北美的學術體系中，以此身份發
表論述。在全球化的時代，身份固然不斷流動，沒有純粹和恆常的
社會位置，結合了不同的文化成份。在知行易徑的發展過程中，中
英兩個語言體系中的交流和文化翻譯，滲入知識和經驗的積累與
生產，是個交錯的過程。2013 年由多倫多大學出版的 *Learning to
Change Lives*，即本書的英文版，本身可以算是西方學術知識生產
體系內的產物；而至今，知行易徑的中文版實務叢書和刊物已累積
五本。因此，如上所述，知行易徑的知識和經驗生產過程中涉及兩
個或更多的語言體系的重疊、交接和互譯過程，而且會因應文化和
空間的變化進行因應性的調節。華人的身份，在不同的情境中，尤
其是認同歐美文化霸權或優越性的場域裏，可以是一個很大的限
制；但在其他情況下，這個身份和中文的語言能力可以成為優勢。
知行易徑近年的實務發展和知識生產，尤其受這樣的文化交錯過程
所影響。不少知行易徑的文獻及論文已經以中文出版，而知行易徑
網站除了中文和英文之外，亦已增設西班牙語和法語的語言選項，
我們更有韓文出版的論文。另外值得一提的是，我自己曾到非洲坦
桑尼亞推廣知行易徑，而我的學生 Aicha Benayoune 亦曾在阿爾及
利亞，用阿拉伯語進行培訓和訓練。我們喜見知行易徑近年國際化
的發展，以下會深入探索知行易徑近年在華人社會裏的應用。

大趨勢：全球化及中國的崛起、後職業時代

社會工作的發展是因應社會需要而產生，其研究趨勢是從純學術、單一學科邁向跨學科、與服務機構合作，並且緊密聯繫到實務上。知行易徑注重實踐，有協調多學科合作的優勢，實務人員在後職業時代亦大有可為。本節會探討現今全球所面對的三個大趨勢：全球化、後職業時代和中國的崛起。

有關全球化的討論，讀者們大概都接觸過不少；全球化過程其中一個主題是歐美霸權時代的結束，也就是歐美力量在全球去中心化，換來的是其他國家的興起和對世界的影響。近年，全球權力分佈散落東亞國家例如中國、日本和韓國，這三國的經濟和政治，以及軍事力量都相對歐美增強；印度也在高速發展，某些南美和非洲國家也在走上富強之路；此外，歐美世界把伊斯蘭國家建構為假想敵，並對之進行分化、利用、侵略、剝奪、打擊和壓迫，種下了衝突和敵對的長遠後患。從全球的角度來看，國家與國家之間的經濟差距正在減低，然而個別國家內的貧富差距卻不一定在減少；總體來說，大部份國家的內部貧富差距其實在增加。國家資本主義把政治、經濟資源和力量集中在極少數人手裏，社會不平等的跨代承傳更日益嚴重。在資本主義後期，許多不同組群間的矛盾會轉化成為形形色色的社會問題，從宏觀跨國角度出發，我們比較容易看到的是移民和難民的問題，也有外勞、人口販賣等問題；從結構性政治分析來說，階級矛盾與由貧窮引發的問題也會日益明顯；從較微觀的角度，我們要處理跨文化和各類弱勢社群間的差異性。簡單地說，人本服務實務人員在未來將會不斷遇到新的挑戰。

我們有意把知行易徑開發為一個較全面的介入系統，當然也應該關注全球化的環境。全球化現象雖然令歐美霸權逐漸削弱，可是

一直存在的權力分配與資源分配問題仍未見改善，讓人可以用來滿足需要的方法和資源，仍然存在極大的分配差異。權力及資源分配不均產生的結構性問題，如貧富差距等，是人本服務面對資本主義晚期和全球化現實必須關注與回應的現象。

除了全球化的趨勢以外，我們亦逐漸地步進「後職業時代」。「職業時代」信奉人類現實的問題可由個別專業的人士來解決，例如找醫生來醫病、由經濟學家處理經濟問題等。可是，人類社會的問題越趨複雜，新興的挑戰又時常聯繫著新的社會現象，例如網絡欺凌就跟互聯網和社交媒體緊密相連；全球化中的人群不斷流動，聯繫著跨國和跨地域的個人或關係問題。很多問題都需要跨學科（interdisciplinary）和超學科（trans-disciplinary）的知識來處理，涉及靈活地動員知識和實務技術，由不同職業和專業的人才來合作解決。例如設計全民醫療服務和保障、營運網絡媒體，甚至理財投資等，除了需要技術性的知識，也牽涉社會心理研究、政治背景、社會文化的認識。處理特定問題時往往涉及不同的知識，使我們難以由某一職業來處理特定的問題，也難以簡單地界定單一專業。因此，在「後職業時代」，一個人的身份再也不是由其專業，而是由他能夠做甚麼來定義和界定。這就是「不管你是誰，只問你能做甚麼」（Not what you are, but what you can do）的務實取向，來找出能靈活使用不同知識的人才去處理問題，令當事人能夠獲得並解決自己需要的方案。

雖然我們已逐漸走進「後職業時代」，可是在很多地方，包括中國和香港，職業思維仍然根深蒂固，很多人仍然傾向將自己定義為單一專業身份；社會工作就是其中一個例子。在中國，職業社工

在 2000 年後才認真地發展起來 [3]，至今只有十多年的歷史，因此中國仍然視社工為新的「職業」；我們在這裏談「後職業時代」，就可能不太切合大多數同工自己意識到的需要和情境，然而我們還是願意提供自己的觀察，讓同工們參考，希望可以引起關注和進一步的研究探討。我們明白中國現正處於一段過渡期：華人社會可能須要多走一段「社工職業化」的路程，才會更大程度地進入後職業時代的狀態。在「後職業時代」，社會工作和其他社會服務跟人本服務職業間的接線會越發模糊，更多的工作會由不同專業背景的同工負責，而不同職業的服務人員合作處理問題、改善情境的機會也將越來越常見。

我希望此書能在上述的大趨勢下，為各人本服務行業的同工，提供綜合實務的概念框架和實務方法。目前使用知行易徑的同工，以社工為大多數，但估計來自不同專業和學科背景的同工會越來越多。邁向全球化和後職業時代的過程，能夠為人本服務做出些微貢獻，就是我的心願。

在此處，我要鳴謝在英文書出版後繼續幫忙推廣知行易徑實務的朋友，包括在香港的孔憲政、李冰玉、李展熙、郭乃揚、張敏思、區結蓮和游達裕；在多倫多的廖廣源、朱陳麗嫦、陳大偉、蔡雅宜、梁欣曄、黃皓欣；支持系統研發的梁以文，以及多倫多團隊的葉翠芬、許認、黃蘊嫻、胡曉韻和陳澤霖。2016 年在北京的趙嘉路幫忙組織了中國的知行易徑核心團隊，成員包括于飛、方清、王偉、王曉燕、李大為、李冰玉、郭瀟萌、莨英麗、游可欣、游琳玉和談唯佳。最後，中文版能夠成書實在有賴我的翻譯團隊，包括

---

3 我在 1980 年代中期，還在香港大學任教時就開始在中國介紹社會工作；1996 年在多倫多大學開設中國項目，重點支持中國社會工作教育的發展。

許認、張秋早、許炳炎、胡曉韻、莨英麗、李穎敏、莊穎儀和劉靜
雯。游達裕一直在協調和編輯方面都作出了不少貢獻。我還得感謝
策馬文創的謝偉強在編輯和出版方面的支持。

原英文版序

知行易徑結合我三十年來運用社交技巧訓練及學習心理學於不同範疇的經驗而成，旨在為從事社會工作、心理學、教育、護理、醫療、精神健康、人力資源、培訓發展等人本服務的實務人員提供參考。

我在 1970 年代首次接觸社交技巧訓練。那時候，我是一名臨床心理學研究生，在香港大學學生輔導部參加了一個自我伸張（assertiveness）的培訓計劃。「自我伸張」一詞來自西方，培訓期間，我一直反思此概念是否完全適用於不同文化；同時，我亦反問自己，自我伸張在長期人際關係中有何作用。隨後我參考邁克爾・阿蓋爾（Michael Argyle, 1972）及其同事（Trower, Bryant, & Argyle, 1978）有關社交技巧訓練的著作，開始探索在其他情況下進行類似的培訓。

我將社交技巧訓練廣泛應用於各種各樣的對象，包括個人、伴侶、小組、組織和社群或社區等。有些作者——特別是社會工作領域的作者——把他們統稱為當事人或當事人體系（clients or client systems）。在本書中，當事人這個詞包含了當事人體系的意思。在我的實務裏，這些當事人來自廣泛背景，包括社會服務義工、自閉症兒童及其父母和照顧者、精神分裂症的成人長期患者、有情緒和行為問題的青年，以及向他們提供服務的社工、有人際關係問題的青少年和成人、尋求環境與社區情況改善的政府廉租屋居民、希望

改善關係的夫妻、學習如何進行員工培訓的管理人員、人力資源專業人士，以及努力適應北美生活的新移民等。為了促進該方法的推廣應用，我在加拿大、中國、香港、韓國、新西蘭和泰國等國家和地區教授相關課程，並多次主持專業發展工作坊。培訓當中涉及多種文化背景的當事人和從業人員。

2005 年以前，這些項目稱為社交技巧訓練。除了阿蓋爾的開創性工作（Argyle, 1967, 1972）外，我還參考了一些其他行業領軍人物的著作，如辛格頓、斯帕琛和斯塔莫（Singleton, Spurgeon, & Stammers, 1979）；庫蘭和蒙提（Curran & Monti, 1982）；特呂沃（Trower, 1984）；拉貝特和米蘭（L'Abate & Milan, 1985）；霍林和特呂沃（Hollin & Trower, 1986）；李貝曼、戴里希和繆瑟（Liberman, DeRisi, & Mueser, 1989）等。我仔細觀察當事人和學生的表現，並在收到他們的回饋後，不斷修訂工作方法，讓內容、結構、實務過程和實務風格各方面繼續完善。近年來，我更常採用「學習」（learning），而不是「訓練」（training）；除了技巧（skill），更講求策略（strategy）。至於「社會」（social）這個詞，則適用於大多數情境。當然，人們對於策略與技巧的應用有時會推及到更廣的範圍，如管理情緒，甚至重建生活；而有些人則對具體內容較感興趣，如親密關係、職業發展或機構表現等。

我很感謝在英國和北美推動社會技巧培訓的實務人員和學者，尤其感謝多年來許多當事人、學生和業界同工給予的寶貴回饋。這些意見、問題、質詢和經驗分享，使我能不斷完善自身實務。過去的幾年，我有系統地重整整套方法，包括其理論依據與歷年發展，加上這套系統在修正後所發展出的一些特點，使我決定將這套改進

後的方法，冠名為知行易徑 [1]（英文為：Strategies and Skills Learning and Development, SSLD），以期恰如其分地反映它的本質與用途。這本書亦是我對於這一時期所經驗、觀察與反思的小結。

知行易徑的主旨是讓當事人通過學習和發展新的策略與技巧，去處理生活及人際關係的問題，從而更有效地滿足個人需要，達成生活目標，改善生活質素。本書與知行易徑的主張一致，其內容結構設計以說明讀者發展專業技巧為目的，理論與概念的表述形式都便於應用。考慮到讀者們的學習方法不盡相同，本書採取循序漸進的結構，可促進系統性學習。在技巧學習的過程中，一些關鍵的方法步驟及原理需要重複練習。我想，大部份讀者可能會經歷螺旋式的學習過程：一邊學習新內容，一邊不時回顧以前的知識。我希望，大部份讀者會覺得這種有意重複的內容安排，有助於他們理解重要概念，掌握關鍵方法。我也願意鼓勵讀者用漸進的方式應用所學，在閱讀過程中，可以參照自己的第一手實務經驗；結合具體案例去嘗試應用新的理念與技巧，將會得到較好的學習效果。

較有經驗的同工可以按自己的需要，選擇性地閱讀本書的部份章節。我盼望從案主、學生與同工處繼續接收回饋。幾年後，我還會回顧並修訂這本書，根據不斷變化的實務情況更新內容。讀者可以經網站（http://ssld.kttsang.com）、臉書（SSLD Global Network）或電郵（k.tsang@utoronto.ca）跟我保持聯繫，我在此先感謝你們的意見。

---

1 英文 Strategies and Skills Learning and Development, SSLD 的名稱是在 2005 年訂定的，2009 年 4 月決定中文名為知行易徑。

鳴謝

　　知行易徑這個系統的發展，實有賴於先驅學者邁克爾‧阿蓋爾（Michael Argyle）為社交技巧訓練所奠下的基礎。1971 年，當時我在香港還是一名中學生，已開始接觸他的學說；雖然我後期的實務和研發，離開並超越了這一類實驗社會心理學思維範式，但這個體系的學問和研究令我大開眼界。我還要感謝學兄廖廣源，他在 1970年代邀請我參與他在香港推行的體驗小組，使我早期對於人際行為的好奇心，以及對心理社會介入的興趣能得以發揮。直至今天，他的自主學習模式和隨機應變的態度，對我來說仍然是寶貴的訓示。

　　其後，陸續地有很多人參與我的學習和探索旅程。首先，香港大學的關愛睿（Erik Kvan）老師的教導，使我學會思考和尋問，又為我指示了解人類社會現實的不同路向。同時，何友暉老師讓我發現心理和政治在實踐上如何相會交流，從此成為我思考文化和跨文化實踐的靈感泉源。除了導師對我的引領以外，學生對我的影響亦舉足輕重、同等重要，我須感謝他們常常與我分享他們親身的經驗、觸及的問題、學習的過程和獨有的觀點。

　　1980 年代，我將社交技巧訓練引進不同人本服務項目，我的學生和同事，包括張敏思、秦炳傑、朱燕明、陳玉駒和林愛冰等給予我無限的支持。當我在 1989 年移民加拿大的時候，我交付張敏思去帶領社交技巧學習小組，好讓這個項目能繼續實踐下去。二十多年後的今天，這個學習小組仍在運作，雖然成員有所更替，但這

小組舉行了無數的研討聚會，進行過數百小時計的錄影訓練回顧，並且設計過多個創新項目。這個小組貢獻良多，它提供了珍貴的學習機會，促進小組成員的專業發展，讓大家能從中受惠；二十多年來，這小組發展成一個活躍的網絡，生機盎然，令社交技巧訓練的學習得以持續發展。梁玉麒、區結蓮、楊家正和陳高凌在發展這個小組的貢獻實在功不可沒：梁玉麒為知行易徑的概念性發展提供了寶貴的意見和補充；而區結蓮在這個概念的實踐上，有非常突出的示範，她一絲不苟地將臨床經驗融合到社區行動和發展，將知行易徑帶到各方各面的領域，讓理論得以實踐。2011 年出版首本中文知行易徑叢書，游達裕與我為該書的合編者，而在整個研究發展期間，他一直是重要的支持者和協作者；尤其是在本書的寫作初期，我的心神易受其他研究項目所分散，他持續的督促和鼓勵，促成本書的出版。

　　我在加拿大的學生和同事也為知行易徑的發展注入生命力，並提供了無數的寶貴經驗和見解。金海娜（Hannah Kim）在 2010 年加入和統籌多倫多的知行易徑學習小組，並與其他人以韓文合寫了一篇知行易徑的導論文章。她同時也活躍於這個系統的教學，並籌辦網上的教學影片和其他教材。多倫多研究小組的成員功不可沒，其中包括發展這個系統的模式以及編寫實踐手冊和網站內容。知行易徑的網站首先在 2008 年由黃琛柏協助建設，其後由羅瑋澄、蔡詠茵和許認管理和擴充。Aicha Benayoune 除了為知行易徑的實踐製作了示範和教學影片，在 2011 年，她在阿爾及利亞舉行了一個密集訓練課程，將知行易徑推廣到阿拉伯語系地區，是當地第一個有系統的實務培訓項目。葉翠芬將知行易徑帶到醫療保健的領域，發展針對失眠、慢性痛症、緩和治療、體重控制、關愛的支援項目，並融合到瑜伽和身體運動之中。在知行易徑的實踐當中，王曉

婷、金素娟、彭瑄穎和吳銘亦將知行易徑引入不同的範疇，包括處理失眠問題、移民的適應和安居問題。胡曉韻提供有效的協助，使這本書的出版成為令人喜悅的過程：她的研究能力非常優秀，令這個系統的背景整理和內容發展工作能順利推展，同時，她為這本書的整個寫作及編輯過程擔當了重要的支援角色。

最後，我必須強調知行易徑的發展有賴於當事人的通力合作；他們樂意向我們坦誠說出所面對的問題，在系統發展的過程中讓整個團隊一起學習新的策略與技巧，擴闊視野和吸取新觀點，從而讓我們發展出新的概念化工具。透過聽取在世界上不同角落參與知行易徑實踐和諮詢的同工的經驗，我們的收穫十分豐盛。這本書的出版，就是我跟每一個人說感謝的方式。

第 一 部 份

_____

知行易徑概念

導論

　　生活中充滿變化。我們追求幸福、好境（well-being）或重要
生活目標時，往往發現世界變化得太快，而自己的能力難以滿足需
要。多數情況下，生活中的挑戰都會牽涉他人：有些人與我們建立
連繫，有些人會深刻地影響我們的生活。為達成所願，我們必須與
他人互動，並希望他們能正面回應。從嬰兒時期起，我們就學會表
達需要、尋求了解、交流自身感受與想法、傾聽、理解、協商、爭
論、支持他人、協作、關懷、鬥爭、合作、分享，或與他人嬉戲。
這些行為包含了種種技巧，與生存以及追求好境息息相關，它們可
稱為生活技巧、人際關係技巧或社交技巧。有人擅長這些技巧，有
人則不甚精通。人際關係技巧的完善或熟練與否，對人們能否有效
達成目標和對生活狀態是否滿意，都有直接影響。簡單來說，我們
的生活質素，與我們掌控生活情境和人際關係技巧的水準有密切
關係。

　　本書主要介紹一套有助於改善生活策略與技巧的學習系統——
知行易徑（Strategies and Skills Learning and Development, SSLD）。
我相信有效的策略與技巧，有助我們達成個人目標和實現好境，而
這些策略與技巧都可以通過積極的系統學習來掌握。社會服務行業
中，已經有很多基於技巧訓練的實踐模型與項目，一般稱為「社交
技巧訓練」（Social Skills Training）。在心理健康實務中，也有所謂
「社交技巧療法」（Social Skills Therapy）。在兒童（尤其是有發展

障礙的兒童）及其他弱勢群體工作領域，最常採用的是「生活技巧訓練」（Life Skills Training）。當然還有其他訓練項目，名稱更具針對性，如伸張訓練（Assertiveness Training）、家長效能訓練（Parent Effectiveness Training）等。企業與人力資源行業中亦有教練技巧、交流技巧、報告技巧與領導技巧等訓練項目。

各式各樣的專業訓練項目都有一個共通點：強調怎樣掌握特定的技巧，較少講述概念或理論。訓練內容往往會要求受訓者親自實踐，包括展示、角色扮演、模擬練習、回饋、實踐練習等，並輔以影音 / 錄影記錄與重播觀察。大部份項目遵循專家培訓師模型（Expert Trainer Model），即假設培訓師熟知並掌握訓練中所涉及的技巧，而且遵循既定的訓練流程，設計周詳而完備，充份利用手冊、練習、工作表與其他教材。

社交技巧訓練回顧

根據格爾茨坦（Goldstein, 1981）的觀點，社交技巧訓練採用有計劃、有系統的教學，協助人們學習自己所需的技巧，以提高行為的效用，長期地令生活更感滿足。社交技巧與特定情境互有關連，需靠後天習得（Pope, 1986）。如此看來，一個人的人際交往能力究竟如何，取決於他掌握的社交技巧，其中既包括語言的交流，也包括其他非語言部份（Pope, 1986）。

社交技巧訓練由以下理論發展而來：薩爾特（Salter, 1949）的社會學習理論；沃爾普（Wolpe, 1958）的交互抑制介入（Reciprocal Inhibition）；齊格勒和菲力浦（Zigler & Phillips, 1961）關於社交能力與心理健康之間的關聯；斯科菲爾德（Schofield, 1964）有關社交技巧訓練能彌補某些介入方法在社會階級差異方面的偏頗與不足；

班杜拉（Bandura, 1969, 1986）的社會學習理論和社會認知理論；以及阿蓋爾（Argyle, 1967, 1972）早期著作中從社會心理實驗成果發展出的實務介入模型。

　　社交技巧訓練起源於學習理論，因此大抵可以歸入認知行為療法。海耶斯（Hayes, 2004b）認為，認知行為療法的發展分為三個階段。第一階段主要是對一些傳統療法（如心理動力療法）提出挑戰。早期行為療法治療師認為，這些無實驗支持的療法科學性不強，他們試圖依據條件理論和行為學習法則，加上有實驗支持的證據，引導行為改變。行為療法直接關注問題行為與情緒的改變，大多用於解決人們生活中所遇到的問題，如焦慮、恐懼、強迫行為等（Ayllon, Haughton, & Hughes, 1965; Wolpe & Rachman, 1960）。

　　第二階段中，治療師非常著重有實證支持的行為改變過程，在條件反射之外，更依據認知理論與社會學習理論的發展，加入了認知改變與社會學習等目標（Beck, Rush, Shaw, & Emery, 1979; Mahoney, 1974; Meichenbaum, 1977）。

　　第三階段結合了第一與第二階段的成果，介入的特點包括：(1) 強調實證，注重原則；(2) 一對一的技巧學習，更注重與環境相關的體驗性改變策略；(3) 建立更廣泛、靈活和有效的應對方式，而不僅限於狹隘地消除「思想問題」與「行為問題」；(4) 強調工作內容對實務人員與當事人雙方的實際關聯性（Hayes, 2004b）。至於介入的方法則包括：接納與投入療法（Acceptance and Commitment Therapy, ACT; Hayes, Strosahl, & Wilson, 1999）、正念認知療法（Mindfulness-based Cognitive Therapy, MBCT; Segal, Williams, & Teasdale, 2002）、辯證行為療法（Dialectical Behavioral Therapy, DBT; Linehan, 1993）等。

應用

社交技巧訓練的應用十分廣泛，已經成為精神健康與教育領域的主要介入方法之一，多年來曾應用於多種服務對象，包括精神病患者、違法的青少年、遭排斥或忽視的學生，以及情緒／行為失調或缺乏社交能力的廣大人群（Forness, Kavale, Blum, & Lloyd, 1997; Kauffman, 2005; Nanyang & Hughes, 2002; Parker & Asher, 1987; Trower, Bryant, & Argyle, 1978）。

至於社交技巧訓練的研究也十分豐富。我利用 Scholars Portal，一個涵蓋兩千萬篇學術文章的文庫系統，檢索「社交技巧訓練」關鍵字，截至 2011 年夏天，共獲得 8,465 條結果。所有文章都是由加拿大安大略省大學圖書館理事會屬下二十一所大學圖書館的科目專員親自添加的。我會在下文中，總結搜獲的研究結果。

有效性

很多學者研究過社交技巧訓練在不同服務對象的相關性與有效性，這些對象包括情緒／行為失調的學生（Gresham, 1997, 1998; Mathur & Rutherford, 1996; Smith & Travis, 2001; Strain, 2001），以及患有精神分裂症、受相關失調症狀困擾的人士（Heinssen, Liberman, & Kopelowicz, 2000; Kopelowicz, Liberman, & Zarate, 2006）。社交技巧訓練從實證研究中獲得許多支持，成為了精神分裂症官方治療指南推薦的實證實務方法（American Psychiatric Association, 2004）。

批評

然而，研究員和評論家都表示，社交技巧訓練有一系列的問題。例如說，它缺乏由學習情境推而廣之的能力，而評估方法也往

往未能針對當事人的特點。

1. 缺乏可推廣性

在行為療法研究，包括社交技巧訓練研究中，「缺乏可推廣性」是經常提出的關鍵問題。從斯托克與拜爾（Stokes & Baer, 1977）發表的開創性著作以來，這一詬病並不罕見。盧瑟福與尼爾森（Rutherford & Nelson, 1988）回顧了 5,300 項行為療法研究，發現不足 2% 討論過這種療法在學習環境以外能否推廣與持續的問題，蘭德勒姆與勞埃德（Landrum & Lloyd, 1992）也有類似的結論。怎樣保證學員將學到的社交技巧靈活運用於現實生活中，始終是個難題（Williams White, Keonig, & Scahill, 2007）。如馬格（Maag, 2006）所述，在基礎行為療法研究中，可推廣性始終是個棘手的問題，對於社交技巧訓練這種複雜的介入方法來說，更是難上加難。過往的研究也提出過一系列建議，用以解決「難於推廣」的問題：(1) 選擇社會適用的行為，或者能夠為服務對象改善生活質素的行為，以此作為訓練；(2) 針對朋輩群體作訓練；(3) 招募社會環境中已經存在的社群，強化當事人作出社會環境所接受的行為。(4) 將當事人安置在可以鞏固習得行為的社會環境中（Maag, 2006; Farmer, Van Acker, Pearl, & Rodkin, 1999）。總而言之，這些研究都關注如何在實際環境應用所學，著眼於生活現實與有結構、有步驟的學習環境之間的差別。

2. 學習成果的評估與定義

除了推廣性之外，另外兩個在社交技巧訓練研究中經常談及的問題包括：(1) 這種訓練並非為當事人的問題量身裁衣；(2) 它缺乏針對社會學習成果的有效評估方法。二十多年來，許多學者提出過這兩個問題，至今仍然沒有令人滿意的答案（Maag, 2006; Quinn, Kavale, Mathur, Rutherford, & Forness, 1999）。展開社交技巧訓練之

前，很少有針對當事人個人特點的專門評估（Maag, 2006）。

3. 治療方法的落實

對於大部份實務人員來說，怎樣測定介入手法的落實情況也是一大挑戰（DiGennaro Reed, Hyman, & Hirst, 2011）。雖然大部份人認同記錄介入情況與保證切實執行非常重要，但這也意味著相關人員要付出更多時間和精力。實務過程中，很多重要資料都沒有人監控，也沒有人收集（Hagermoser Sanetti & DiGennaro Reed, 2011; Perepletchikova, Hilt, Chereji, & Kazdin, 2009）。

4. 對當事人的個別差異及特點關注不足

雖然過去已有方法指導評估的工作，但實務人員重視標準化，青睞心理測量傳統，因此在包納個人差異與多樣性方面略嫌不足，亦不夠靈活。比方說，格雷漢姆與艾略特（Gresham & Elliott, 1984）將社交技巧問題分為四大類：技巧缺失、表現缺失、自我控制缺失，以及自我控制表現缺失。同樣在休斯與霍爾（Hughes & Hall, 1987）的介入模型中，社交認知分為正確與不正確兩類；還有一些針對沒有缺失、表現技巧缺失、認知缺失與認知行為缺失狀況的策略庫。這些介入模型對於「正常」和「缺失」的定義，都有相應的慣用標準。如此嚴格的區分，自然難以應對當事人時刻變化的需要、各不相同的情境、因人而異的性格特點與個人能力。

5. 社會效度

社交技巧訓練介入中，還有一個常見的問題：缺乏社會效度（Gresham, Cook, Crews, & Kern, 2004; Gresham, 1998）。這也是二十多年來，學者反覆提出、至今懸而未決的問題（Maag, 2006）。社會效度可以定義為：（1）介入目標的社會意義，即是說，這些目標是否符合社會需要；（2）介入過程是否能夠為社會所接受；（3）介入效果對於社會環境來說是否重要（Gresham & Lopez, 1996;

Kazdin, 1977; Wolf, 1978）。很多作者提出過具體而專門的建議，指導怎樣進行社會效度的評估與介入。格雷漢姆與洛佩茲（Gresham & Lopez, 1996）總結了一些有代表性的流程，用以改善介入方法的社會效度：(1) 使用常模（norms）或常模性資訊來設定介入結果；(2) 對行為作功能性分析；(3) 除量表評估外，採用半結構式訪談，收集資訊，用於改良介入方法；(4) 對介入方法做社會接受度的相關判斷；(5) 將資料歸類；(6) 設定行為標記；(7) 保留所有選項——既包括社會認可的選項，也接受當事人否定的選項；(8) 採用貫徹性評估；(9) 整合不同方法以提高社會效度。

應對挑戰

為了應對上述挑戰，社交技巧訓練研究者提出了一些策略。休斯與蘇利文（Hughes & Sullivan, 1988）提出過一系列整體性建議，主張把成效評估納入社交技巧訓練研究之中，包括：(1) 將評估表現水準的觀測系統與介入過程中教授的技巧相互對應；(2) 成效評估的方法應該體現當事人的個人特點；(3) 成效評估的時期，應該覆蓋一段時間，而不是一次性結果。有些學者建議，在招募當事人的初期，應該採用標準化的評估量表，詳細檢測其社交技巧，確定具體缺失所在，進而制訂個人化的介入方法，並對進展實行標準化評測（Merrell, 2001）。順利的話，研究者便可使用標準化的評估手段，去發掘當事人的技巧缺失，並使用對應的治療方法；同一套標準化的評估，還可以檢測介入進展（Merrell, 2001）。

標準化的局限

事實上，既要用標準化評估去確定針對哪些缺失，又要兼顧當事人的需要與個人情境，這是一件非常困難的事。不同的當事人需

要不同的技巧，種類非常繁多，不是一套標準化評估足以涵蓋。另外，量度行為技巧的有效性依據包括許多因素，如當事人年齡、社會規範、文化、周遭環境，以及人際交往的目標。這些因素，許多都會因應時勢而改變。近期的一個研究回顧發現，標準化社交技巧評估工具大多不能滿足所需，幾乎所有實務都要依賴直接觀察，觀測社交技巧的實踐效果（DiGennaro Reed, Hyman, & Hirst, 2011）。如何在普遍性標準化評估與針對當事人需要的個人化評估二者間取得平衡，一直是社交技巧評估的熱門話題，而且不斷出現在過往的相關文獻之中。舉例來說，從事兒童工作的實務人員發現，要了解兒童的社交互動，最好是在各種情境下直接觀察，而一些傳統的量表與問卷並不適用（Yeates et al., 2007）。

標準化與個人化評估之間的平衡又會引出另一個問題——社交技巧訓練的從眾性（conformity）。如果一味強調被社會認可、社會接受，可能會過度強化從眾心理，加劇了社會規範的效果。畢竟當事人來自不同的社會背景，個人社會定位各不相同，應對社會規範的最佳方法也不一樣。「從眾」與「有效適應社會規範」互異。我在工作中，曾經接觸過許多移民與小眾群體，他們在主流社會環境中，往往會遭遇種族主義偏見或其他歧視。這說明，對於社會主流價值與主流規範，不能一味盲從。設定介入目標時，要考慮到當事人的需要、處境與社會現實。我們的介入不僅能夠說明當事人可遵從社會規範，也可以支援他採取行動，改變社會實況。回顧社交技巧訓練的研究時，需要留意研究者對於介入結果的定義：究竟是要協助當事人完全遵從社會規範，還是結合社會現實、當事人需要和實際情境作綜合考量。

從社交技巧訓練到知行易徑

　　知行易徑建基於社交技巧訓練的經驗，強調系統性學習，幫助人們學習新的策略與技巧，使他們更好地滿足自身需要，追求生活目標。在傳統心理健康與社會服務實踐中，實務人員常從病理角度，闡釋人們面臨的問題和挑戰。知行易徑與這些實踐不同：它認為出現問題與挑戰是因為人們採取的策略與技巧不得其法或收效不佳，致使其需要未能得到滿足。多數情況下，人們只要學習並發展恰當的策略與技巧，就能成功滿足相應需要。此外，掌握新的策略與技巧，還能讓人們摒棄以往不當或無效的行為和策略。

　　知行易徑得益於社交技巧訓練的發展，包括實務人員與研究者長年積累的經驗知識、研究結果、技巧與見解。上文提出了社交技巧訓練面臨的一些挑戰，這些挑戰會是知行易徑發展過程中著力要解決的。某種意義上說，正是因為社交技巧訓練的實務人員與研究者多年來遵循實證行為研究傳統，才會出現可推廣性（或稱學習結果的轉化）和介入成效評估的問題。依據這樣的傳統，理論研究應該側重於可以經由實證檢驗的理論，至於研究資料也應該著眼於可以客觀觀測的行為，而這些行為最好能夠被評測和量化。標準化與普遍性極受重視。理想情況下，社交技巧應像智力等屬性一樣概念化，適用於所有人；而人們也可以制訂全面的評估與發展方法。若真如此，社交技巧將成為具有可操作性的統一概念，利用可靠的方法，評估當事人現有技巧的優勢與不足，還可建立一套標準供實務人員參考，用標準化方法培訓當事人。理論上，培訓方法應該標準化、規條化；按照這樣的邏輯，如果社交技巧訓練能夠達成標準化，發揮理想效用，當事人的社交技巧將會大幅提升。這一模式中，個人差異也被歸入標準化量表中可以測定的一部份。

11

　　我在早期的社交技巧訓練實務中，也曾或多或少參考過這一模式。這模式描畫的圖景的確非常具吸引力：一套普遍性的「最佳社交技巧」，一切都可測可控，加以量化。1980 年代，我參與自閉症兒童工作時，曾設計過一套標準行為量表，用於所有自閉症兒童身上。這套量表覆蓋了數個領域，包括自我鼓勵行為、學習、社交與互動行為等，全部都以由低到高的分數顯示。臨床實務中，這套量表幫助我和同工們監測每個孩子的發展過程，並發揮了一定的作用。但是，我們也發現，孩子們各具不同的學習風格，偏好不同的交流模式，在不同的學習任務中體現出一定的能力差異。後來，我們展開親子工作，同時組織家長與子女的小組，發現一系列複雜的行為，包括迥異的育兒風格、兒童對父母的不同依戀模式，以及各具特點的家庭動力關係等，於是就見到這套標準行為量表的限制。

　　大約這個時間，我展開了一個精神分裂症病患的成人小組。組員各有不同的個人需要、生活環境、個性與力量，因此，我認為使用一套標準化的介入方法幾乎是不可能的。於是，我關注每一位當事人的需要，考慮哪些內容適合他們的學習以滿足需要，而不是推出一套適用於全部組員的標準技巧。後來，在依據需要來學習的小組中，組員可將學習成果帶入現實生活中，他們沒有遇到很大的問題，這讓我既驚且喜。小組過程中，大部份時候我會先讓組員提出現實生活中的棘手情境，然後由大家建議一些策略與技巧，幫他解難應對。這個小組在充滿中國文化色彩的香港展開，它靈活多變，包容性很高，進展得十分順利。我們對一些西方社交規範的表現與技巧，比如怎樣與陌生人打招呼、如何對家人表達自己的主張等，加以改造，務求適用於當事人的個人情境。作為實務人員，我的體驗是：採用觀察式學習、回顧、回饋、改良、綵排、應用到實際場景等社交技巧訓練方法時，效果都很不錯；然而，我沒有堅持使用

任何標準化的社交技巧。後來，當事人身上一些可觀察的行為與事實表明，我們的學習成果的確帶來了積極的改變：他們不再避世、開展社交生活、結識新朋友、找到並持續工作、完成學業⋯⋯就這樣，我大受鼓舞，開始結合這些經驗去改良介入方法，並繼續加以應用。

回顧過往的介入經驗，我意識到自己偏好深入了解當事人複雜多樣的個人現實，而不是單單遵從標準化的方法。正是這種傾向，使我更青睞靈活的介入方法，但是在一些社交技巧訓練同工的眼中，我的實務方法或許缺乏規範。這樣的實務取向也改變了我的思考方式，我漸漸以多項應變思維[1]（Multiple Contingencies Thinking）取代了線性類別思維。我會在本書第三章詳細解釋甚麼是多項應變思維。

綜上所述，我那時的實務目標已經是為了滿足當事人個人情境中的獨特需要。如果標準化、檢測與量化方法對當事人有所助益，我也會採納。很快地，我發現自己和當事人走在一起，發展出許多頗具創意的工作手法，也見證了很多積極的介入成果。直至今日，這些經歷成為我的動力，鼓舞我繼續前行，積極探索。知行易徑作為一套獨立的介入系統，發展至今已有三十多年，它注重目標導向，以當事人的需要為基礎，靈活開放；它不強調遵從規範和系統的普遍性，卻更加重視發展與創新。

知行易徑強調「需境特量[2]」（N3C）、現實生活環境中的應對能

---

[1]　英文「contingency」一般翻譯為應變性；「contingency」雖在此處譯作「應變」，但亦可翻譯為「因應」；「應變性」與「因應性」意思互通。

[2]　「需境特量」（N3C）中的「Capacity」於港台及國內翻譯有所差異：由於 Capacity 的直接意譯為「量」，我們於港台翻譯為「力量」，結合了「能力」和「容量」兩個概念；而國內一般把 Capacity 翻譯為「能力」。

力、介入與評估的靈活性，以及針對社會與文化環境因地制宜的思想。除此之外，知行易徑在發展過程中，始終強調可觀察的行為變化，以及對學習過程的詳細記錄。多年下來，它逐步優化，還加入了一些新元素。

知行易徑與社交技巧訓練的區別在於：側重學習與發展的潛在法則；強調多項應變思維；覆蓋範圍廣闊，不僅提供針對實際情況的技巧，也幫助人們在個人、人際交往與社交層面，使用有效應對的長期策略。知行易徑在臨床與非臨床應用領域，都具備廣泛的實用價值，能夠應對複雜而多樣的種族、文化、性別、性取向等問題，也充份考慮到全球化進程中迅速萬變的社會現實。至今知行易徑已應用於個人工作、伴侶與家庭工作、小組工作、組織發展以及社區組織發展等領域（詳見框 1.1）。

框 1.1：知行易徑的特點

- 強調當事人的實際需要、處境、特性與力量
- 以目標為導向：滿足當事人的需要
- 針對現實生活的複雜情況加以應對
- 靈活開放，不強調遵從規範，也不強調系統普遍性
- 側重可觀察的改變或成果
- 當事人參與策略與技巧的學習發展過程，而不是接受簡單培訓
- 多項應變思維
- 適合當下情境的技巧，以及達成長期目標的策略
- 結合當下情境的多樣性，考慮全球化情境
- 廣泛的應用、教育框架，以及非臨床人群

另外，知行易徑所著重的學習與發展的潛在法則，是包括重視學員的需要，關注實際情況，而非以培訓師為核心。換言之，雖然

知行易徑承認培訓的重要性，但強調自主學習，而非自上而下的訓練。除了強調學習內容之外，也重視學習方法，結合了社會心理學與學習心理學中的基本學習法則，特別是來自社會認知理論與社會學習理論（Bandura, 1977a, 1986）。這些理論能超越社交技巧訓練所採用的操作性條件訓練（operant conditioning）概念，將個人看成積極主動的個體學員，並且展示出，即使沒有培訓師的引導，個人也可自主學習。從這些理論提供的學習方法，更可幫助學員發展出一系列新策略、新技巧，使他們能夠有效地追求人生目標。這些新策略、新技巧甚至可超越培訓師本人的能力範疇，這是傳統社交技巧訓練中較為罕見的。因此，知行易徑的實務人員既要執行訓練，給予指導，也要小心觀察，收集回饋，以促進學員能主動、獨立學習，為他們的創造力、創新、實驗與探索製造發展空間。因此，知行易徑的實務人員不一定要成為某一特定問題或領域的專家，但須與當事人通力合作，一起創造新的策略與技巧，以適應新的情況及解決新的挑戰。

強調多項應變思維是知行易徑的另一關鍵特點。所謂應變，意指對應變化而非墨守成規。世上眾多事物會隨相關因素與情境而變化，舉例來說，有些人遇到人際關係的困難，他們是否會尋求專業人士的諮詢或輔導服務，就取決於很多因素，例如當事人是否獲取相應的資訊與服務、其生活的社區環境中人們怎樣看待諮詢或輔導服務（是接受還是排斥）、當事人過往的求助經驗、經濟能力，以及當事人向外界求助的期望等等。很多人需要維持有秩序的生活，期望身邊的人、事和人際關係等都能維持不變，其實他們所接受穩定表象的背後有大量變項，包括人、事物和境況都會隨時間而改變。事實上，日常生活中很多方面都是彼此關聯的，這種繁複的關聯性產生相互作用，帶來各種複雜的情境，挑戰專業人士所應用的

理論系統。很多社會服務行業的理論基礎，根據線性邏輯，只對應有限的特定變項，並使用過於寬泛的一般性類別概念，構建簡單的線性關係，因此與多項應變思維不同。這些理論中，有的過於大而化之，假定所有人都具有相同特徵，比如有人認為：思維與情感兩者之間必有其一更為根本，而處於決定地位，要不是思維永遠主宰感情，就是感情永遠影響思維。在多項應變分析中，這種說法並沒有太大意義，因為思維與情感的關係和相對重要性，因人而異、因事而異、因時而異，分析時必須考慮多項可變的因素：如個人的性格、需要、具體情境、目標以及其他相關變項。對某人來說，情感因素可能佔據了主導地位，甚至影響或扭曲了他如何看待事物、回憶過往、思考問題的方法；但他在特定情境中，卻可以有高效的思維，有效地控制感情。我曾與一位藥理學研究生共事，在工作環境中，她可以非常理智地控制個人的行為，理性地與同事相處；但她與朋友、丈夫和兒子在一起時，思維與情感的天秤就倒向了情感一端。

與重視學習一樣，多項應變思維也使知行易徑區別於社交技巧訓練方法。社交技巧訓練著重標準化的預設項目，並且假定參與者都有類似的需要和目標，可以通過相同的學習過程掌握同一技巧。這類培訓固然有它的作用，但多項應變思維能夠大大強化其效果，因為當事人之間的需要、學習方式、學習經驗、能力與局限性都有很大差異，而培訓師的能力也不盡相同，所以實際學習方法要視這些變項而定。知行易徑認同預設培訓項目的優勢是容易掌握、方便執行、成本較低，但它與這些項目不同，知行易徑強調學習過程、採取靈活應變、參考現有技巧培訓方法，並針對當事人的需要、處境、特性與力量去設計學習課程。

除了學習特定技巧外，知行易徑也強調策略發展。在人際交往

與社交環境中，人們需要學習應對情境的特定技巧，如學習怎樣應付上級或父母不合理的強勢要求。我們使用相應技巧，採取適宜步驟，進而解決問題或實現短期目標。然而，很多時候，人們面對的情況並非獨立、短期的，而是牽涉到更為長期的目標，如事業發展、維持與父母或伴侶的良好關係等。要實現這些目標，需建立一定的策略，容納多個步驟，協調應用一系列技巧。有時在社交與人際交往領域，我們發現有些人的技巧運用嫻熟，卻不具備策略性思維。例如，採取武斷專橫的行為或可達到短期目的，卻會損害與身邊人的長期關係。如果説在技巧層面勝出是贏得一場戰役，整體策略層面獲勝則是贏得整場戰爭。因此，決定怎樣學習發展策略與技巧時，要全面考慮各方面的關係與社會背景，還要參考學員的長期目標。

策略與技巧跟人們的需要、目標與願望息息相關。知行易徑尤其關注人的動機，探求行為表現背後的需要，而非局限於表象。面對特定問題時，無論是心理健康問題還是人際關係問題，知行易徑首先嘗試理解行為背後的動機，探索當事人有何需要未獲滿足。例如，面對有攻擊行為的當事人，採用知行易徑的實務人員會先研究這種行為有何作用：可能是出於實際目的，例如要維護自己的地盤或影響範圍；也可能是出於對支配權與控制權的強烈需要。如果再進一步分析，會發現當事人還有其他未滿足的需要，例如親密關係的缺失。這種情況下，知行易徑並不直接去減低這攻擊行為，而是分析當事人的整體需要，發展有效策略去實現其未滿足的需要。

考慮到人類的經驗、需要與具體情況的多樣性，人們必須掌握大量不同的策略與技巧，而每位當事人面對各種問題所需的策略與技巧各有不同，要求培訓師全面掌握這些策略與技巧也不切實際。在知行易徑的系統裏，實務人員 / 培訓師不必為每個問題提供解決

方案。相對地，知行易徑側重理解當事人的需要和目標，認為實務人員的主要作用是帶領當事人以目標導向的方式探索、學習並發展相關策略與技巧。一方面，實務人員經常針對當事人的特定問題提出建議；另一方面，實務人員也能從知行易徑實務中獲取新知。實務人員對不熟悉或缺乏相關經驗的問題感到棘手時，知行易徑會鼓勵實務人員與當事人通力合作，創造新策略、新技巧。關於協作創新的方法，會在後文中詳細闡述。

知行易徑廣泛應用於各個領域，包括社會工作、心理健康、醫療、教育、社區發展、組織發展、人力資源、跨文化工作、商業服務、媒體、公共關係等。從事這些行業的專業人士經培訓後，可以利用知行易徑系統去為當事人或服務對象設計實踐項目。

社會服務行業涵蓋頗廣，無論當事人還是實務人員都日趨多樣化。種族文化、性別、性向、年齡、能力與宗教信仰等方面的廣泛差異，為實務人員既帶來挑戰，也帶來發展機會。因為知行易徑採用多項應變思維，具敏感而靈活的特色，能夠應對複雜多樣性，而且始終聚焦於當事人的需要與相關情境，在實務中採取綜合方法，展開多樣性工作（Tsang, Bogo, & Lee, 2010; Tsang & George, 1998）。本書中的案例與說明也將反映上述應對方法的多樣性。

當代實務人員身處全球化的環境，面對來自世界各地的當事人，越來越多機會需處理陌生的情況，他們正需要這樣的一套知識與實踐系統：概念分析與實踐原則精簡扼要，能靈活處理日益複雜的實際問題。針對社會工作而言，知行易徑為社工提供了穩健而靈活的工具，成為基礎實務系統；社工也可結合其他介入系統，以它作為輔助方法，為大部份介入系統增添效益。希望讀者在閱讀本書的過程中，能夠更清楚地把握知行易徑的獨特之處。

小結

　　知行易徑的發展，明確地立足於實務；作為一個實務系統，它結合了理論、科研和實踐。知行易徑的應用面極為廣泛，雖然它源自心理輔導和心理治療領域，但它的應用已經擴展到教育、企業、精神健康、醫療和護理等範疇。在社會工作的實務中，它可能是唯一能夠貫串不同層面的實務系統，包括個人、家庭、小組／團體、社群，甚至宏觀的社會介入。它的理論基礎和實務原則，受到多項應變思維的主導，十分靈活，能夠對應不同地區和文化中當事人的多樣性。知行易徑強調學習與發展，而系統本身也在不斷更新改良，就讓我們和讀者一起來學習和參與，實現它的潛能。

第二章 從行為角度解讀社交與人際策略及技巧

一種側重行為與表現的進路

知行易徑強調行動與表現。但教育工作者或培訓師都了解：思維與行動之間有巨大鴻溝。例如在推行社區健康教育的活動裏，吸煙危害健康的信息無處不在，卻不足以阻止人們吸煙；性健康教育工作者在防治愛滋病時也常感氣餒，因為很多人都沒有把安全性交的知識付諸實行。其他社會服務領域中，思維與行動之間的落差也普遍存在；然而，大家都不願意坦誠面對這一事實。規劃項目與投入資金時，培訓師、心理諮詢師、治療師、心理輔導員與教育工作者都只是著重與知識傳播作為項目成功的指標，卻不太關注學員的具體行為改變。

知行易徑聚焦於可觀察的行為表現，強調切實可見的人際交往效果；學習過程始終貫徹於行動，突破想法與概念層面。知行易徑與傳統行為主義不同，知行易徑實務人員並不否定思維的重要性，更肯定各項社會和心理力量之間互動的重要性。

生活世界的結構

生活世界是指人類所有經驗的總和，由各式各樣的因素、事件

與過程彼此互動所產生，由此衍生出五花八門的現象，極其複雜。大部份人只意識到自己周邊的事，沒有人能夠完全領悟大千世界中的萬事萬象，更別提把握各種事態的發展和掌控局面了。知行易徑承認我們對生活世界的知識、領悟、掌握與控制均有局限，但同時相信，這些都是可以通過學習和發展去提高和強化。

知行易徑採用多項應變思維，認為因素、事件與過程之間的互動，是彼此關聯、相輔相成的。相對地，線性類別思維則認為，有些概念是恆真的，放諸天下而皆準；我們對此抱懷疑態度，例如思維不會永遠主導情緒經驗，情緒亦不會永遠決定思維。情緒經驗取決於很多因素，包括思維、環境因素、身體狀況、需要與動機，以及當下進行的活動等。我們用環境、身體、動機、情緒、思維、行為這六大領域，來概括複雜的生活世界，希望能夠勾畫出一個簡單的框架，便於實務操作。我們也認識到，有些因素和過程，不一定完全屬於某一特定領域，而且領域之間的界限相當模糊，跨界交疊。

舉例來說，環境這一領域有本身的客觀屬性與特點，對人們造成各種影響。對不同的人來說，環境的意義與重要性各不相同；與此同時，個人的身體狀況、動機、思維、情緒與行為，也可以對環境產生作用，如直接改變環境，或者改變自己在環境中的體驗。一方面，人可創造和改變環境，如建造城市、消耗自然資源、將原始材料加工製成產品、制訂法規、發展社群、創造身份、污染環境、發動戰爭、監控思想、壓迫他人等；另一方面，環境也可以影響人類生態（如自然災害、食品供給、氣候變化等）、人類心理（如用神蹟解釋自然現象、將月經周期和產子視為魔法），以及社會建構（如通過合作和勞動分工以求共存）。

人類的思維與行動，也扮演著建構社會的重要角色，社會學家與心理學家都曾研究和探索過社會建構的過程（如 Berger &

Luckmann, 1966; Gergen, 1999, 2001; Potter, 1996)。從這個角度看，人既受環境影響而形成內在體驗，也同時建構外在環境。社會認知理論（Bandura, 1977a, 1986）認為，環境、行為與個人因素彼此互為影響，相互決定（Reciprocal Determinism）：個人採取行動、改變環境的同時，環境也在影響著他的行為和個人的種種狀況，如身體、動機、情緒和思維等。

試想像一下，一個孩子受到虐待（環境），他用暴食（行為）來應對心裏的痛苦與壓抑的憤怒（情緒與動機），結果導致超重（身體、環境），自我形象也受到損害（思維、情緒）；與此同時，社會上對超重者的偏見又進一步損害了他的自我形象（環境）。這個案例裏，每個領域都值得深究，比方說：以進食來化解內心衝突，會帶來羞恥感和負罪感（情緒）；超重對生理、新陳代謝、神經系統的影響（身體）；或者就社會對飲食和體重的看法，可進行批判論述分析（critical discourse analysis）（環境）。圖 2.1 概括了我們生活

圖 2.1：人類行動與環境

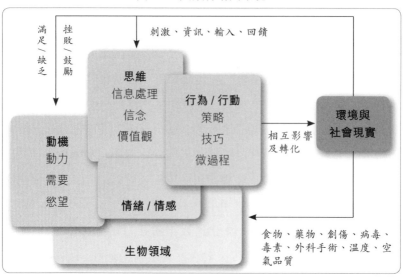

世界中的主要領域。必須強調的是，這些領域的區分只是為了促進理解，分析時應該側重於不同領域的因素，與過程之間彼此依存互變的關係。領域的數目並不多，但希望它們能幫助我們針對每個案例，列出領域裏最主要的因素，以及彼此之間的互動過程。

行動具有目的性和以目標為本

　　由於因素與過程之間的互動關係十分複雜，無論選擇從何處開始分析，都有武斷和片面之嫌；又無論聚焦甚麼事件，都可能出現偏差。知行易徑採取較務實且便捷的進路：首先從行為去回溯其動機。大部份行為（除條件反射等例外）都有動機、有目的，以目標為導向，行為與需要、目標和慾望等關係密切。掌握行動背後的動機，是知行易徑實務的第一步。舉例來說，某君經常對其他人作出攻擊行為，往往被看成是性格使然。很多人（包括專業人士）都會採取措施，停止某君的攻擊行為。不過，知行易徑認為，最重要的是理解當事人希望通過這種行為來實現甚麼、達成甚麼，並確認他的需要與目標。我們不武斷地假定所有攻擊行為都有相同含義，同一行為可能是為了表達憤怒，釋放挫折感，也可能是當事人只懂得用這一種手段，來實現個人目標或需要（如金錢、食物、關注或個人空間），也可能是他用攻擊行為來宣泄情緒，乃至滿足情慾。亦也許當事人的社交技巧非常有限，攻擊行為是其中之一，因此，無論身處怎樣的社交情境，只會使用這一應對方法。這些情況下，只有理解行為背後的深層動機，才能幫助當事人發展出新的策略與技巧，使他無需借助攻擊行為，也能實現個人目標。

　　有些動機是屬於身體的領域，如飢餓，或對感官刺激與愉悅的渴求。有些人認為大部份「社會性」動機，都可以回溯到身體領域

的需要，如生存、自我保護、覓食、性、繁殖等。然而，這些動機雖然屬身體的領域，卻受社會環境所影響。例如，性可以看作屬身體的領域，不同的人雖同樣受性慾驅動，但他們要達成的目標和採用的方法，卻不盡相同。有人是為了繁衍後代——事實上，有些人受強烈的繁殖需要驅使，會採取無性生殖、人工生殖等方式（如試管嬰兒、人工受孕）；有人並非出於繁衍目的，只為感官愉悅而追求性愛；有人利用性進行金錢交易；還有人用性表達感激、關懷、敵意、信任、支配、順從，以及其他心理與情緒。上述各種行為表現，往往離不開特定的社會與人際關係的背景，這些背景會對實際的性表現及其代表的意義產生影響，進而決定了某種行為能否滿足個人的期望與需要。

由此可見，動機由一系列因素所決定，其中包括身體、環境、情緒與思維。再舉一例：食物。對食物的需要，本質上可屬身體的領域，然而要理解進食這當代人類的行為，卻遠非如此簡單。只要留意覓食與進食行為的動機，就會發現人們在飢餓時，會有明顯不同的表現。有人追求眼前的饜足，有人暴飲暴食，有人因為各種原因而禁食，這些原因往往受思維所左右，可能與宗教習俗有關（如戒食肉），也可以成為達到政治目的的抗議手段（如絕食），又或是子女對抗父母的方式（如偏食或厭食）。食物的定義本身也受文化影響，比如世界上有不少人愛吃白蟻、狗和蝎子，但大部份西方人認為這些都是不能吃的。

進食與性的動機，也受到情緒因素所影響。眾所周知，人們心情抑鬱時，食慾與性慾往往會減弱，所以情緒會干擾動機。舉例來說，一名學生刻苦學習，動機可能是向苛刻的父母證明自己的聰慧與價值；當他正在備考時，父母批評他說：「你肯定會失敗的，再努力也沒用」，這句話可能會令他對學習和備考的動機產生積極或

消極的影響：變得更加意志堅決，或更氣餒沮喪。

　　動機是知行易徑的關鍵心理領域，而介入的主要目的，就在於提升學員滿足需要、實現目標的能力。知行易徑的實務要取得成果，就要讓人掌握實用的策略與技巧，進而改善其生活狀態。從對動機與行動的分析中，可以看出兩者的關係相當複雜。我們不能武斷地假定某一行為背後的動機、需要與目的始終如一。將動機與行為的概念區分，能更清楚顯現出兩者能以多種形式聯繫起來。在實務中，認識到行為背後的動機和需要，具有重要的意義。

　　動機與社會現實之間的互動，引人入勝，曲折如戲。有些需要、想要與渴求受社會支持，易於實現；有些則受嚴格控制，甚至遭到壓抑。在西方，很多人有「花錢才能買到浪漫」的想法（Illouz, 1997），尤其在結婚時會覺得必須要大量消費（Geller, 2001）。另一方面，社會對於性愛感受和情慾的表達有嚴格限制（Foucault, 1990; Segal, 1994）。再比如說，開車對於很多生活在北美洲的人來說是必需的，但圍繞駕駛產生的政治經濟問題，一直引起很大爭議，包括破壞生態環境、階級和消費力不均、公共交通系統的發展受到擠壓等。人類的需要如何獲得社會承認是個動態過程，也是社會科學領域的學者、研究者與專業人士熱衷探討的議題，非常具挑戰性，但基於本書的實務焦點，沒法在有限的篇幅內詳細交代。

行動與身體

　　如上文所述，身體會對動機產生影響。對空氣、養料、水、感官刺激、安全、舒適、觸覺接觸等身體領域的需要，始終是左右人類行動的強大力量。與此同時，動機與行為也受社會及文化力量的強力制約，還受思維與情緒的調控。知行易徑的實務裏，理解身體

規律的作用具有多方面的重要意義。首先，身體（包括神經系統）能促進或限制學習能力，又或決定行為的極限表現。比如說，某些行為或反應習慣來自遺傳，亦有證據表明，人的智力水平、社交技巧和社會敏感度，都受基因的影響（Buck, 1991; Scarr & McCartney, 1983; Vernon, Petrides, Bratko, & Schermer, 2008）。

另一個值得注意的地方是，身體如何與心理活動發生關聯。例如，內分泌和神經系統的運作，與情緒激發、情緒狀態、信息處理等重要人類經驗有著緊密的聯繫。身體——尤其是大腦——的生理或結構性損傷，會嚴重影響人的心理與行為，例如唐氏綜合症、認知障礙症等。當然，其他領域的因素與過程，也能夠改變一個人的神經生理狀況和行為，例如服用精神科藥物而影響神經系統，無論是因為藥物成癮還是處方藥物，就是明顯的例證。

身體對社交與人際行為產生影響的例子，還有很多。以性別為例，可以是身體上的一個客觀特徵，但如果從社會學或心理學的角度去理解，性別的影響便不止於身體上的分別。同樣道理，身高、體魄與身材、敏捷性、身體靈活性，甚至膚色與氣色狀況，在特定社會或文化背景下都被賦予不同的社會與心理含義；這些特質對人們的自我形象、觀點、想法、行動與生活機遇，均有實質的影響。

行為受思維影響

思維會影響行為這一看法，由來已久。很多傳統哲學、宗教與教育體系，都試圖改變人們的思維來調整其行為。近年，認知療法廣泛地應用於矯正人類的各種行為方式（Chambless & Ollendick, 2001; Deffenbacher, Dahlen, Lynch, Morris, & Gowensmith, 2000; Goode, 2000）。思維能影響人類行為這一觀點，已沒有多大爭議

了，但是，如社會服務與教育界專業人士長年所見，思維與行動之間有明顯落差。思維清晰、正誤分明，都不能保證知行一致。很多治療師已經開始運用行為介入與技巧訓練，以輔助認知療法。認知行為療法（Cognitive Behavioral Therapy, CBT）的發展，可看作是針對純認知介入的局限而作的補充（Cooper, 2008）。

　　知行易徑認為，思維過程與行為形成並非彼此分割，人們為改善個人狀況、人際關係與社交能力而學習技巧、發展策略時，都會受到思維所影響。根據社會認知理論（Bandura, 1986），大部份行為都是由模仿或觀察而習得的。觀察式學習過程中，學員往往需要就觀察到的行為形成認知表象（cognitive representation），這種認知表象可以是將目標行為直接轉為視覺或聽覺的記憶，然後用符號或語言去表述。日常生活中常見的例子是，按照菜譜做菜，或按說明書自行操作。實際上，閱讀本書也是一個經由符號和語言表述，來達到思維學習。然而，這些思維內容都必須轉化為切實的行為，才能鞏固和強化。

　　除了觀察式學習以外，認知表象的另一個重要作用在於吸納反饋，使學員完善策略與技巧。現實社交情境中，獲取口頭反饋，包括接納文字與語言信息的能力，也是有效促進社交行為的重要一環。為了客觀地吸收反饋，需盡量避免受到情緒干擾。比方說，一個自我意識（或如一些心理學者所稱的「內在自我思維」）較為脆弱的人，在理解與接受他人的改進建議時，可能會有困難，傾向於將此類反饋視為批評，引發憤怒、自我防禦、尖酸不屑或消極退縮等反應。與此相反，一個有著較為正面自我形象及覺知的人，面對同樣的改進意見，會更容易從中獲取信息，汲取教訓，進而把反饋意見轉化為適當的行動。

　　由此可見，思維與處理信息能力，在人際交往中扮演重要角

色。知行易徑強調實際行為的表現，並且認為我們作為人類和社會性主體，會理解周遭的事物，並賦予意義。如何理解某一人際交往或社交情境，往往會影響我們採取甚麼行動，造成甚麼社會影響。舉例來說，有高中生感到無聊，受厭倦困擾，他可能覺得自己被孤立，不受歡迎，認為厭倦情緒是自己交友失敗，或與家庭／朋輩相處不融洽的結果，於是對甚麼事都提不起勁；相反，他也可能認為應該嘗試一些有趣好玩的新活動。此外，研究發現人們對自己體能狀態的認知，會對情緒反應和社會行為產生影響（Dutton & Aron, 1974; Schachter & Singer, 1962）。再舉一個例子，一位對同性有好感的年輕女子，可能覺得自己不正常或犯錯，進而產生強烈的罪疚感與羞恥感，主動迴避她感興趣的同性；或者，她接受性取向完全是個人的自由選擇，進而嘗試與感興趣的女子發展關係。

同樣，如何理解人際交往與社交的情境，也會影響我們怎樣回應。例如，有女性被伴侶虐待，如果她覺得女人「天生」就應順從男性，取悅丈夫是自己的責任，便會比以往更為恭順；但如果她覺得兩性應平等相處，對受虐就會感到忿忿不平。不過，假如她處身的社會環境中，女性受壓迫的歷史根深蒂固，認為無論怎樣反抗都無法改變自己的處境，她或會選擇盡可能地忍辱負重。如果當事人覺得自身力量薄弱，無權無勢，但可以向其他更有力量的群體成員求助，她或會轉向他人，尋求幫助。同樣，這位女性也可能認為自身的遭遇，說明她需要更自主、獨立和果敢；另一種情況是，她覺得這種遭遇屬結構性社會問題，個人層面的應對與反抗之外，還需要採取集體行動，於是她會採取策略，聯繫其他女性，學習更多關於社會行動和社會變革的知識，然後獲取社會資源，組織各種行動去推動改革。

思維層面的方法或策略，也受其他因素與過程的影響。主流社

會論述、習俗與傳統，都會對人們的思想與理解方式產生重要影響（O'Gorman, Wilson, & Miller, 2008; Richerson & Boyd, 2005）。社會認知理論（Bandura, 1986, 1991）中，將社會規範與社會價值內化的過程，視為社會學習的一部份。內化的價值被自控機制所協調，這其中又牽涉到其他領域的因素與過程，如人際關係與外部環境誘導等。

　　總而言之，怎樣建構與賦予意義，對我們的社會反應有重要影響。這些思維過程，對理解自身需要、調整情緒反應、形成可用策略及行動步驟等，都至關重要，更有助學習新技巧、發展新策略，以完成任務。作為一種介入系統，知行易徑認識到思維過程的關鍵作用，以及從思維到行動的轉化路徑，即學習必須的策略與技巧，並且關注它們如何轉化為生活中的實際行動。

情緒與行為的關係

　　認知療法理論經常強調，思維過程可以調整情緒反應（Alford & Beck, 1997; Beck, 1976）。然而，以情緒為焦點的心理治療師與輔導員通常發現，人類情緒與動機之間有著千絲萬縷的聯繫。人類情緒是構成動機的強大力量。一個好例子是恐懼：恐懼是最原始、最基本的人類情緒（Greenberg, 2002）。受恐懼驅動，人們會表現出極端的戰鬥或逃避（fight or flight）反應，恐懼還會影響我們對現實的感知，讓人們對社會情境的關注放到威脅其安全或好境的因素上。舉例來說，一名員工在影印室碰見老闆時，發現老闆沒有跟自己打招呼，他並不擔心老闆會辭退自己，也不怕老闆對自己有看法，他可能認為老闆正在趕時間，或者正專注於想其他事情。如果同樣的事情發生在另一名害怕丟飯碗的員工身上，他會傾向於把老闆對自己的忽視，看作負面評價的信號。同樣，面對父母的批評，

孩子是否害怕父母的體罰，就會表現出截然不同的反應。嫉妒、緊張、情慾、抑鬱等情緒明顯地會影響我們的動機，以及我們如何看待社會現實、對具體情況做出怎樣的回應等。

行為與外在環境的互為影響和轉化

早期的學習心理學家和行為理論學家，如巴甫洛夫（Pavlov, 1927）、斯金納（Skinner, 1938, 1953）和沃森（Watson, 1925），傾向於強調外在環境對人類行為的影響。個人被看作外在事件的接收者，被動而消極。這裏所說的外在事件包括刺激（stimuli）因素，也包括行為引致的後果。經典條件訓練（classical conditioning）學說認為，人類行為本質上是對外部刺激的本能反應。操作條件訓練（operant conditioning）理論則認為，人類行為是諸多強化與懲罰因素作用的結果。班杜拉（Bandura, 1986）在社會認知理論中的一大貢獻，是提出了相互決定論，他在早期社會學習理論中已有相關闡述（1977a）：人是積極的主體，可以與環境互動，而行動可建構社會現實。當這一模型應用於社交情境時，可以呈現為兩個或更多社會主體之間的互動過程。

圖 2.2：兩個人在互動過程中的交互影響（引自 Bandura, 1986, p. 27）

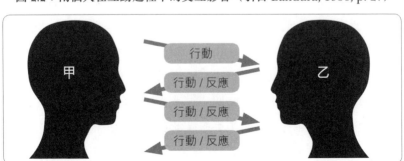

相互決定論與把個人看作積極、自主的主體這一觀點有密切關係，班杜拉對此也有進一步的闡述（Bandura, 1977b, 2001）。但分析人際交往與社會現實時，決定（determination）可能不是最恰當的概念，因其帶有因果決定範式（Deterministic Causal Paradigm）的含意。隨著當代社會理論的發展，學者們越加關注社會現實的可變性與偶然性。「現實由社會所建構」（Socially Constructed Reality）這一觀點（Berger & Luckmann, 1966），對基於實證主義－經驗主義假設的決定論模型提出了挑戰；結構主義框架更已廣泛地應用於諸多社會分析之中（Frueh, 2003; Palincsar, 1998; Katzenstein, 1996; Truan, 1993）。因此，個體與環境之間的關係，更準確的說法是互為影響和轉化。

知行易徑系統中，理解行為時，環境當然可以扮演經典條件反射學說中刺激因素的角色，但個人作出反應之前，會對環境進行解讀。舉例來說，當聽見電子響鬧聲或警報鈴聲，城市人可能已經形成了條件反射，馬上警覺起來；但是，人們會採取何種反應，仍是取決於他們對這一環境因素的解讀。想像一下反應的形成過程：如果她覺得這是火警鈴聲，馬上會尋找逃生通道，並會對安全出口相關的指示標記高度敏感；再想像一下，她半途中碰見一個人從相反方向走來，這個人用濕毛巾捂著口鼻，獲取這些額外信息之後，她很可能會改變逃生方向。如果那人對她說：「樓梯間都是煙。」她或會選擇另一條路線離開現場。這種新信息或反饋，是個人與環境間互動循環的重要組成部份。應用於人際交往情境時（如圖 2.2），他人的反應，會成為自己的反饋。

進一步來說，個人被看作是積極的主體，獨立自主，以目標為導向，但知行易徑對行為及其影響的理解，並不遵循決定論模式。個人以有效方式採取行動時，有更大機會獲得積極正面的結果。比

如當事人戀上另一人時，為了達成約會目的，可能需要採取一系列
行動，包括打電話、見面交談、發電郵、留言、發短信，或請人傳
話等。這些行為都需要一定技巧，而技巧恰當與否，將影響到關係
能否順利發展。當然，發展情侶關係這件事，並不是簡單機率計算
就可以決定的。可以想像，就算社交技巧再出眾的人，約會時也可
能遭人拒絕——對方也許對自己並無好感，也許他自身有某些障
礙，如社交恐懼症，或對親密關係心存畏懼。

　　知行易徑認識到人際交往與社會現實的偶然性，因此得以超越
對單一目標的刻板追求，摒棄「通過改進社交技巧就可以實現所有
目標」的天真想法。它鼓勵學員以務實態度評估現實，全面地考量
方法和目的。學員首先必須對自身的需要、處境、特性和力量，以
及相關環境因素有透徹的理解與把握，才能設置合理可行的目標。
然後，學員可以學習發展相關的策略與技巧，增加實現這些目標的
可能性。從反饋中獲知個人或環境因素改變時，學員可以在過程
中調整目標。目標跟策略與技巧之間的關係是動態的，並非一成不
變。策略與技巧的發展及學習過程，應靈活多變，且符合現實。

知行易徑的基本前提

　　知行易徑建立於一系列前提之上。其一，大部份行為都有其目
的，以目標為導向，行為受基本需要驅動。因此，人類可以看作是
自主、積極的主體，而不是外在環境影響的被動接收者。和上述觀
點密切相關的，是相信動機、思維、情緒與身體之間彼此互動。

　　其二，人類是複雜的身心綜合體，都是由軀體所承載。我們不
接受把身體和心理分割的二元論思維，強調人類思維與行動是體載
（embodied）的現實，經常涉及身體部份。知行易徑認為，動機、

思維、情緒、身體與環境等因素，均是以複雜而協調統一的方式彼此互動。在不同情境中，各個因素會扮演不同的角色，發揮不同程度的作用。某些時候，情緒因素會較為突出，而另一些時候，思維因素則較具影響力。類似地，外部環境和身體，也會與自身動機產生不同的影響。這一系統避免過份普及化的假設，個別問題需具體分析，並且跟認知療法治療師（Alford & Beck, 1997; Beck, 1999; Beck, 1995）和情緒為焦點治療師（Greenberg, 2002; Greenberg & Safran, 1987）的觀點不同，不會專橫地斷言情緒與思維中何者為先、何者更為重要。實務中，知行易徑認為個人與情境中的變項，都應看作值得關注的可變因素。

　　第三個前提建立在班杜拉（Bandura, 1977a, 1986）的相互決定論基礎之上。人類主體和環境之間存在互相影響、互相改變的作用。在人際交往中，大家也是通過互動而彼此影響。人類跟社會系統與社會結構之間也存在同樣的關係。換句話說，雖然我們受社會系統（包括意識形態、普遍看法、組織與機構等）的影響與調控，但作為社會主體的行動者，我們也會對社會系統與社會結構產生影響，令它們創生、轉化與消滅。

　　人與社會的關係中，牽涉到一個重要概念——權力。理論上，影響與轉化的發生是交互式的，於是產生互相影響的作用。然而，在實際情況中，轉化過程受到權力的強力制約。以親子關係為例，如果家長有虐待傾向，由於雙方權力不平等，子女的能力便受到嚴重制約。在社會服務領域，尤其是社會工作實踐中，往往要考慮到如何充權。在這個例子裏，子女可以在兒童保護服務裏得到支援，學習一系列新的應對策略、生活技巧，用以反抗施虐者，改變現狀，甚至離開施虐者。類似的分析也可以應用在集體層面上，某些群體，如婦女、年長者、性小眾、殘疾人士、難民、失地農民、流

浪者、失業工人等,受到邊緣化和壓迫時,他們也可以發展和學習一些集體的策略與技巧,爭取改變社會地位與個人處境,進而改善總體的生活質素。

這又引出知行易徑的第四個前提:大部份行為都是經學習而獲得的。班杜拉(Bandura, 1977a, 1986)認為,雖然經典條件訓練和操作條件訓練,兩者都有其作用,但我們主要是由觀察或模仿榜樣來學習的。人們在生活中觀察或模仿對象直接學習,也從符號、圖像或語言等間接學習。其實,很多的行為已經融入日常生活中,不需要刻意引導、培訓或學習,但不少時候,設計完善的系統學習項目,能滿足某些人的實際需要。比如,社會經濟條件較差的年輕移民,日常生活中較少機會獲取所需的人際策略與技巧,以尋找工作或升職。知行易徑會針對他們的不足,設計培訓項目,以增加他們求職的成功機會,或在職場有更好的前景。

知行易徑的第五個前提是,不同行為對達成目標的效果不一。雖然大部份行為都有其目的,但不是所有行為都收效良好。某些行為收效不佳時,個人實現目標的可能性與滿足程度也會隨之下降。有時候,當事人會乾脆放棄目標,產生習得性無助(learned helplessness),研究亦指出這種習得性無助與抑鬱有關(Seligman, 1992)。有些時候,當事人會堅持收效不佳的行為,如長期酗酒或濫藥,以緩解因人際問題產生的壓力,麻痺情緒。而這又引出知行易徑的第六個前提:很多「有問題」的行為,其實都是當事人用收效差或不被社會認可的方法來滿足自身需要。

將有問題的行為理解為無效的策略與技巧,能提供一種積極的、充權的新視角,避免將問題行為病態化、消極化。再繼續探討酗酒或濫藥的例子:如果認識到當事人的需要,就會發現無論是飲酒還是服藥,都是滿足需要(如緩解痛苦、追求愉悅、尋求某一社

群接納等）的方法。我們應關注當事人的需要，分析如何滿足這些需要，而非聚焦於問題行為。多年以前，我曾經輔導過一群患自閉症的孩子，他們大都有自我旋轉的「症狀」。我認為這一「症狀」不應被看作「有問題」的行為；轉圈的行為，其實是他們試圖獲得感官愉悅的一種方法。在遊戲過程中，我嘗試抱著其中一個孩子轉圈，隨即發現大部份孩子都喜歡這種體驗，甚至主動要求我跟他們這樣玩。在這個簡單的過程中，這些孩子學會了一項重要社交技巧，就是主動找大人一起玩耍，以滿足個人需要（感官愉悅），同時幫助他們打破人際間的隔膜——這種隔膜往往被看作自閉症的關鍵症狀。

從知行易徑角度出發，我們分析當事人的問題時，要關注他的潛在需要，把他當前的行為，看作為實現這些需要而採取的策略。我們要評估這些行為是否適宜和有效，以判斷當前行為是否有助於滿足個人需要和達成目標。這樣，處理個人問題會轉化為以下過程：理解他的需要；幫助他闡述自身目標；共同合作，發展相關策略與技巧以求更有效地滿足需要。這裏要強調的是，這一轉化過程中，需要（如緩解痛苦、安全、生理安逸或生理愉悅等）本身往往並不是問題，大部份情況下人們的目標（如獲得朋友的認可、升職、維繫親密關係等），都是恰當和可接受的。被視為失當的情況，或構成問題的主因，往往是人們採取無效的行為策略，這行為並且會帶來嚴重負面後果（如濫藥、暴力、挪用公款等）。此外，有些「有問題的」策略，能夠非常有效地實現預定目標，卻不被社會環境認可。比如，只要不觸犯法律或遭社會輿論非難，個人服食大麻獲得感官快感、集體服用大麻促進社會交流，或找性工作者滿足性需要，都是非常有效的策略；在法律不容許上述行為的社會裏，這些行為之所以被看作「問題行為」，是因為當事人會遭到社

35

會的禁制，生活受到影響，妨礙其他方面的追求，如工作、求學等。從全球角度看，一些行為雖然受正當目標所驅動，以滿足個人需要，但在不同地方會受到不同對待，例如：一位年輕女士想成為政治領袖，或是一位男同性戀者想和同伴發展親密關係，在某些國家或地區會遭到禁止或受到限制。在知行易徑實務中，我們採取的介入、評估，甚至與當事人一起尋找方法時，應該考慮到其中的政治含義和他們身處的環境，我們並非簡單地幫助他們適應主流社會規範，而是致力於個人與群體的充權。我們認為，幫助個人或群體學習新策略、新技巧，實質上也是一種充權，因為他們由此得到更多選擇，有能力實現之前不可能實現的目標。稍後，在本書第十三章中，我們將聯繫充權與社會改變的概念，探討知行易徑在社群工作中的應用。

最後，知行易徑還認為，當人們學會新的策略與技巧，得以更有效地實現個人目標時，會放棄以往效果較差的行為。這是一個積極看法，使我們不必花費時間精力，去研究導致當事人「問題」的病因或家庭背景，這是很多精神治療師與心理輔導員的工作重點。相對地，我們重點關注的是人的需要與目標，以及為有效實現目標所採取的行為策略。一個有強烈感情需要、缺乏安全感、無法看見自身價值的人，會因害怕失去伴侶而試圖控制對方行動，表現出很強的嫉妒心，採取專橫威嚇等策略，甚至惡言相向或動手打人。懲戒或壓制他的反應與行為並非上策。只要當事人明白自身需要，學習適當的策略以滿足這些需要，便能應用人際與社交技巧來提高自我效能，強化自控能力，更好地表達感情需要，進而基於相互理解、尊重與信任，來增進與伴侶的親密關係。這時候，他已經沒有必要採取以往那些收效較差、且不被社會認可的策略。

知行易徑強調發展新的策略與技巧，以此替換舊的模式，而非

簡單制止或壓制問題行為。這與避免武斷，提倡充權的觀點是一致的。研究發現，提高個人自我效能，就是「自信有能力組織並實踐所需行動，以有效掌控預期情境」（Bandura, 1977b, p. 2），它有助當事人更有效達成目標，也可促進身心健康（Pajares, 1997）。同時，合作式的學習過程會增進實務人員與當事人之間的協作聯盟，這也是促進當事人積極轉變的一個關鍵因素（Bogo, 2006; Grencavage & Norcross, 1990; Lambert, 1992; Lambert & Barley, 2002; Martin, Garske, & Davis, 2000; Norcross, 2010）。知行易徑的基本前提攝要見框 2.1。

框 2.1：知行易徑的基本前提

1. 大部份行為都有其動機，並以目標為導向；個人被看作是積極的主體。
2. 行為由軀體承載，受身體、思維與情緒活動調控。
3. 行為與外部環境會彼此互動，互相影響，互相改變。
4. 大部份行為都是習得的：有些是在日常情境中習得的；有些是在有系統的項目中習得的。
5. 各種為達成目標所採取的行為收效有別。
6. 所謂的「問題行為」，其實是當事人用無效或不被社會認可的手段去實現目標。
7. 掌握新的、有效的策略與技巧，可以讓人放棄以往無效或失當的行為。

案例展示

現以一個有多種問題的當事人作例子，說明知行易徑如何協助當事人解決其困境（如下圖 2.3 所示）。當事人酗酒，難以維持正常工作，無法承擔起照顧孩子的責任；他拒絕和別人打交道，不願對人施以援助；容易激動，會因為雞毛蒜皮的小事變得滿懷敵意，

具有很強的攻擊性。

知行易徑處理這個案的進路是，以分析當事人的需要為起點。我們從他目前的行為推測其需要，這過程稱為問題重構（problem translation），本書第四章會詳細闡述。通常情況是，當事人酗酒、逃避社會角色的相應責任、對家庭成員的攻擊行為等，都有其意義和功能。當事人可能受強烈焦慮感困擾，覺得生活中的各種要求令他疲於應對；他也可能處於情緒苦痛之中，需要得到緩解。或許，他內心空虛，面對外界諸多事件不勝煩擾，正努力掌控外部世界、內心情緒與自身行為。然而在他人眼中，他的舉動是不恰當的。身處壓力與不快之中，他仍有追求愉悅體驗的強烈願望，從酗酒獲得快感，這亦可能是他所掌握的唯一途徑。同時，酗酒也可能是他緩解痛苦、排遣焦慮的策略。對家人的暴力行為，可能源於當事人掌控人際環境與社會環境的需要，但這行為非但無效，且引起其他負面後果。

怎樣幫助這位當事人？知行易徑認為針對其問題行為，採取消除或抑制的辦法，其實作用非常有限。因為，即使沒有了這些行為，他的需要仍然沒有得到滿足。更加徹底的介入方法，是要幫助他學習與發展新的策略與技巧，更有效地滿足需要。這些策略與技巧包括更有用的人際交往技巧，於是他可從其他人身上獲得理想的回饋：如體諒、理解、關懷、合作、情感支持、發展親密關係等。他可能還需要學習緩解痛苦，獲取愉悅的新方法，例如發展新興趣、學習瑜伽、參加社交活動、聽音樂、學樂器、參與群體運動等。此外，為了建立新的生活方式，他需要解決目前生活中的問題：找一份工作，尋求與家人和解。因此，學習求職、面試等社交與生活技巧，對他也有很大幫助。他或許還要學習如何控制壓力來源，調節壓力，發展一些有效的應對策略。

　　在理想情況下，當事人掌握這些策略與技巧之後，便能夠更有效地滿足自身需要，達成生活目標；這樣，他便沒有必要再依靠酗酒、攻擊性舉動等行為，而用新習得的策略與技巧取而代之。

圖 2.3：用知行易徑分析問題行為

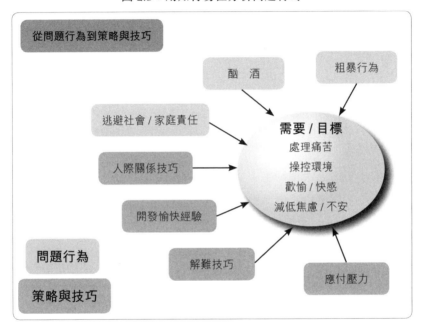

知行易徑的優勢

　　知行易徑可幫助當事人改變行為，這實務系統有幾大優勢。它以教育與學習為基礎，將重點放在充權上，而非從醫療角度出發，可減少對當事人的標籤化和誤解。這實務系統積極主動，以當事人為中心，為當事人和實務人員雙方提供了系統化的流程，應用範圍極其廣泛。此外，知行易徑的介入成本較低，調整便捷，適用於大多數實務環境，可以應用於個人、家庭、小組、組織與社區工作。

接下來，我會闡述自己在實務中體會到的一些優勢。

概念優勢：理論與價值

首先，知行易徑對體驗與行動的理解不是從病理角度出發，不認為同一問題行為是有相同的病因及治療方法。相對地，它注重學習與教育，由未滿足的需要入手，以此去理解當事人的問題，將這些問題轉化為目標和相應學習過程。與其他動輒言及「疾病」、「紊亂」或「過失」的介入系統不同，知行易徑認為，所謂「問題行為」都是由人類需要所驅動，因此不涉及價值判斷，也沒有社會標籤的意味。

知行易徑重視學習與教育，幫助我們將當事人的問題行為與需要聯繫起來，促使他們學習新的行為策略，用以滿足這些需要。在這過程中，大部份當事人都會習得新的行為、技巧或策略，進而獲得更廣闊的個人選擇空間，也因此能夠更有效地實現人生目標，滿足個人需要，強化爭取變革、實現目標的能力，並由此而充權。另外，知行易徑系統能方便地應用於小組工作、社區工作與群體工作，也可以應用於非臨床介入，以更廣泛的環境或社會改變為目標，不僅限於改變個人行為。第十三章會詳細討論這方面的應用。

操作優勢

除了重視教育與充權，知行易徑還有一系列實際操作的優勢，有助於促成行為改變。知行易徑會鼓勵當事人參與釐定介入的目標，讓當事人能充份表達對目標的觀點。學習的動力，直接來自當事人為達成目標而付出的努力，這有利於鞏固當事人和實務人員之間的合作，發展協作同盟的關係，大大減少當事人因彼此對目標看法不同而產生的抗拒心理。

　　知行易徑的另一個操作優勢，是重視當事人的行為表現，它不否認主觀意義建構、個人主觀理解、社會現實建構的重要作用，並且將上述因素落實於具體的、可觀察的變化。知行易徑系統中，理論和實務方法都非常實際，具有高度系統性，當事人可以實實在在地感覺到進步，觀察到自身行為與他人行為的變化。這可以增強當事人的參與動力，降低監督工作的難度，進而也降低了效果評測（評測內容包括實務有效性、服務評估、質量保證、研究工作等）的難度。社會認知理論發展過程中，以及各種社交技巧訓練服務中，都有大量實證研究經驗，可供知行易徑廣泛地借鑒。

　　知行易徑為實務人員提供有系統的實務流程，其原則具體翔實，能以實務手冊或學習材料的方式加以組織和呈現，簡單便捷。與其他介入系統相比，它更易學習和掌握。現今的社會服務對成本效益與可證成果有更高要求，知行易徑在這方面提供了頗具吸引力的選擇。同樣，在有時間限制的介入項目中，它也能發揮獨特作用，因為強調累積式學習，後繼的介入能建立在當事人原有的學習基礎之上。

實踐優勢

　　除去理論優勢與操作優勢之外，知行易徑還有實踐方面的優勢。它以行動和結果為導向，聚焦於目標實現以及相關策略與技巧。在各種各樣的社會服務中，如教育或機構培訓、院舍護理、外展項目與社區工作等，實務人員都可採用知行易徑作為介入方法。它重視教育與學習，降低了將當事人的問題病態化而招致社會排斥的危險，也減少令當事人出現抵觸的情緒。此外，社工希望能為某些文化群體的當事人提供更積極的指導（Chu, 1999; Exum & Lau, 1988; Lin, 2002; Miller, Yang, & Chen, 1997），而知行易徑的特點，

能很好地滿足這一需求：它鼓勵主動學習與自我引導，進而為當事人充權。

策略與技巧的學習，應用範圍極其廣泛。知行易徑的各類具體實務，已經應用於不同對象的相關工作：有廣泛性發展障礙（pervasive developmental disorders）的兒童、精神病患者、有發展障礙的成人、希望改善關係的夫妻、學習自我伸張的大學生、受抑鬱困擾的女性、需要控制憤怒情緒的男性、適應環境的新移民、倡導社會變革的社區成員、需要發展領導技巧的主管人員、指導員工的經理、在國際環境或跨文化環境中工作的商務人士，以及其他各類群組。可以說，幾乎所有人都能從行為策略與技巧的學習發展中獲益，豐富自己的生活。

知行易徑是一種漸進的學習方法，其效果是日積月累的。一方面，它可以很好地應用於時間限制大的服務裏，不論時間長短，學員均能有所得益；另一方面，它可以減少服務機構因人員更替而帶來的負面影響。在介入過程需要提前終止的情況下，漸進式的學習所得，比其他介入方法的治療效果更具延續性。而在工作交接的情況下，有助新的實務人員可以快速與學員建立工作關係，繼續之前的學習，深化學習效果。

除了作為一整套介入系統加以應用外，知行易徑還可以配合其他介入形式，互相支持和補充。長期以來，認知行為治療師一直在借助社交技巧訓練來完善認知重構。我曾遇過一些當事人，如患有社交恐懼症、性功能障礙等，他們很適合應用知行易徑；先運用知行易徑解決這些問題，然後轉向更側重內在情緒或思維洞察的介入方法。還有一些情況，實務人員會先選擇較傳統的介入手法（如認知治療或情緒為焦點治療），在認知重構或處理好情緒問題後，再跟從知行易徑的進路，幫助當事人學習具體的策略與技巧，提升自

身能力，如強化與伴侶的親密關係，學習表達與交涉的技巧，以及爭取更佳的工作表現等。知行易徑側重行動，以行為表現與結果為導向，令當事人更容易把握培訓過程與具體情境，以及需要和目標之間的聯繫。根據服務的要求，整個知行易徑項目可以由同一實務人員執行，亦可由擅長不同領域的實務人員合作完成。

小結

　　本章簡單介紹了知行易徑的基本理念和原則，並列舉了它作為一個實務系統的特色和優勢。總而言之，知行易徑享有諸多優勢，具有巨大潛力，它可成為一種主要的介入方法，廣泛應用於眾多社會服務之中。下一章會介紹知行易徑實務的基本原則，隨後還會詳細描述實務的過程與方法。

第三章 知行易徑的基本原則

　　知行易徑建立在早期社交技巧訓練的基礎上，兩者有一些共通的基本原則與方法。本章會介紹這些原則和方法，並重點闡述知行易徑的獨特之處。其中，首要關鍵點是確定介入目標，而預設程序與應變式程序之間對此有很大分別。預設程序是先假設當事人有相同需要和處境而設計的，傳統的社交技巧訓練或類似實務中，很多時都會設立這一類的介入程序，例如為女性設計的伸張訓練，或為有發展障礙兒童設計的生活技巧訓練等。這類介入針對近似群體的共同需要，設計者認為所提供的內容適用於大部份參與者。相對地，應變式程序則認為，實務人員並不預先假設當事人有何需要，大家的情況各有不同。因此，明白當事人的實際情況、了解他們的需要，便成為介入過程的第一步。

　　當然，這並不表示預設程序會忽視當事人的需要與實際情況。在這些項目中，實務人員通常會先評估當事人，以判斷他們能否從培訓中獲益。個案介入中，實務人員會按照當事人的情況去選擇合適的項目；小組介入中，也會有一系列標準，用以甄別當事人是否適合參與相應的小組。因此，當事人的選擇可能受限於預設的內容。而應變式程序的設計會側重於當事人的實際情況與個別需要，介入內容也隨之有變，實務人員隨時觀察當事人的需要與進步去設計項目，並依此進一步改進具體的介入方法。

　　在預設程序中，第一步是選擇適合的當事人，或將內容與當事

人的需要和情況互相配對。至於在靈活的應變式程序設計中，第一
步是問題重構（Problem Translation），即仔細分析當事人目前的行
為與其潛在動機，掌握他們的需要，將他們的問題重構為一系列學
習目標。後文會詳述問題重構的方法。至此，我們必須強調，實
務人員要將當事人呈現的問題，轉化為未滿足的需要。比如說，一
位當事人與伴侶分手，於是意志消沉，出現憤怒、困惑、抑鬱、消
極等情緒；相應的行為表現可能包括絕食、避世、發脾氣，以及其
他傷害自己的行為，目前沒有多少預設項目能針對性地解決這位當
事人的眾多問題。然而，在靈活的應變式介入中，可以發掘當事人
情緒反應背後的需要。例如，要終結一段親密關係，聯繫、親密、
被理解、陪伴扶持、感情關顧、性愉悅等需要都不容忽視，否則會
影響當事人，令他無法順利自我調節，習慣新的個人生活與社會生
活方式。大多數情況下，一段關係的終結還會威脅當事人的自我意
識，包括自尊、對生活的掌控感等，而情緒宣洩對維持自我平衡與
好境同樣重要。當實務人員嘗試應變式程序，會先與當事人溝通並
就其需要達成共識，這種共識是介入的重要出發點，它可以幫助當
事人擺脫不切實際的想法，如嘗試與伴侶復合；有些時候，這種想
法會被誤判為當事人的目標。實務人員與當事人一旦就需要達成共
識，便可以一起設定有助於滿足需要的確實目標，如有效的情緒宣
洩、情緒反應控制、增進自我效能與自我評價的行為方法、獲得愉
悅與滿足等。

　　表 3.1 中，我總結了預設式介入與應變式介入的區別。這裏必
須強調的是，這兩種介入方法可以兼容，而且兩者有類似的實務方
法，如觀察式學習、演練與反饋、模仿練習等。預設程序有它的好
處：如標準化、易於掌握和操作等。而應變式實務則是一個開放系
統，允許實務人員根據當事人的個人需要和情況作出反應，設計新

的策略與方法,它的優勢在於廣泛的適用性,但作為介入系統相對更難學習和掌握。在實務中,可以利用預設程序中的組成部份,以設計新的介入項目;同時,實務人員要持開放態度,靈活應對當事人的問題,根據因人而異並不斷變化的需要與情境做出反應。

表 3.1:預設程序與應變式技巧學習的區別

預設介入程序	應變式介入程序
● 預先設計,內容固定;針對所有參與者的共同問題(如自我伸張訓練) ● 認為當事人的問題相近,有共同需要 ● 結構清晰,有現成的方法指南,易於學習和操作 ● 參與者學習相同的技巧	● 根據當事人的需要與情況而改變 ● 強調個人的需要與特點 ● 問題重構針對個人的需要 ● 參與者學習相同的技巧,也學習針對其需要與情況的個性化技巧

多項應變思維

應變式介入源於多項應變式思維(Tsang, 2008)。多項應變的思維方法聚焦於生活中錯綜複雜並不斷互動的各個領域。所謂「應變」(contingency),意指某一事件有可能發生,我們要為這種可能性做好準備。同時,應變性也指一件事情會否發生,要視乎其他情況而定。總而言之,應變性的現象或事件,是不確定或不穩定的,它發生與否,以及如何發生,都受其他因素影響。心理健康與社會服務實務領域的同工,接觸的介入模型通常是採用線性類別思維,以「人們可通過差不多的步驟取得改進」這一假設為基礎。舉例來說,線性類別思維認為,抑鬱或焦慮等障礙可以用標準的常規方法

治療，如認知療法。相對地，多項應變思維認為人類體驗與行為結果，是受一系列不斷變化的變項所影響。表面上類似的問題，如濫藥，有時是需要根據當事人的個人需要、特性和處境，選用相關的應對方式，而處境則包括社會與文化環境等。

多項應變與等效性（equifinality）緊密相關。所謂等效性，即「條條大路通羅馬」，亦即殊途同歸，多種不同方法都可達成同樣的目標。落實到具體實務中，當事人用不同的方法、不同的策略可獲得同樣或接近的結果。在應變式思維的程序設計中，不會認為有同一問題（無論是失眠、社交恐懼症還是抑鬱）的當事人，必須採用完全相同的應對方法。每位當事人都可以有不同的計劃，而設計要依個人情況與環境因素而定，也要考慮到當事人與實務人員之間（也包括小組成員之間）的關係。介入程序必須靈活多變，以應對當事人各不相同的需要與情境，同時為當事人預留足夠的空間，允許選擇不同的途徑以達成目標。

動作技巧訓練的類比

參考英國社交技巧訓練先驅邁克爾‧阿蓋爾（Michael Argyle）用過的一個比喻（Argyle, 1983）——動作技巧訓練：雖然社交技巧訓練與課堂學習差異極大，但可透過動作技巧學習的比喻，令學員較易理解社交技巧的學習模式，例如在學習與掌握滾軸溜冰、製衣、木工、大提琴演奏等動作技巧的過程中，人們會有這些重要發現。第一，天資和學習基礎不同的學員，學習的速度與效果相差甚遠；第二，雖然口頭指導與書面教材必不可少，但僅憑這些還不足以幫助學員掌握技巧，還需輔以示範、實際操作或模仿、當面指導與即時反饋等體驗式學習方法；第三，反覆練習對動作技巧的掌握

47

至關重要，這需要投入大量時間。我經常舉學樂器的例子：大部份技巧訓練都應該包括大量實踐演練，而學員在每個學習的細節上都需獲得具體而有建設性的反饋。最近有幾本暢銷書（Colvin, 2008; Gladwell, 2008; Taleb, 2005）提倡「一萬小時法則」，認為傑出的表現要建立在長期練習基礎之上。然而，大部份學歷教育與專業培訓裏，並沒有提供足夠時間和機會，讓學員充份關注有關細節；因應個人天賦、能力與學習風格之間的差異，為學員提供全面的關注與反饋，就更加困難。第四，掌握某種基礎技巧是達成出色表現的必要條件，但這並非充份條件。

以上動作技巧訓練的描述，對社交技巧學習有以下啟示：首先，我們肯定每個人的能力與天賦是有差別的。因此，應對個別差異時，應變式思維十分重要；第二，體驗式學習能突破單純認知學習的限制。我們認為重複練習非常重要，它除了可以提升學習效果，更有助於彌補課堂訓練與專業培訓中常見的知行差距；最後，關注行動的實際表現，以此衡量學習的效果。學員僅僅懂得怎樣做是不夠的，他們需要親身練習。基於這些原則，後半部份會詳細闡述有系統地學習策略與技巧的方法。

問題重構：將問題與困難重新建構為學習目標

問題重構是應變式學習的第一步。即是說，首先要將當事人提出的問題或困難，轉化為明確的學習目標。實務人員要了解當事人的情況，分析他有甚麼需要，目前採取了甚麼應對策略。了解當事人對問題的觀感和認識後，進一步探索當事人有哪些需要，掌握當事人為滿足這些需要採取了哪些行為。實務人員要與當事人一起分析，切勿將自己的評估與分析之結果強加給當事人。知行易徑強調高度參與，提倡實務人員在介入起步階段，便須與當事人建立良

好的合作關係。這一觀點獲心理治療領域的大量研究結果所支持（Barrett-Lennard, 1962; Bogo, 2006; Gomes-Schwartz, 1978; Hartley & Strupp, 1983; Luborsky & Crits-Christoph, 1988）。

回到與伴侶分手的例子：實務人員一旦與當事人達成關於其需要的共識，如自尊、聯繫與親密關係、情感創傷修復等，便可以根據需要去設置相應目標，例如提高自我效能、建立親密關係等。接下來，我們要分析當事人現在採用的策略與技巧，如傷害自己的行為、暴躁易怒的表現等，然後評估其有效性。這一過程將幫助我們確定當事人需要學習或發展哪些新策略、新技巧，如親密關係中的感情交流、人際交往中的有效回應、表達關懷的適當方法、怎樣創造愉悅的經驗等。

設計以目標為導向的策略與技巧

學習目標一旦確定，就可以著手設計一系列的策略與技巧。當事人學習這些策略與技巧後，便能達成自己的目標。在標準的預設程序中，實務人員首先從技巧庫中選擇相關技巧，然後將這些技巧與當事人的需要及其具體情況配對。至於在應變式實務中，則可以選擇實務人員已掌握的策略與技巧、預設程序中的現有技巧，還可以採用有系統的工作方法，與當事人一起合作設計新的策略與技巧。這種協作創新，能夠大幅度提升當事人自身能力。

這裏應該先澄清一些名稱的定義。過去，以社會學習原則的介入均經常提及「技巧」或「社交技巧」等詞語。所謂技巧，是指一套有助於達成期望結果的行為。在籃球運動中，一套投球入籃的動作，就是一種技巧。而在烹飪中，把胡蘿蔔切得厚薄適宜、形狀精美，也是一種技巧。至於在個人社交生活中，能夠成功吸引他人注意的舉止行為，亦是一種技巧。如果某種行為能幫助當事人擺脫不

必要的關注，也算是另一種技巧。總而言之，社交技巧指的就是與個人社交生活有關的技巧。

「策略」是一系列更複雜的行為，這一連串的行為均有共同目的。舉例來說，參加見工面試時，求職者需要施展技巧，吸引主持面試者的關注，突出自身的傑出能力。比方說，求職者有技巧地引導主持面試者：「說到團隊工作，我以前曾參與過一個非常有挑戰性的團隊項目……」；應對主持面試者提出的棘手問題，也是另一種技巧。然而，成功的求職者不僅依靠複雜的技巧，還需採用有效的策略。這些策略需要相關的技巧，卻又超越了技巧本身。舉例來說，一套有效的求職策略包括拓展信息來源、利用人際網絡、在線信息檢索、積極主動地搜集職位信息等，當中每個步驟都會用到相應的技巧，如人際技巧、電腦技術、自我伸張與展示技巧等。因此，策略比技巧更具涵括性，意思更廣。

在此釐清策略與技巧的分別，有兩個目的：一、提醒實務人員不能聚焦於技巧層面，也要顧及整體策略；二、考慮策略與技巧時，亦應兼顧當事人的個人生活、人際關係等背景脈絡，不能紙上談兵。一些社交技巧訓練重點聚焦於特定情境，關注在該情境中當事人如何實現目標。然而，在某些情境下能游刃有餘地達成目標，卻未見得是個好的策略，尤其是考慮到要維護長期的人際關係時。舉例來說，從同事手中搶奪客戶資源的銷售員可能會獲得新客戶，但他和同事的關係卻因此而惡化；同時，其他同事或團隊成員看在眼裏，也會留下不良印象。這都可能令他事與願違，反而偏離原先的目標。用下棋的話來說，一步棋可能下得不錯，可以保住己方一子，但統觀全局時，如果這一步棋對增加全盤勝算沒有幫助，這步棋就沒有策略意義。總之，在知行易徑的應變式訓練中，策略性思維也是非常重要的，因為它在評估某一技巧是否適合時，會從全局

角度考慮當事人的需要與目標，以及實現這些目標的相關策略。

　　第三個需要澄清的概念是「表現」。實務人員和當事人重點關注的，往往是策略與技巧之上，當事人在現實生活中的表現效果如何，絕不能忽視。普遍認為，當事人的實際表現受一系列因素影響，即使他技巧嫻熟，也無法完全避免環境因素的干擾，如焦慮、疲倦和噪音等。優秀的實務人員與指導員，通常會預見到可能影響表現的干擾因素。然而，我們必須接受：表現水平絕非恆定不變，個人與環境因素的波動是現實生活中無可避免的。我們要讓當事人了解這個事實：掌握策略、獲得技巧並不能保證一流表現，還需預期其他干擾因素，加以靈活應對。充份考慮實際情境中變化的因素，有助當事人將學習所得從訓練場所帶入現實生活。

　　設計策略與技巧時，知行易徑的實務人員高度關注當事人的最終表現，他們除了注意當事人的策略與技巧是否緊扣目標外，還要考慮當事人是否能夠熟練地掌握這些策略與技巧，以達到滿意的表現。圖 3.1 以一位受虐者的情況為例：圖中詳細列出他的需要、原來的應對方法，以及要學習的策略與技巧。

系統性的學習與發展

　　一旦確定目標，明確相關策略與技巧，就可以進入實際學習階段。社交技巧訓練的實務人員已經發展出一套有效的學習過程，並有詳盡的記錄，很值得借鏡。學習過程中，第一步是要幫助當事人對最終要習得的技巧有初步認識。根據社會認知理論，我們的學習方法主要是由模仿或觀察而習得，即觀察另一個對象（榜樣）在實際表現中所運用的技巧，再加以仿效。知行易徑中，會在概念上拓展該過程，分為模仿（modeling）、演示（demonstration）、觀察（observation）與符號性處理（symbolic mediation）。

圖 3.1：利用習得的策略與技巧達成有效表現以滿足當事人需要

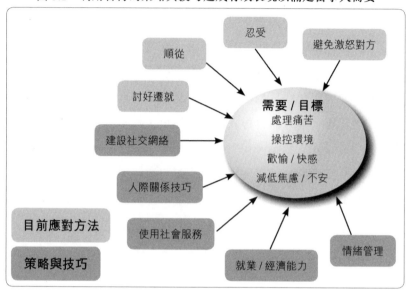

大量研究分析過人類如何觀察榜樣去學習（Bandura, 1986）。然而，在成人的學習與教育中，人們是用直接觀察以外的方式去學習。這個過程稱為「符號性處理」，意指要模仿的行為表現是用語言、圖表、圖像等符號系統來表達。這裏，舉烹飪教材為例再適合不過。很多人只按照菜譜說明，就能烹調出同款的菜餚，並不需要親眼觀察廚師如何烹製這道菜。同樣，很多叫人自己動手（DIY）的自助手冊，都以符號性處理為學習基礎。符號性處理的內容還可包括教育與訓練中使用的視聽材料。

採用語言或其他材料的符號性處理學習，大大拓寬了學習的範圍。然而，日常生活中，即使有語言或其他形式的指導，接收一方不一定會遵從，口頭指導也不一定能轉化為行動，這就是上文中提到過的知行差距。知行易徑中，當事人目前的能力、以往的學習歷史以及天賦條件等，都是程序設計的依據。有的當事人閱讀指導手

冊，就能掌握有關技巧，而有的則需要大量觀察式學習，接受系統培訓，甚至要培訓師耳提面命地去教導。以學習使用新的電腦軟件為例：有些人只需極少的指導，有些人只要網上教程便已足夠，有些人卻需參加培訓課程，有些人在使用過程中仍要他人從旁指導。這裏，必須指出的是，只要小量指導便可掌握某一種技巧（如電腦技巧）的人，學習另一種技巧（如發展親密關係的技巧）時，可能仍需大量輔導、示範與系統訓練。因此，預設程序假定當事人的天賦與學習方式都是相同的，往往不能滿足所有當事人的需要。在應變式程序中，知行易徑實務人員高度關注當事人的能力與情況。有些時候，發現一種有效的學習方法，本身就是培訓的重要組成部份。舉例來說，教授自閉症兒童人際技巧時，很重要的一點就是要先教他們模仿他人。如何學習模仿，首先要學習怎樣關注他人的舉動。很多自閉症兒童傾向於迴避人際接觸，因此，幫助這些孩子集中注意力、觀察並學習怎樣模仿他人，本身就是課程的目標之一。根據我的經驗，即使診斷結果相同的孩子，在學習這些基本人際技巧方面，開始時大家的能力也有差異，內容必須根據個人情況而調整。

　　傳統的社交技巧訓練中，培訓師往往就是模仿對象，當事人觀察培訓師的表現，隨即重複目標技巧。有時候，實務人員也會帶來一些特別精通目標技巧的人，作為模仿對象。根據我的經驗，即使沒有外界模仿對象與詳細示範，當事人也可以進行學習，尤其是在改進現有技巧方面。比方說，學習溝通技巧時，當事人可以觀看自己表現（即接受知行易徑訓練之前的日常表現）的錄像，設想改進空間。這裏，培訓師可以參與協助，也可以讓當事人獨力完成；應用於小組學習時，其他小組成員也可以提供極具價值的反饋或參考意見。大部份時候，當事人都能客觀地理解來自他人的反饋，並且

參考這些建議，改進自身表現。這種沒有培訓師或專業人士直接示範的學習方式，更有利於充權，因為學習中使用的錄像材料與改進建議，主要來自當事人自身。

1. 學習與掌握技巧：模仿、演練、模擬、反饋

認知層面的改進會形成概念知識，但概念知識不一定會轉化為行動——這是知行易徑系統的基本依據之一。即使當事人擅長將概念層面的內容轉化為行動，他們的表現還需要一個改善的過程。傳統的社交技巧訓練中，當事人往往會經歷一整個系統的學習過程，其中包括模仿、實踐、模擬與反饋。

模仿和實踐，是指將學習到的概念知識轉化為行動。當新手學習新技巧，大家的水平參差不齊。根據我多年來教授心理治療的經驗，發現學生把講座或課本中學到的複雜指示，轉化為實際行動時會遇到很多困難。在這種情況下，我的學生們覺得最有幫助的，是允許他們嘗試自由組合各種技巧，這些技巧包括傾聽、共情交流、投入、應對抗拒情緒等。他們可以在安全有序的環境下，從自身錯誤或不完善的表現中學習，接受建設性反饋，彈性調整。這些學習方法中，錄像記錄、重放與回顧非常有效。

知行易徑系統中，建立一個安全的學習環境至關重要。在這樣的環境中，當事人鮮會受到批判，也不會遭人嘲笑。相對地，有人告訴當事人出錯和表現不完美的地方，這都是學習的正常過程。在一對一的學習（如個人輔導）之中，實務人員會鼓勵當事人積極參與練習，將現實生活中情境重現，嘗試新行為，甚至故意犯錯，從錯誤中學習。當事人接收到的反饋，應該是有建設性並有利於增強自信心。小組工作中，小組成員可以接受專門培訓，學習怎樣提出適宜的反饋。積極反饋對於增強自信非常有幫助，尤其是有其他成員在場的小組工作。研究證明，自我效能與表現水平成正比

（Bandura, 1997; Maddux, 1995; Stajkovic & Luthans, 1998）。此外，反饋還應盡量詳細具體。錄像記錄與回顧，非常有助於當事人改善表現。當事人觀察自己的錄像，聽取詳細的建設性反饋，有助關注需要改進的地方，再作調整。

影響課堂知識轉化為實際行為的另一要素，是課堂環境與生活情境之間的差異。一般來説，設置學習與排演環境時，應該盡量模擬實際生活情境。如果條件允許，最好能在實際環境中演練，這和劇團或其他類似表演團體實地綵排的道理一致。知行易徑的介入中，經常有模擬與角色扮演環節，而且是盡量貼近真實的生活場景。很多年前，我有一位在公共事業任職工程師的當事人，他需要學習怎樣向董事局做報告，這個時候，現實生活中的真實情境是無法複製的。徵得他同意之後，我邀請了一些同事，扮演他的董事局成員，讓他為一個新設想做報告，當時室內的佈置也盡可能貼近他描述的真實場景。我的同事先聽過他的介紹，然後即場提一些比較棘手的問題（這也正是當事人本人擔心的）。排練非常成功。事實上，當事人後來的實際報告過程，比我們排練的更為輕鬆。

知行易徑的體驗式學習為當事人提供了一個安全的環境，讓他試驗、創新、重複練習和不斷改進。然而，當事人最終必須在現實生活中應用學習所得。因此，在預計效果與設定表現標準的時候，需預計當事人將來可能身處更具挑戰性或有權力虛化的情境中。這裏，**漸進式學習**是一項關鍵原則。複雜的策略與任務，要分解為更便於掌握的基礎步驟。雖然我們鼓勵創新和冒險精神，但也需常常關心當事人，幫助他們迴避難以應對的失敗與挫折。

還有另一種保護當事人的策略，避免預期與實際表現之間的落差，造成失望與打擊自信心，那就是**期望管理**：故意讓心理預期定在略低於預計的表現水平，以此減低當事人可能產生挫折感與失敗

感的機會。

當事人通常有不少負面的經驗，對他們來說，即使最終目標尚待實現，但只要看見新的表現較過去有明顯改善，也有很大助益。結合漸進式學習和期望管理，每一次的小進步，都可鼓舞當事人。而每一小步的成功經驗都會漸漸積累，幫助當事人取得更重大的進步。

2. 實境練習（Real Life Practice）、報告（Report Back）、回顧（Review）與改良（Refinement）——4個「R」

若當事人覺得已準備就緒，我們會鼓勵他在現實生活裏實踐。實踐前，他通常已接受一系列的訓練，以解決困難為學習目標，比如怎樣應對來自配偶、父母或上司刻薄冷峻的批評；或有嚴重長期精神病患而少與社會接觸的當事人，如何發展親密關係。然而，即使當事人參與培訓項目的時間不長，收穫有限，但依然可以在現實生活中實踐所得，體驗改變。這裏，有一種典型的實踐方式，那就是課後的練習作業，在認知行為介入和社交技巧訓練裏都可收到良好效果（Kazantzi, Deane, Ronan, & L'Abate, 2005）。有些課後練習作業設計非常完善，風險很小，比如記錄需要改變的目標行為、給家庭成員正面反饋，或者主動與同事談話等簡單練習。

無論實境練習的複雜程度如何、難度如何、發生在甚麼階段，最重要的一點是，當事人在練習之後要有機會報告，與培訓師以及/或者同組其他當事人一起回顧自身表現，進一步獲得反饋。這樣，當事人能夠逐漸改善正在學習的技巧。有時，互動學習過程中，還會創造出新的策略與技巧。

評估

策略與技巧學習的最後一步，是評估學習目標是否已經達成。

評估時，參照學習過程中已確定的當事人需要，以及當事人與實務
人員共同設定的目標。評估的成功標誌是看到切實可見的成果，這
樣大家都有清晰的把握，保證服務的可靠性與質量水平。評估本身
側重過程，重點關注當事人學習了哪些，以及如何掌握新的策略與
技巧。同時，評估過程有充權意味，以增強當事人的自我效能為目
標，令他更有自信掌控個人生活與社交生活。這種學習方法，能促
使當事人日後遇到問題時，沿用同樣的方式去解決，又或將問題重
構，加深認識自己的需要，然後有目標地學習或發展策略與技巧。

小結

　　本章介紹了知行易徑如何從社交技巧訓練模型中發展出來。讀
者未必熟悉社交技巧訓練，所以並不需要太過關注它跟知行易徑的
異同，重點反而是掌握知行易徑實務的重點，例如應變式的實務設
計、策略與技巧的概念、如何縮小知行差距，以及知行易徑的基本
步驟等。另外，值得一提的是，由於社會文化的差異，在西方經驗
中有效的策略與技巧，應用到中國的社會文化場景裏，就必須經過
本土化的過程，才可以開發出適合當地文化的實務內容。相信在中
國的知行易徑實務人員增加的同時，我們會不斷積累相關經驗，互
相分享交流，增加大家的知識和技術資源。

第 二 部 份

知行易徑實務過程

問題重構

　　知行易徑是應變式的介入系統，第一步是要重構當事人的問題。這一特點，讓實務人員能對應當事人或這群體（包括家庭、特殊群體、組織與社區等）的需要、處境、特性與力量，從當事人的需要與目標角度分析問題，確定他為滿足需要或達成目標採用了甚麼方法。於是，「問題」經重構後轉化為學習目標。因此，問題重構的過程包括以下步驟：（1）與當事人建立共識，以確認其需要與相關情況，並鼓勵當事人主動參與；（2）以行為導向的功能分析來處理當事人的問題或情況；（3）評估和記錄當事人的需要圖譜；（4）檢視學習目標。以上過程大致相當於臨床實務中的建立親和關係、評估、項目設計與訂立合作協議等環節。必須強調的是，以上四個步驟的順序，並非一成不變。有經驗的實務人員，一般能夠順利完成這四個步驟，有時不同步驟可以同時進行，不必一板一眼地遵照這個程序，以便給當事人有充份空間自由地表述問題、表達顧慮、與實務人員分享自身體驗。

協作聯盟（Working Alliance）

　　在實務中，問題重構並非一個簡單的機械式過程，實務人員需與當事人積極合作，靈活地展開工作。與當事人建立協作聯盟或治療聯盟，對於當事人的積極轉變具有重要意義（Barrett-Lennard,

1962; Gomes-Schwartz, 1978; Hartley & Strupp, 1983; Luborsky & Crits-Christoph, 1988)。知行易徑中，問題重構便是以發展與當事人的親和關係、建立聯盟為明確目的；而這目的是通過實務人員與當事人的對話實現的。對話過程中，實務人員應以達成協作聯盟的三大關鍵元素（Bordin, 1979）為目標：(1) 對治療目標達成共識；(2) 目標達成共識後，一起議定實現目標的過程和方法；(3) 建立實務人員與當事人之間的情感連繫。

　　首先，問題重構過程中，實務人員要盡量準確地理解當事人的想法，了解其行為，尤其要側重於當事人的需要和目標，而且應與當事人達成共識。介入目標應該由當事人設定及主導，目的是減低當事人在介入過程中可能產生的抗拒情緒。接下來是幫助當事人理解知行易徑的具體步驟，包括它與前述目標究竟有何聯繫。由於知行易徑本身是以目標為導向的系統，這一步應該不會太難；不過，實務人員還是需要認真溝通，保證當事人理解且接受整體計劃流程，不能疏忽。有時候，當事人前來尋求幫助時，已經有一定的心理預期，以為主要是聽取實務人員的分析和意見，但實務人員應向當事人說明大家有充份交流的機會，讓他們能述說自己的故事，然後達到共同的理解，並與知行易徑的具體方法掛鈎。實務中，最好在與當事人剛開始接觸時，就多花點時間與他建立良好的關係，而不是留待後來才重新商討基礎問題。第三，親和關係與協作聯盟的發展過程中，建立當事人與實務人員之間的情感連繫，同樣至關重要，常用方法包括與當事人交流，以共情的態度來理解他的經歷、情感調和，並準確把握當事人的主觀表述，又以包容、非批判性的態度，表現充份的情感支持；更要與當事人緊密合作，幫助當事人對介入結果建立正面預期等等。知行易徑的結構非常適用於建立親和關係。問題重構過程中，實務人員需付出努力，盡量把握當事人

的體驗與需要。知行易徑所主張的應變原則,是尊重當事人的具體情況、不判斷的態度,重點在於將問題重構為需要、目標和學習任務。承認當事人的需要與相應努力,本身就是一種情感上的支持,有充權作用。

問題重構過程與接下來的一系列學習任務,都強調當事人與實務人員需緊密合作。最後,知行易徑以行動主導,其系統設計發展過程中,曾廣泛借鑒大量研究與實務經驗,這些都有利於當事人對介入結果建立正面的期望。

行為導向的功能分析(Behavior-Oriented Functional Analysis, BOFA)

問題重構以行為為導向,著重於分析當事人的行為所要實現的目的及其具有的功能。知行易徑尤其關注可觀察的行為表現,並以此為分析基礎,而非依托於抽象概念。舉例來說,如果有人自述受逼害妄想的困擾,通常會被診斷為病患,其逼害妄想經驗也可能被視為精神分裂症狀。也就是說,當事人的妄想被認為不具功能效用,而是一種功能失調。然而,如果從功能分析角度看,妄想也具有功能效用,因為當事人將自身經驗表述出來,這已經是一種減壓方式,而向他人陳述這些體驗,也意味著有意向其他人尋求幫助。同時,妄想念頭的產生,也可能是他在面對過度壓力與威脅時的思維反應;當事人試圖用逼害妄想去應對壓力,以維護自身的掌控感,這也是控制壓力的第一步。

這種功能分析有助於實務人員將注意力集中在當事人的需要上,從當事人被看作「有問題」或「功能失調」的行為背後,探討有何需要。這裏,我們把當事人看作積極的主體,有其追求與目

圖 4.1：對當事人呈現問題的行為導向的功能分析

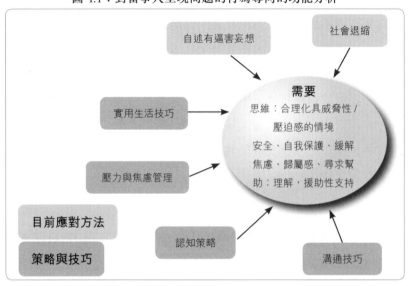

標。同時，我們能透過行為導向功能分析，立足於當事人的可觀察
具體行動上，以此展開分析，避免了基於抽象概念與想法的空泛對
談。必須注意的是，知行易徑實務中，實務人員通常不會與當事人
進行冗長的討論或談話，這並不表示不重視當事人的主觀體驗與意
義感知。而自述主觀體驗，闡釋自身意義感知時，這些內容會成為
我們重視的素材，用來分析當事人的需要與目標，以及了解當事人
目前採取甚麼方法來滿足需要。如果當事人只是表達抽象概念，我
們會請他詳細描述具體情境和行為，藉此將概念的意思清晰展示。
舉例來說，假如當事人說他希望伴侶能更好地理解自己，我們便要
明白伴侶的哪些可觀察行為，能表示其充份理解當事人。再看一個
例子：如果當事人說他想與伴侶建立良好關係，我們便需進一步詢
問，所謂「良好關係」應該有哪些表現。又或者，若果當事人想變
得更獨立，便要詢問「獨立」這一概念的行為，有何具體的表現。

主觀體驗與意義賦予

　　還需強調的是，這種行為導向的功能分析，並不限制當事人主動發掘自身需要，探索主觀體驗與意義感知；同時，實務人員也不能將固有的或預設的行為標記，強加於當事人身上，應讓當事人處於主導地位，由他確定某一概念的行為標記。舉例來說，對於甲當事人，獨立可能意味著「找到工作」；對於乙當事人，獨立的含義則是「做決定時不必詢問父母或配偶」；對於丙當事人，獨立則表示「生活自理，可以獨力使用公共交通工具」。類似地，在一位當事人看來，良好的情侶關係表示每週能有兩個晚上的自由時間，不必擔心伴侶有其他要求；而換成另一位當事人，良好的情侶關係就是要每天晚上能與伴侶共進晚餐。

　　概念想法與其指示性行為之間的關係，並非一成不變。意識到這一點，我們就能有效改善溝通，減少誤會。如果沒有清楚說明具體行為標記，實務人員與當事人說出同一概念的詞語時，意思可以大相徑庭。比方說，當事人說希望變得更強勢時，實務人員不能主觀地認為，當事人需要接受預設項目中的伸張訓練。我們必須弄清楚當事人心中「強勢」的含義。實務人員可以請當事人想像一下，當他變得更強勢之後，會有哪些行為表現。類似地，假如當事人說不想再傷害自己，我們也應請他詳述具體行為標記。

　　詞語（符號）與其含義（意指）受個人情況、社會環境、語言意義以及具體情境影響，並非一成不變（Derrida, 1973, 1978）。定義和細化概念，始終都應由當事人決定。行為導向功能分析法尊重當事人的主觀性、主體性，以及在意義賦予過程中扮演的角色，避免了實務人員將想當然的主觀意義強加給當事人，使雙方溝通順暢，減少誤會。

以當事人為中心

　　功能分析法關注功能、需要與目標,認為行為具有目的性。它與以當事人為中心的實務觀點並行不悖,兩者都相信介入應植根於當事人的需要,以當事人期望的目標為基礎。實務人員應協助當事人確認需要,然後轉化為目標,繼而採取當事人認可的方式,幫助當事人學習和發展用以滿足這些需要的有效方法,而不是代當事人做選擇。最後,採取行動達成期望目標的,始終是當事人。

確定行為標記

　　當事人以抽象概念的方式闡述問題時,首先便要將這些概念轉變為可觀察的行為或行動。比方說,接受輔導的夫妻說二人關係欠佳,實務人員第一步便要嘗試理解、描述他們的關係,然後請當事人回答這些問題:他們在一起時會做些甚麼?他們會對彼此做甚麼?他們需要交流事實性信息時會怎樣表達?他們需要交流感情時會怎樣表達?

　　類似地,當事人也需將關鍵的概念轉化為可觀察的行為。如果當事人說感到孤獨,我們應關注這種孤獨感發生的時間、頻率、相關情境;同樣需要關注的是,當事人感到孤獨時會採取甚麼行動:是閒坐?看電視?躺下?聽音樂?還是情緒不穩,在屋裏踱步?上網?吸煙?喝酒?還是服食藥物?當事人可能會使用以下形容詞:專橫的、卑鄙的、超脫的、天真的⋯⋯我們則希望借助下列問題,把這些描述詳細化為切實的行為標記:你說伯母很專橫,她是怎樣專橫的呢?你覺得丈夫很卑鄙/很超脫,究竟他的哪些舉動讓你有這種感覺?你剛才說當時你太天真了,那時你做了些甚麼呢?

具體化與量化

有些時候，當事人已經提出具體行為，但表達的意思依舊模糊。比如說，父母說他們懲罰孩子、管教孩子，我們還想知道他們究竟怎樣懲罰、管教孩子，是罰站？打屁股？程度較輕的責罵？還是禁食？用皮帶抽打孩子？即使當事人能清楚表述這些行動，但實務人員如能進一步知道它的程度、時間、頻率與數量等，都很有用處。有些實務人員對具體化和量化的必要性，心存疑問。事實上，我們不難想像，在很多情境中，能知道這些行為和相關細節，會給實務效果帶來巨大差異，例如與孩子玩耍、參與社區義工服務、家庭暴力、服用（濫用）藥物、幻覺經驗、說謊、性行為、分擔家務、照顧/探望年長父母、口吃、洗手等。

多重行為標記

將抽象概念、表達、形容詞甚至動詞轉化為具體行為標記，並非簡單的線性過程。當事人描述的概念或行為，往往具有多面性，含有多種元素。舉例來說，「工作表現卓越」，這一描述就含有多重行為標記，如較高的工作效率（可以用產品數量、銷售額、清掃面積等指標衡量）；出勤率（可以用出勤時數、天數或輪班次數衡量）；違規頻率，或者與同事和/或上級發生口角的次數；成功解決難題的次數等等。我們還可以列舉很多其他方面的概念，比如「融洽的親子關係」這一概念，涉及的行為標記就包括有效溝通、愉快相處的時間、照顧父母/子女的需要等。

環境與框架

行為總有其引發的環境。環境可能由當時情況、人際關係、文化背景、歷史條件等因素界定。在特定環境中，不同的人會根據不

67

同框架而賦予意義，而這些框架是由以下因素界定的：各人的社會交往與學習背景、意識形態系統或信仰體系（如宗教、政治哲學）、內化的價值觀與處世態度、世界觀、思維風格或傾向、社會地位、自我認同等。比如說，有男性當事人說他經常和一位男性朋友在一起。我們要理解「在一起」是甚麼意思（兩人究竟會一起做甚麼），「經常」又是甚麼意思（頻率），以及這件事對當事人的意義（如社交、尋求 / 給予支持、親密的同性關係等）。類似地，一位母親說自己的孩子「不受控制」，其中含義也並非固定，而是受社會、文化、個人等多方面因素影響。

以下兩個例子看到框架效應的關鍵性作用。一位年輕女子說母親對她「很好」，母親的一些行為標記包括：給她零用錢、放學接她回家、帶她外出買東西等。另一位女子描述了母親的類似行為表現，但意義較為負面：母親不支持她打工賺零用錢，接她放學和陪她購物，均被理解為母親對她「管得太嚴」的表現。

推斷

知行易徑系統中，經常將當事人的體驗、感知與描述，重構為行為標記，但有時也會從相反方向開始：從當事人的行為中推斷他們所表達的意思、需要與目的。比方說，有人一直抱怨朋友讓自己做這做那，佔自己便宜，但始終無法拒絕朋友的要求。這個人可能有取悅他人、為他人所接受的強烈需要，我們可以暫且接受這個推斷，然後驗證。知行易徑實務中，會根據當事人本人的感受與表現來驗證上述推斷是否屬實。當事人否認某一推斷時，大原則是避免與他爭論，認真考慮他提出的解釋。如果當事人說他沒有取悅朋友、獲得他們認可的強烈需要，不過他個人認為對朋友大方是一種美德，實務人員應請他將這種解釋與對朋友的不滿一併分析，或與

當事人探索,他覺得朋友之間有甚麼更好的互動模式,包括朋友可怎樣回應他的需要與期望。

這裏,實務人員用到的概念建構包括:對支配感的需要、矛盾心理等,甚至精神病學裏面的概念診斷,如被動攻擊、共生、邊緣型人格、糾結型家庭關係等。知行易徑中,建構概念可以幫助當事人理解並掌控與概念相關的行為表現。我們推斷當事人有某一特定心理需要、行為模式、行為傾向或人格類型時,這種推斷究竟有何意義,要看它能否促進當事人的信息認知過程,進而帶來積極的行為變化。必須強調的是,當事人認同實務人員的推斷,但不構成積極臨床效果,這也不是知行易徑實務的目標。只有當事人識別概念,並且受其助益,改變自身行為,改善社交現實或人際交往時,這種概念建構才是有效的。

需要評估:「需要」這一心理概念是知行易徑中最常用的推斷。如上所述,作為一種推斷,需要也是以可觀察行為做基礎的。當事人提出的問題,要從行為角度分析;繼而進行功能分析,以掌握當事人的需要。如前文所説,當事人所謂的「暴力」、「成癮」或「心理疾病」行為,可以看作為滿足需要而採取的無效手段(或不被社會認可的有效手段)。這些行為往往會為當事人帶來消極後果,使他更難滿足自身需要,實現自身目標。

圖 4.2:推斷需要

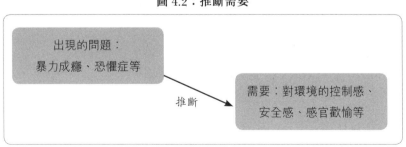

知行易徑中，需要這一概念在理解當事人處境並改變其處境方面很有價值。例如，五十歲的瑪麗需要在人際交往情境中強化控制力，而她也明白自己有此需要。她的目標是獲得操控感，其中包括與交往了十四年的男朋友建立良好的溝通，維繫穩定的關係，令雙方都感到滿意。因此，知行易徑的介入重點，便集中於幫她學習和發展有效策略，以實現這目標。再舉一個例子：四十歲的約翰覺得自己有一些未滿足的精神需要。推斷的依據如下：他雖然婚姻美滿，事業成功，但還是感到空虛；他精力很差，常常發脾氣。知行易徑中，我們要理解充實的精神狀態有哪些行為標記。根據約翰的描述，這些行為標記應該包括：（1）有更多精力發展新計劃，包括準時上班、減少拖延或誤期現象、定期參加瑜伽早課；（2）與他人加強聯繫，能維繫良好的深入關係，不止於表面交流，包括更多的情感連繫和分享，雙方投入更多時間與其他資源；（3）從物質主義與消費主義的生活方式中解放出來，那就是要賣掉他那輛豪華越野車，大幅度削減裝扮與外出用餐開銷，捐款支持國際發展機構，報名去南美參加為期四週的義工服務。

需要評估

進行需要評估時，實務人員通常會採用簡單通用的需要理論。最廣為人知的需要理論，是馬斯洛（Maslow, 1943）的需要層次理論。阿蓋爾（Argyle, 1983）也曾列出人類社會行為的主要驅動力量。馬斯洛（Maslow, 1943）強調，不可將人類動機簡單化、列表化。他認為，同一動機或目標，不同人可能用不同的行為策略去實現，社會、文化與情境因素跟動機一樣，在人類行為的決定過程中扮演著重要角色。儘管如此，馬斯洛還是提出一套分層需要模型，

而他相信這套模型，對所有人都是適用的。

　　雖然大部份人的確擁有某些相同的需要，但知行易徑著重應變思維，特別關注彼此之間的差異，而需要是從當事人的表述與表現中推斷而來的。理論上，只要雙方認可，實務人員和當事人可以提出推斷；一旦雙方達成共識，推斷的結果就具有實務價值。如此看來，我們並不要準備一份「需要」的列表，因為相同行為會涉及不同的概念或標籤。以精神需要為例：一個人口中的精神需要，在另一個人來看，稱呼可能迥異，例如會說自己要確定方向，尋找生命的意義，第三個人則會說他需要把目前的生活，納入協調統一的認知框架之中。

　　同一道理，我們不難想像，使用同樣說法描述自身需要的人，意思可能完全不同。一位自稱極需成就感的當事人，可能想離開生活的小鎮，去大城市當個技師；而另一位同樣有成就感需要的當事人，會希望成為公司總裁；第三位當事人想到的是結婚生子；第四位當事人則想寫書出版。

　　因此，我曾向實務人員提出建議，鼓勵他們與當事人展開自由討論，探索當事人的需要，討論這些需要應該怎樣描述、怎樣稱呼。然而，培訓項目中，很多同工表示，他們明白需要評估的過程是開放的，也認同需要的概念化方式因人而異，同一概念對應的行為、目標與生活事件不盡相同；但是，現成的需要列表也有參考價值。部份同工說，需要列表可以為他們拓展思路，提示他們需要注意甚麼。因此，我在這裏暫且根據阿蓋爾（Argyle, 1983）的列表，結合我個人在實務與培訓中的經驗，列出一份試驗性的需要列表。

　　我想指出的是，需要是經由不同方式、不同的人推斷出來的，因此類別之間難免有部份重疊。另外，一種行為可能反映幾種不同的需要。性就是一例。有人認為，性是一種獨立需要，還有人將它

看作其他需要的一部份，如歸為感官刺激或身體快感需要、依戀與交往需要、自我表達需要、身份認同需要等。進食是另一例子，在較為富庶的社會裏，對食物的渴望，往往並不來源於飢餓或身體需要。分享食物可能有深厚的人際交往與社會意義，例如家庭聚餐、約會用餐、會議之間的簡餐、與生意夥伴饗宴、在籌款活動上用餐等不同形式的進食，意思各有不同。在一些情境中，進食本身甚至並不重要。與此相對，在經濟發展不佳或資源貧乏的社會條件下，食物可能與生存、權力以及社會地位息息相關，或者成為社會關係的重要基礎。

在實務人員看來，雖然稱呼和說法各不相同，不同的當事人會有同樣的需要。然而，須牢記的是，這只是我們的主觀看法，當事人並不一定這樣看。他們認為自己的需要是特殊的，甚至獨一無二的。當事人對自身需要的感受，取決於一系列因素，包括個人背景、感知／意義賦予、身份認同、社會地位、社會與文化環境、具體情境等。因此，我們不能預設一份需要列表，認為它能適用於所有當事人，也不能按等級劃分需要，想當然地認為某些需要比其

圖 4.3：當事人需要圖譜

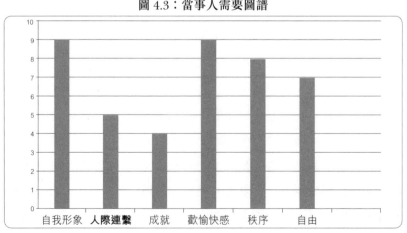

他需要更為基本、更加重要。知行易徑中，我們採用「**需要圖譜**」（Needs Profiles）的觀點。這裏，需要圖譜會因當事人或當事人系統（群體、家庭、組織、社區）而異，針對特定當事人，我們記錄最相關的需要，以及這些需要之間的相對重要性。需要圖譜是需要評估的結果，也是確定目標和發展相應策略與技巧的基礎。

供參考的臨時需要列表

這部份會列出一些常見的當事人需要，但不要把這些需要看作適用於所有人的客觀事實，它僅供實務人員參考。建立需要圖譜，內容並不可能全面，也不求如此。其中條目之間的關係並非獨立，內容上經常互相重疊，功能上互有聯繫。雖然生物方面的需要常常列在心理需要和社會需要之前，但條目排列先後與重要性或等級高低無關。有些人會放棄排列在前的需要，去追求排在後面的需要；有些人會與某些需要絕緣許久而無礙。這裏要再補充的一點是，需要可以互相影響，互相轉化。它們是動態的，非固定的，會隨時間推移而改變。知行易徑實務中，當事人的需要及他們對自身需要的感知，亦會隨介入進程而改變。

1. **與生存相關的生物需要**——這是指物質與能量的補給，以維持生命，包括營養、氧氣、水、感官刺激（如光、聲、觸覺等）、休息與睡眠等。活著就要靠空氣、水與食物，這是顯而易見的。然而，為了保持身體正常的運作，還需要感官刺激。這些生物需要，往往是在特定的社會環境與人際關係中實現。有人認為呼吸與社會環境無關，其實，空氣質量與社會經濟發展息息相關。休息與睡眠也是生存所需要的條件，與人體正常運作有密切關係。除了上述需要之外，運動可幫助人體維持平衡，也是增進健康的一項需要。

2. **人身安全、安全感、穩定、可預期性、控制**——人身安全

中,包括對遮風避雨的處所的需要。除此之外,現代城市環境中,人身安全還與一系列社會因素有關,包括食品安全、法律規範、產品安全、交通規則、建築規範等。安全感也往往取決於心理因素,比方說,對周遭的環境與社會情況越熟悉,就越感到安全。掌握相關信息,能規劃未來;或是有能力掌控環境與外部事件……這些都有助於提高安全感和增強掌控感。很多情況下,覺得自己未能掌握足夠信息,或者試圖找算命師、塔羅牌占卜師和風水大師預測未來的人,都有可能是在尋找安全感。

3. **身體舒適(physical comfort)**——與人身安全的需要既有關聯,又有區別。甚麼叫舒適呢?這概念因人而異,可涵蓋很多內容。它可以是符合人體工學的傢具,也可以是性能良好的空調系統,或追求良好的觸感,甚至是設計良好、協調一致的環境。

4. **愉悅:感官快感、慾望(包括性慾)滿足、狂喜體驗**——對美感追求、對美好音樂的喜好都可歸於此類之下。這類需要會驅使人們使用迷幻藥,追求「高點」(high)的快感體驗。在東亞地區,有人追求所謂「feel」的獨特感覺。愉悅需要還會驅使人追求新體驗、新冒險、新刺激。一方面,要滿足某些愉悅體驗的需要可能受到嚴格的社會規範,比如性愛愉悅與藥物體驗等;另一方面,其他一些對愉悅的追求會被社會認可,較易獲取,甚至成為社會主要產業,如音樂、娛樂與旅遊等。

5. **自我:身份認同、自尊感、自主性、主體性、行動力、表達力、自我效能**——對自我意識的發展、維繫或保護,是一種強烈的需要。有些人為達成此需要而付出很多,甚至不惜以生命為代價。在經典心理分析理論中,弗洛伊德(Freud, 1894/1966, 1936/1946)認為,人會保護自己免受威脅或侵害;從此,自我防禦機制的概念在西方便成為了日常用語。這種觀點,強調了人類需要維繫自我意

識；它的一致性與完整性，往往被視為個人與社會生活的支柱。應該強調的是，自我意識的健康形成及相繼的維護，通常在人際交往中發生。自我認知與自尊感，往往與歸屬感和外界認可關係密切，其中包括為人所認識、被人理解和認可的需要。

6. **成就感：掌握、控制、滿足**——人們往往需要尋找表達途徑去實現潛能，或是展現自身所長，這與成就感的需要有關。成就的驅動有時具內在性，比如有人跳舞跳得出色，能從跳舞這活動得到滿足。成就驅動有時也有外在性，比如有人利用自身長處追求物質回報。內在與外在的成就需要，並非互相排斥，有時會彼此兼容，互相補充。為達成內在或外在的成就目標，人們需要控制自己的身體行動（如跳舞、瑜伽等），或操縱外界事物（如騎自行車、彈奏樂器等）；有時，人們也要控制周遭環境，把握事件發展，甚至影響他人的反應（如參與政治競選）。追求看似相同的目標時，有的人看重外界對成功的認可，有的人則看重主觀滿足感的達成。

7. **自我實現、超越體驗、精神追求**——有些人認為，自我實現是自我表達的外延。事實上，自我實現可以進一步拓展，包括對超越經驗的追求。所謂超越經驗，指對常理世界、世俗體驗與日常生活的超越。有些人把這類需要，歸為精神或心靈追求的一部份。對政治、社會、藝術或宗教各種理想的追求，也可歸為此類。

8. **聯繫：連繫、親密關係、歸屬感、社群、身份認同**——指與他人發生關聯的需要，有時會表現為非常直接的身體語言，如嬰孩抓握成人，需要與父母或看護接觸，引發觸感（Koester, Brooks, & Traci, 2000），此外，也包括與他人建立心理聯繫或感情連結的需要。在依戀方面已有諸多研究和論述（例如：Ainsworth, 1982; Ainsworth, Blehar, Waters, & Wall, 1978; Ainsworth & Bowlby, 1965; Bowlby, 1958, 1969, 1988, 1999; Cassidy & Shaver, 1999）。與他人互

動,建立深淺不一的親密關係,有友善的一面之緣,也有基於承諾的長期關係。情慾關係與性關係也可歸入此類。

聯繫除了涉及個人與個人之間外,還有群體或社群的一個重要維度。對一些人來說,參與某一群體(如上流社會、某一專業群體或貴族階層),或與某一社群(如種族、宗教、政治或文化社群)建立聯繫,可建立身份認同,對維繫良好的生存狀態至關重要。有時,人們為追求歸屬感,爭取被他人接受,甚至會犧牲其他需要,包括與生存有關的需要。這類需要之下,涵蓋了忠誠、義氣、承諾、戰友情誼、殉道等概念。我們也可以在此略做延伸,以此解釋人們的利他主義行為、公民社會參與、義工服務等表現。

9. **對意義與秩序的認知需要**——這是指將自身經歷合理化,並賦予意義,它也是促進人類文化與知識發展最強大的動機。個人層面上,大部份人都需要一套認知體系,讓自己感到生活是有意義、有秩序,並且是協調統一的。有些人對認知結構的需要非常強烈,幾乎成為一種強迫性習慣,因此在認知方面可能有僵化傾向。實務中,如果當事人有強烈認知秩序需要,他會提出這類問題:為甚麼車禍後只有我癱瘓了?為甚麼戀人離我而去?爸爸媽媽為甚麼要這樣對我?將這些問題看作當事人拒絕承認現實的表現,並非上策。某種意義上說,認知需要是完全合情合理的。掌握信息的需要也屬此類;自由民主社會中,信息自由已經被普遍認為是公民的基本權利。如前面第二類需要中所述,對信息的需要是與安全感息息相關,因為信息與知識能夠為人充權,增強其對周遭情境的掌控力。

10. **情感需要**——情感需要有很多種,實務人員通常從情感關懷與情感支持去理解情感需要,從另一角度看,這是與他人發生關聯的需要密切相關。我們也可以從心境平和與情緒內衡角度去理解情感需要,即是說,情緒跟從一定過程逐步表現出來,而且互相影

響。在此過程中，人的情緒狀態受激發後會逐漸回歸平衡。無論是恐懼、歡樂或憤怒的情緒，當受到激發，都會以某種形式表達或釋放出來，當事人隨後多會回復平和。在情緒焦點療法中（Greenberg & Paivio, 1997），人們需要認清自身情緒，接觸這些情緒，最終實現自主處理情緒的目的。在日常社會環境中，情緒的表達與宣泄經常受到限制，甚至遭到禁止。而情緒焦點療法先創造出信任的環境，然後用鼓勵的方式以便利情緒宣泄。心理治療中，情緒焦點療法的療效相當顯著，顯示了我們生活中的情緒表達高度受控和受壓抑，而人們的情感需要大多處於未能滿足的狀態。

11. **代籌（Token）**——我們實際上並不需要代籌，但我們要用代籌去換取所需，最常用的代籌例子就是金錢。某種意義上說，我們也不需要錢，錢只是我們換取其他東西的工具。但是，現實生活中，很多人所追求的目標會轉移，即使他們不知道自己想用錢換取甚麼，仍然一心積累財富。金錢是一種代籌，它與成就、權力、地位等社會意義緊密相關。「過渡對象」（transitional object）便是一個與追求代籌有關的概念，前人已有很多著作討論（如：Greenacre, 1969; Applegate, 1992; Leiman, 1992; Winnicott, 1971）。簡單來說，在人際關係背景下，過渡對象被賦予意義與價值。當事人真正看重的是與他人的聯繫，但過渡對象會成為替代品，而產生替代式的滿足。幫助當事人認清某一對象的替代性本質，能使當事人更直接、更有效地採取行動，改善人際關係本身。

權力分析也是一樣。很多人說自己需要權力，或有追求權力的動力，但實際上，權力也是只我們做其他事、或獲得其他東西的方法。像金錢一樣，權力也會僭越實際目標，成為目標本身。很多人相信，他們需要追求更多權力。有時，實務人員要幫當事人理清頭緒，確定權力究竟有何用處，如何幫助他改善生活。

慾望政治：需要與社會規範

　　從上文的描述中可看到，我們的需要極少是純粹屬於生物層次的。人們體驗需要、表述需要和滿足需要的方式，都受社會力量所支配。再者，大部份經需要驅動產生的行為，都受社會與人際關係的環境所影響。「需要」也是社會建構的產物，由意識形態和社會論述決定。社會中存在一套規範系統，為人類的需要命名，判斷需要是否合情合理，並為需要定出優先次序。如上文所說，有些需要（如性需要）所受規範和限制較多，其他需要（如修飾外表、購買時裝等）則受社會環境鼓勵，較易實現，然而修飾外表、購買時裝也可能是受性需要驅動的。與這個社會規範系統緊密相關的，是滲透至我們私人生活的方方面面，甚至影響個人戀愛關係的政治經濟理念（Illouz, 1997）。人類產生需要與慾望，同時約制需要的表達和滿足。其中的準則複雜多樣，有時甚至互相矛盾。市場力量也會與這些準則互動，發揮影響。舉例來說，瘦身、膳食與健康等常見社會論述，往往通過複雜的信息網絡進行表述，如書本、音像製品、工作坊、課程、診所、醫院、媒體、廣告宣傳、市場營銷等，涉及產品類型不一而足；除此之外，與市場經濟同樣起作用的，還有相關的公共政策與社會項目。這些政策與項目，以主流價值觀或當權者價值觀為依據，來調配社會資源。比方說，在美國，有些服務項目（例如為女性進行人工流產）是否得到公共資金支持，要看在任政府的政治價值觀與宗教價值觀而定。社會機制怎樣規範人類的需要與慾望？其中涉及怎樣的政治經濟學？對這些話題的深入探討，已經超越了本書的研究範疇，但是，其中某些相關問題，對於知行易徑的研究卻具有重要意義。

　　我認為這些問題中最關鍵的，是知行易徑實務人員同樣身為社會主體，理應幫助當事人發展適用於其社會環境的方法。這一任務

容易令人誤會，如實務人員會引導當事人按社會認可的方式行事，服從主流社會規範與社會價值。按照這種邏輯，知行易徑實務人員便成為實現社會控制的工具，遇有不合常規的行為便力圖糾正。這裏需要強調的是，知行易徑實務不應局限於改變當事人；它基於人與環境相互影響和相互改變原則，肯定個人的主動性，認為個人行為必定有其社會影響。人們可以通過學習、教育與個人發展去充權，提升他按照自身願望改變社會環境的能力（Ilsley, 1992; Merriam & Brockett, 1997）。除了服務個人外，知行易徑還應用於其他當事人體系（如社會群體、組織、機構與社區），發展集體行為。因此，個人或集體的充權，也是知行易徑實務的重要目標。行動可以引起積極的社會變革。學習和發展策略與技巧時，應尊重當事人的需要與慾望，以推動個人與社會的雙重變革為目標。

雖然知行易徑有助充權，給予當事人更多的社會自由，但當事人與實務人員都會有一些先入為主的觀點，受主流社會論述影響。社會力量會塑造具體論述與實踐，使之合理化、日常化（Berger & Luckmann, 1966），其作用不容小覷。當前人們反對的一些社會實踐和制度，在不同的歷史時期與社會環境中，都曾受到廣泛支持，被視為理所應當，如奴隸制、封建制度、種族主義等。這些觀念的改變，需要許多人挺身而出，付出巨大努力，過程漫長而艱巨。一件事一旦被社會廣泛接受，大部份人只會想當然地視之平常，甚少質疑。舉例來說，在很多人看來，性別角色是一件再自然不過的事，無須質疑。再比如，社會編寫成為正常的生活劇本，包括上學、工作、結婚、成家立室等，這也為社會大眾廣泛接受。即使有些人意識到現存的社會習慣有問題，也不會反其道而行，更不會嘗試求變。例如，雖然很多人意識到愛情與婚姻已經大幅度商業化，卻依舊渴求奢華的婚禮，願意為之大破慳囊（Geller, 2001; Otnes & Pleck 2002）。

潛意識的需要

以上的討論帶出知行易徑實務初學者常遇到的一個問題，就是「潛意識的需要」。實務人員很多時候會認為當事人不能恰當地確認自身需要，但關於這個問題，我們認為當事人不一定須要看清自身「潛意識的需要」，也能達成積極的行為改變。須要衡量的是，當事人最終能否發展出有效的策略與技巧，以滿足需要，實現個人目標。當然，知行易徑實務並不排斥認知介入，當事人可以在實務人員的幫助下，認識自己的整體情況與需要。但是，實務人員不能將自身推斷與闡釋強加給當事人，也不應引導當事人與自己達成一致的觀點；正確的做法是以當事人的自述為基礎，向當事人解釋其中的行為規律。比如說，實務人員發現當事人有不斷取悅他人的傾向，就要與當事人一起回顧這些情境。如果當事人另有其他解釋（這種情況並不罕見），大原則是避免與他爭論，轉而共同探討具體的行為目標，如強化自我肯定，發展策略與技巧，爭取滿足當事人認同的需要，同時把對人際關係產生的負面影響減至最低。

舉個例子：一位年輕女士的妹妹有發展障礙，她覺得自己在家總要照顧妹妹，對此深感不快。另外，所有家庭成員，有時甚至包括她自己，都特別關注妹妹的需要。以前她接受過心理治療，治療師表示，她這樣做是因為不確定父母是否愛自己，而一直努力去爭取父母對自己的愛，但這位女士並不完全認同這一解釋。在知行易徑實務中，實務人員發現她具有類似行為模式，於是向她反映，她便回顧了之前的心理治療經歷，並說上次治療後她的行為毫無改變，家中情況也沒有改觀。接下來，實務人員詢問她，家人最好怎樣分擔照顧妹妹的責任，怎樣促成新的責任劃分，她才感到滿意。後來，她學會與家人開誠佈公地討論這件事，達成了新的安排，她對此感到十分滿意。

社會化與內化

社會學中有針對社會化的研究，心理學中也有一些關於內化作用的理論。這些研究和理論都關注以下現象：在社會環境中，個人接觸到一些觀點和價值觀，繼而將這些觀點和價值觀內化。社會認知理論（Bandura, 1986, 1989, 1991）承認社會機制（教育制度、政治／法律系統，以及宗教、媒體與文化產品等）在這一過程中起著重要作用。其中，班杜拉尤其強調與兒童身邊的重要人物所發揮的重大社會化作用。在他看來，身教比言教更為重要。成長過程中，兒童接觸到身邊的人，對他們的行為形成認知，同時也揣摩著行為背後的原則與法則。這認知過程會對兒童發揮重要影響，令他照著榜樣去模仿重複觀察到的行為表現。值得一提的是，同樣的榜樣和表現會對不同兒童造成不同的影響。孩子各自會從中擷取不同元素進行內化，這擷取過程受一系列因素影響，包括：榜樣和孩子本人的相似程度，榜樣對教養孩子付出多少，榜樣行為對孩子是否有意義、有價值，榜樣行為是否成功有效，以及孩子的操控軌迹（即孩子自以為對自身的表現或外部環境有多少控制）。內化的具體內容會形成一個自我調節系統，在未來的行為表現和學習過程中發揮監控作用。

「潛意識」的觀點與內化相關。某種意義上說，潛意識也是社會價值觀與社會標準內化後的結果。有些需要與願望為社會所禁止，或不為大眾所接受，內化後的自律系統便會阻止個人去體驗、追求或表達這種需要。因此，潛意識不僅是個人心理活動的產物，也是社會政治活動的結果。主流社會論述和社會規範之下，很多想法與行為都不為社會接受，無法表達，甚至不容多想。潛意識的事不為人知，無法公開談論，也無人細心勘察。在心理治療、輔導、教育與社會服務工作中，實務人員往往幫助當事人拓展空間，自由

地檢視其需要與願望、想法與觀點，以及感受與行為，最終調整或重構觀點，形成新的行為。這一過程中，當事人會發現、描述、表達一些原先忽視的經歷、情緒或觀點，甚至將其付諸實踐，突破界限。當然，知行易徑中，探索潛意識領域並非重點所在，我們檢視當事人的行為規律、探索需要、表述願望、慾望與目標，幫助當事人更好地了解自身需要，看清自己究竟想要甚麼。介入通常會提升當事人的自主性，改善自我效能，讓他對個人或集體目標的實現抱有積極期望。經過介入後，當事人不再受潛意識困擾，自我認知與自我理解得到擴展，能夠更加積極地看待社會現實與自身想法／行為之間的關係。介入效果也會隨著當事人達成目標、完成目標、提升自我實現的能力而增強。

　　因此，知行易徑實務鼓勵以批判的眼光，看待主流意識形態與社會論述，為當事人爭取最大空間，讓他表述生活中的需要、慾望與目標。我們的任務，是幫助當事人達成所願，而不是把我們的意識取向與立場，強加給當事人。比方說，一對戀人想辦一場豪華婚禮，因此要追求高薪厚職為目標。我們可以幫助他們分析豪華婚禮能滿足哪些心理需要，但不應利用介入程序來分析消費主義和婚姻制度。類似的，當事人的內化宗教價值或文化價值與我們不同，實務人員也應予以尊重。舉個例子：一位新移民出租車司機的妻子懷上第六個孩子，家中人口日多，他認為家中長子應該幫他養家，而不是進大學唸書。在他心目中，維繫人丁興旺的大家庭，比讓孩子接受教育更有價值。此外，他和妻子擁有共同宗教信仰，不願避孕。這時，我們不應嘗試改變他的宗教立場，要集中探討當事人、他的妻子及家人有哪些關鍵需要，了解他們期求甚麼樣的理想家庭生活，對家人的狀態有何期望。

　　但是，這並不是說我們只會順應當事人的價值觀，迎合其想

法。有時，有些想法會對當事人及其親友造成負面影響。我們應該重點關注當事人的需要和願望，同時對自己的觀點持開放態度，靈活變通。通常情況下，我們都能夠達成可行的解決方案。有一次，我有一名在兒童保護機構工作的學生遇到一個小女孩，女孩的父母正打算送她回非洲進行割陰手術[1]，因為割陰手術在加拿大是違法的。我的學生首先明確認識到，父母這麼做是希望女兒生活幸福，而對目標建立共識是展開工作的第一步。然後，我的學生請女孩的父母設想一下，他們的女兒在加拿大生活，割陰後會對她未來生活有何影響。我的學生隨即發現，這對父母認為，如果女兒沒有接受過手術，他們的社群裏將來沒人願意娶她。我的學生同時聽到這對父母描述了移民與定居過程中的負面經歷，之後，她重述了此對父母自己的觀察，說他們國家的年輕人來到加拿大之後發生了不少變化。於是，我的學生基於他們自己的描述展開介入，請兩人估計一下，和他們一同從非洲那個國家移民過來的年輕人中，有多少長大後會一板一眼地遵循父母教誨。夫妻倆說，大部份年輕人都非常西化，不太傳統，也不那麼聽話。接下來，她又請兩人想像一下二十年後的情境。說著說著，雙方開始討論二十年後有多少來自當事人家庭文化背景的年輕人，還會要求只娶接受過割禮的女子。當事人的父親估計說，這一比例恐怕不會過半。談話至此，我的學生與這對夫妻已經達成共識。

需要評估：圖譜與優先次序

知行易徑實務中，經過問題重構階段的需要評估，往往會得到一份當事人 / 當事人體系的需要圖譜。在上述移民夫妻的例子裏，

---

1 割陰手術又可翻譯作「女性割禮」，聯合國譯為「殘割女性生殖器」。

夫妻兩人須要維持對生活的掌控感，希望能夠保證女兒未來的福祉。他們須要和自己的種族文化群體保持聯繫。移民來到新的國度，面對一系列截然不同的社會實踐、價值觀和社會標準，這種身份認同的需要對他們尤其重要。我們不能簡單地將他們的行為表現（安排女兒返回非洲接受割禮），解讀為虐待孩子和違反兒童保護法，而不去考慮其目的。功能分析要求我們全面考慮當事人的動機、需要、慾望或訴求，而不是基於表面現象作出判斷。與當事人建立親和關係，感同身受地理解他們的需要，為有效介入打下良好基礎。

需要評估是靈活的動態過程，有很多應變因素要考慮。很多時候，當事人有各種需要，令人難以應對。若採取效果不佳的手段去滿足需要，會適得其反，造成權力虛化，削弱當事人的自我效能。此外，無論從客觀分析還是主觀感受角度看，需要本身可能令人困惑，甚至彼此矛盾，看似無法實現。在問題重構過程中，確定當事人的需要並非簡單的機械過程，要經常參考當事人的反應、能力與情境。這裏，需要評估有一些指導原則。首先，要考慮某一需要的重要程度，即是說，在當事人的個人體驗中，當下這需要非常重要，與他密切相關。舉例來說，一名來自南亞移民家庭的少年，他覺得父母給他很大壓力，要求他學業出眾。然而，在他初中階段，成績出眾的孩子都被看作書呆子，被人嘲笑及遭到孤立。他付出極大努力，想和同學打成一片。這個孩子知道學業成績固然重要，但他感覺目前這一需要並不緊迫。他需要的不是認知訓導。更有效的介入方法是，首先和這名當事人一起解決其「合群、為同伴所接受」的需要。從功能層面上看，這一需要更有助於增強他的身份認同和自尊感。

和重要性密切相關的還有緊迫性。我們經常要處理緊急情況，

或者碰到需即時處理的事。比方說，在家庭暴力和兒童保護領域工作的同工都清楚，雖然所謂「根本問題」往往是因為施暴者的心理需要未得到滿足，但必須先關注受害者的急切需要，保護其安全，為他提供生存保障。再舉一個例子，一個十五歲女孩去找學校社工，說自己兩年內第三次意外懷孕。這名社工明白，這種反覆行為，表示當事人有潛在需要未能得到滿足，但無論如何，必須先處理當下懷孕的事。時機合適時，經驗豐富的同工會幫她分析過往的行為和交往方式，協助她解決潛在問題，但是眼下，解決迫在眉睫的問題（懷孕）才是重點所在。

　　有時候，實務人員會遇到當事人各式各樣的問題。他長期以來採取各種方法去解決問題，但收效不佳。有些當事人長期受壓迫、被邊緣化，出現這種情況尤為多見。比方說，北美原住民中問題繁多，困難重重，包括貧困、無家可歸、濫用藥物、違法亂紀、家庭暴力、精神健康問題、各種創傷體驗等，這些問題都比整體人口這類問題的比例高出很多（Correctional Services Canada, 2008; Health Canada, 2002; Human Resources and Skills Development Canada, 2003; Ontario Aboriginal Health Advocacy Initiative, 2003）。如果分析城市中心的流浪原住民男子，以了解他們的需要，很容易得到長長的需要列表。光看這份列表，會感到十分棘手，要解決所有問題也的確不太實際。我們要從當事人的角度思考，他們認為哪些需要更為重要，也要考慮這些問題的相對緊迫程度；除此之外，還應該考慮第三個因素，即解決問題的難易程度。有些需要雖然重要，但牽涉到複雜而漫長的創傷歷史，以及紊亂的生活經歷，無法在短期內得到有效解決。考慮到當事人的遭遇，充滿無力感，甚至與專業助人的實務人員接觸時有過不愉快的經歷，較可行合理的方法是先行解決容易的問題。當事人要與實務人員一起，體驗成功的經驗，增強能

力感，這對於建立親和的工作關係有很大幫助。此外，令當事人抱有積極期望，建立良好的自我效能，也有利於未來的長期工作。

需要圖譜

記錄當事人的需要圖譜時，第一步是要鑑別出所有需要，然後一一列出（參見工作表 4.1）。每項需要都必須有清晰的行為標記；同時，這些需要也須得到當事人認可。如果雙方意見有分歧，應按照雙方觀點，分別錄入不同項目，標出哪些是當事人所設定，哪些來自實務人員。列表做好之後，要逐一分析，確定當事人心目中每項需要的重要性／相關度、緊迫程度、解決問題的難易程度等。這樣的評估分析能幫助當事人和實務人員，共同決定應該優先處理哪些需要。

設定目標

一旦確定了需要的優先次序，便可以進一步將其轉化為目標。這過程中，當事人可以想像成滿足需要後的結果，這也是一種充權過程，有助當事人建立正面預期。然而，實務人員需要仔細把握，保證目標切實可行。如果當事人覺得目標太過不切實際，心存懷疑，便容易與實務人員越走越遠。如果當事人經歷過長期失敗，充滿挫折感，對他們來說，訂立實際的目標和有決心實現目標是很重要的。當事人有時對未來預期較為悲觀，認為某一目標難以實現。這時候，大原則依然是避免與當事人爭論，而是向他闡述循序漸進的原則，幫助當事人認識到，逐少的進步，積累至最終實現重大目標，這完全是切實可行的。比方說有一位當事人的父母來自兩個不同的少數族裔，她自己是同性戀，有嚴重的精神問題，沒有工作，

工作表 4.1：需要圖譜

當事人姓名：　　　　　　　日期：

問題呈述：

需要列表：

需要	行為標記	優先次序 *

* 判斷需要的優先次序時，要依據以下三點：（1）當事人心目中該需要的重要程度；（2）該需要的緊迫程度；（3）解決問題的難易程度。

1. 優先要滿足的需要是：

2. 具體目標（包括表示目標達成的具體標識）

目標	結果標識

十年來一直過著避世的生活。她很難想像自己能在工作上擁有卓越成就，與人建立融洽的親密關係，跟家庭與族群重建聯繫。她清楚明白這些都是自己盼望的目標，只是覺得太過遙遠，不切實際。這個例子裏，當事人最終決定採取循序漸進的方法，第一步是要樂觀起來，不再擔心精神病症狀復發，並且維持健康規律的日常作息。

相反，如果當事人過度樂觀，太過急進，設置不符合現實的目標，我們也需要遵守循序漸進的原則。問及一位離家出走、從事性工作的少女的個人目標時，她說掙到大錢就不再幹這行。實務人員又問她要做甚麼工作賺錢，她說希望開一家售賣音響設備的店舖。她覺得，這是一件自己喜歡做的事，同時也帶來可觀的收入。這名當事人教育水平不高，英語也說得不好，在她計劃開店的地區，英語恰恰是通用語言；另外，她也沒有開店所需的啟動資金。後來，探討「第一步應該怎麼做」的問題時，她說自己可以從學英語開始。

有時候，當事人會自暴自棄地訂立過高目標，招致挫敗感，形成負面體驗的惡性循環。讓當事人從較小、較簡單的任務著手，有時可以打破這種循環。循序漸進的策略，能幫助實務人員和當事人從較小的成功體驗起步，逐漸對未來有積極的期盼，可提升自我效能感，令當事人對實務人員和介入項目抱有信心。

框 4.1：問題重構步驟

1. 聆聽當事人對事情與 / 或問題的描述，建立親和關係。
2. 以行為為導向的功能分析
   - 將事情 / 問題重構為行為標記
   - 分析當事人的行為有何目的，以及這些行為是要滿足哪些需要
3. 需要評估：為當事人列出需要圖譜
4. 闡釋目標

聚焦行為面談：問題重構的實踐

　　上述的問題重構過程，是以面談為背景的，與當事人的頭一兩次談話，跟其他實務模式有著類似的目標。這時候，主要任務包括：（1）與當事人建立親和關係，並建立協作聯盟；（2）了解當事人的問題，把握其潛在需要；（3）依據介入模式評估。這裏需要注意的是，知行易徑重視當事人行為，因此面談的重點略有不同。下一節會闡述以行為為導向面談的關鍵。

　　顧名思義，聚焦行為面談過程的關注重點是行為，這重點理應對當事人帶來幫助，而不會妨礙他陳述問題、闡釋體驗，或者描述當下情境。我們幫助當事人聚焦於行為，邀請他描述當時的行為，以便更清晰地表達。但這並不是說，要將當事人的說話硬性地替換為行為化描述。一開始，當事人對事情和問題的自發描述，往往兼具行為和非行為元素。比方說，第一次輔導過程中，一位女士患有厭食症，她描述自身處境時說自己是「一個很複雜的人」，個性「閃縮和狡詐」。這些都是非行為描述。同時，她的自述裏也有行為描述成份，比如她每天吃多少、吃甚麼，現時正在吃哪些藥等。

　　以行為為導向的實務人員會把「一個很複雜的人」與「閃縮和狡詐」這類描述，轉化為行為標記。這時候，只要直接詢問當事人：「你說你是個複雜的人，具體說來有哪些表現？你會怎麼做？怎麼想？有甚麼體驗？」或者也可以問：「你做過哪些事，讓你覺得自己個性閃縮和狡詐？」這樣做並不困難，但是，須要強調的是，在當事人的敘述中，並非所有非行為元素，都要轉化成行為標記，只需選擇當事人最關心、最希望解決的問題。當我們把鏡頭拉近，聚焦在具體行為的時候，首先應該明確知道對「複雜的人」的定義，或是為「閃縮和狡詐」找到行為標記，與當事人當前的關注

重點是否吻合。這個例子裏，這名當事人覺得做一個「複雜的人」沒甚麼問題，她更關注的是「閃縮和狡詐」，因為自己向家人隱瞞患上了厭食症，並不時有暴飲暴食的行為。總的來說，我們的基本原則是，重點分析某一非行為描述或非行為概念時，應該明白這樣做有何理由，與當事人的需要和目標有何聯繫。

第一次面談時，通常會為當事人留有充份的空間，讓他講述自己的故事。因此，若是對他提出太多封閉式問題，就未必能夠達到這目的，而且會妨礙當事人自由敘述，使面談陷入一問一答的模式，當事人便成為較被動回應的一方。這樣，還會加強了實務人員與當事人之間的權力差異。我們可以借助比較概括、廣泛的問題，幫當事人開闊敘事空間，如：「你今天來這裏有甚麼事？你想談些甚麼？想跟我談談你的事嗎？」一開始，在當事人敘述過程中，實務人員需要積極地聆聽，代入對方的立場，鼓勵他敘述。等到面談已經有一定進展，對當事人的關鍵問題有一定把握之後，再引入以行為為導向作深入探索。

在以行為為導向的面談中，知行易徑重視當事人的需要、希求與慾望。聆聽當事人敘述時，要為上述概念尋找立足點。舉例來說，一位當事人抱怨說：「跟我老公講話真叫人不高興，他怎麼也不明白。」我們可以就此展開探討，了解她希望丈夫有甚麼反應，怎樣才能感覺更好。我們可以對當事人重新表述道：「你希望你老公能理解你，是嗎？」或者「你盼望你老公懂得你的意思，具體會是甚麼情況呢？」再舉一個例子，一個十幾歲的年輕人說：「我一走進派對，就知道真的來錯了，真的浪費時間。」我們可以做出如下回應：「這麼說，派對有些出乎意料，和你原來想的不一樣？」由此，我們可以逐步了解當事人的需要、願望與希求。

為了全面掌握當事人的情況，理解他的需要至關重要。全面了

解情況之後，我們可以按照一定步驟，聚焦於關鍵的需要與目標，重點關注當事人目前採取了哪些方法來滿足需要。大部份以行為為導向的提問方式，具有共同的基本模式：先聯繫當事人自己的語言或陳述，如「你剛才說自己心思較重」，「你說你伴侶很小氣」，「你說你媽媽操縱慾很強」，「你剛才說你這輩子一直很失敗」……然後，我們可以追問一些具體問題，如「你這樣想是因為你／她／他做過哪些事？」「你生氣時有甚麼表現？」下面是一段與臨床抑鬱症當事人的對話摘錄，從中可以看出應當怎樣從問題引至行為標記。

　　實務人員：你剛才說你一直都很抑鬱。那麼，你抑鬱的時候會做些甚麼呢？

　　當事人：　甚麼也不做。我甚麼也不做。

　　實務人員：那這種時候你一般在甚麼地方？

　　當事人：　家裏。我就待在自己屋裏。

　　實務人員：你在屋裏會待在甚麼地方呢？床上？坐在椅子上？

　　當事人：　我經常躺在床上，但是沒在睡覺。有時候我也坐在床上，甚麼也不做。我屋裏地方不是很大，有點小。〔注意：當事人可能希望有更多空間〕

　　實務人員：能不能說說看，昨天你在床上躺了多長時間？晚上睡覺的時間不算。

　　確定行為標記時，有一點要牢記：這是一個與當事人通力合作的過程。如果當事人覺得我們只是在照章辦事，將概念一一轉化為行為標記，難免會產生疏離感，我們需時刻向當事人表達關懷的信息。如果能跟當事人建立親和的關係，他自述時會說得越來越多，越來越深入，甚至會提供更多信息、就某些事深入闡述，有時還會主動提供「免費信息」（free information）──即實務人員沒有問及的信息。請參考以下範例：

實務人員：你剛才説家人在家時你就不想離開自己的房間，覺
　　　　　得不舒服。

當事人：　是啊，他們老看一些我不喜歡的節目。我也不想讓
　　　　　他們轉換這些頻道。不過，就算我自己待在房間
　　　　　裏，還是會聽到他們那些節目的聲音。所以有時
　　　　　候我戴著耳機，放些音樂，其實我也沒在聽。這時
　　　　　候，我想起以前的事，想到過去一些朋友，那些我
　　　　　以前喜歡的活動，於是就覺得自己特別可憐。

如果當事人不斷重複一兩個同樣的字，或簡單用「是」或「不是」作答時，我們就要留意了，這可能反映面談並不順暢。出現這種情況時，不妨暫時將尋找行為標記放到一邊，重開話題，為當事人拓展空間，讓他多説一些自己感興趣的事。

對談中，總結一下當事人的信息也很有幫助，如將以行為為導向的解讀與當事人的問題聯繫起來。比方説：

剛才聊的時候，你説你這輩子都過得很失敗。你説你現在三十五歲了，但始終一無所成，大學也沒唸完，你一直很在意這件事。雖然你現在這份工作已經做了一年半，但你覺得自己沒法堅持做好一份工作。你好像很想再接受些培訓，或再上學，這樣才能對將來的工作有幫助。你還覺得如果能學會和苛刻的上司打交道，自己可以做得更出色。

面談過程中，我們始終需要牢記，以行為為焦點的問題重構要基於實務人員和當事人的共識。這一過程能幫助當事人看清自身需要／願望與相關行為之間的聯繫，明白自己採取這些行動，是為了滿足何種需要。我們聚焦行為標記，力求清晰具體；與此同時，也需注意這些行為有多重要，對當事人有甚麼意義，以及對當事人希望達成的目標有哪些當前或潛在效用。

框 4.2：以行為為導向的面談

1. 聆聽當事人描述，與當事人建立親和關係。
2. 為當事人留出敘事空間，首先建立全面理解，再聚焦於具體情境。
3. 聆聽時留意當事人的需要、希求和慾望。
4. 就需要/目標達成共識之後，將重點轉移到行為層面上來。
5. 在確定行為標記時與當事人通力合作。
6. 問題重構過程中應該與當事人達成更深入的共識。
7. 留意行為的重要性、相關性與有效性。

利用行為日記記錄目標行為

在以行為為導向的面談與評估中，行為日記是一種非常有效的方法。它簡單易明，大部份當事人都可以自己填寫。首先，我們要明確知道哪一種行為需要觀察評估。比方說，上文提到的離異女士可以記錄自己「和男人來往」有關的所有行為舉動。這樣，當事人可以直觀地了解自身行為的種類和頻率。在我過往的工作經驗中，行為日記的應用非常廣泛。例如，有嚴重心理疾病，覺得自己「終日無所事事」的當事人把日常活動記錄下來。行為日記清晰地記下他們每天在洗手間裏花了多少時間、在床上躺了多久、在沙發上坐了多久、看了多長時間電視，或是花了多少時間聆聽周圍的聲響。有時，當事人本人身體機能狀況不佳，正在住院治療，或接受不同形式的院舍護理，每天需要他人協助完成行為日記。不過，總的來說，記錄行為日記非常簡單，幾分鐘就可以完成，大部份當事人幾天後便能掌握。有時候我也會請當事人給自己的日記塗上顏色，讓當事人自己選擇各種顏色，用以標記他們喜歡做的事和不喜歡的事，或者，他們可以用不同顏色表示自己希望以後能多做點甚麼、

少做點甚麼。即使長期避世獨居的當事人，也能標示出幾件令自己樂在其中的事。這些都可以給我們提供寶貴的參考信息，用以設計策略，提高他們的社會參與度。有一點需要注意的是，用顏色標示的項目需要包括積極的內容，以免記錄的全是負面信息。比方說，一位有精神分裂症病史的當事人用深綠色表示她「特別沮喪」，用棕色表示「感覺很差」，我建議她再選一種顏色，用以標記自己感覺較好的時刻，於是她選了黃色。後來，這些積極的標記成為了我們介入的立足點，同時也是把握介入進展的有效標示。

行為日記可以用於記錄一系列行為，內容五花八門，包括飲酒、暴力行為、強迫行為、失眠、睡眠失調、與他人建立親密關係的嘗試、尿床、上網等，甚至「與他人互動」這種簡單行為分類也可以用作記錄。我在配偶諮詢中也使用過行為日記，效果非常好。通常我會讓兩人記錄他們一起做的事，寫出活動內容，並按照自身感覺用顏色標出這些事在愉悅程度方面的區別。比方說，男方在家看電視，妻子在其他房間。丈夫可能把這段看電視的時間也算作「和妻子在一起」的時間，並且標記為「很愉快」。相反，在妻子眼中，這段時間不算兩人「在一起」。再舉一個例子，一對夫妻中，可能一方標出的「愉快」時間段裏，他們都在和其他家庭成員聚會，而另一方則認為只有兩人獨處的時間才是「愉快」的。

反應效應（Reactivity Effect）與行為評估

說到行為日記，另一個值得一提的現象是：反應效應。觀察者觀察到某種行為時，觀察本身就會對被觀察的行為產生影響。我們要求當事人標記某種被視為「不可取」的行為（如吸煙、與伴侶爭吵、熬夜）時，當事人會越發在意這些行為，這目標行為有可能會因此而減少。同樣地，記錄積極行為（如幫忙做家務、打電話給需

要關懷的家人、完成工作任務）時，這些行為也可能因此增加。記錄和評估行為的過程中，反應效應會幫助當事人建立正面預期，給他們追求改變的動力。至少，反應效應本身便可説明，目標行為不是一成不變的，尚有改變空間。

除去頻率之外，反應效應也會對行為表現產生影響。一個常見的例子就是怯場。公眾注意力集中在某一行為時，某人的行為表現可能因此受到影響。有時，因為當事人更興奮、更緊張，反而能發揮得更出色；有時卻因為太過緊張而表現失準。知行易徑實務中，通常會以改善反應效應為目標，幫助當事人學習，促成行為改變。但是，我們也需密切留意，把握可能出現的負面效果。一個有效的做法是，提前告知當事人，針對負面的影響做好心理準備。

工作表 4.2：行為日記

姓名：   本週記錄開始時間：

目標行為：

開始時間	星期一	星期二	星期三	星期四	星期五	星期六	星期日
凌晨 4:00							
5:00							
6:00							
7:00							
8:00							
9:00							
10:00							
11:00							
12:00							
1:00							
2:00							
3:00							
4:00							
5:00							
6:00							
7:00							
8:00							
9:00							
10:00							
11:00							
12:00							
1:00							
2:00							
3:00							

第五章

回顧現用策略

在很多當事人看來，問題重構過程中的需要評估和目標設定，意味著認知層面的重大轉變。但在旁人看來，這些都是意料中事，並不令人訝異。完成問題重構的時間或長或短，因人而異。很多當事人和實務人員都能在第一次對談中達成共識，但也有在兩到三次，甚至更多的面談才能做到。總的來說，一旦確定了當事人的需要，設定了目標，下一步就要審視當事人現有的行為策略。大多數時候，當事人已經自發採取一些與目標相關的行動。比方說，一對新移民父母計劃把女兒送回非洲做割陰手術，以期實現「為女兒謀求幸福」的目標。這裏牽涉到以下幾個關鍵問題：(1) 當事人做了甚麼事來滿足自己的需要？(2) 當事人的行動在功能層面與目標上是否相關？(3) 這些行為策略是否有效？(4) 這些行為反映出關於當事人的甚麼信息？這對我們的介入計劃有何參考意義？

確定相關行為及其功用

正如在第四章談及，知行易徑實務人員常常會幫助當事人審視目前的行為，如酗酒、厭食等。某種意義上說，在問題重構的階段，就已經開始了「審視現有行為和策略」。不過，重構問題時，重點在於從當前行為**推斷當事人需要**；相對地，在當前階段，面對當事人同樣的行為，重點則在於審視其與潛在需要是否相關、是否

有助於滿足需要。

　　每一位前來求助的當事人都已經因應自身的需要採取行動；當事人也可能會看不清行為與需要之間的聯繫。比方説，一位年輕女士患有厭食症，拒絕進食，這可能是她反抗父母權威，獲得獨立的方法；也可能是她希望達到「理想體重」，在同輩中獲得認同；或者她想保持某種特定自我形象，可能是純真、性感或吸引力。對於這些內在需要，她可能有所了解，也可能一無所知。類似地，一位酗酒的中年男子，喝酒可能是為了緩解社交焦慮、紓緩童年受虐留下的心理創傷，或是在同伴中樹立特定的自我形象；當事人自己可能認可，也可能否認這些需要。

　　很多時候，當事人沒有看見自己的行為與需要之間的聯繫，所以誤以為自己所追求的目標就是自身的需要。例如有個在五金店當售貨員的年輕人，經常耗費買攝影器材，即使欠下大筆信用卡帳項，卻仍一心想買最新最貴的機型；因為他相信這才能當個好攝影師。經過問題重構，大家意識到他主要是向別人展示新裝備，並解釋其用途來獲取滿足。但是，眼下他要引起別人注意已經越來越困難。如果他能夠理解他真正的需要是與其他人聯繫、獲取他人賞識與提升自我形象，那麼他就可從而明白自己未必需要透過購買昂貴的攝影器材來達到這些目的，因而有效地開拓改變的空間。

　　還有一些時候，當事人對自身需要有一定了解，已經採取相關行動，試圖滿足這些需要。比方説，一位女士離婚後想結識其他男人，她和朋友聚會、參加俱樂部活動、使用交友網站、查閱個人交友廣告，已經約會過好幾次。利用行為日記，她可以完整地記錄這些事情，全面把握目前的活動，掌握各種活動的頻率與分佈。假設當事人已經確定一個有益的行動方向，也採取了一些合宜的行為策略，但她在建立關係、發展感情方面依舊不順利，這時候，我們可

以從她實際的社交處境中，看到她如何和男子打交道。她可能在自我表達、營造積極的自我形象、建立感情連繫等方面的技巧仍有待改善。我們可以基於她的自述或間接觀察來評估，如她自己對約會過程的複述、撰寫的交友自我簡介、約會時衣著打扮的照片等。不過，一般來說，直接觀察當事人的實際行為更為有效和準確。

輔導面談時的角色扮演

由於實務人員未必能夠常常在實際環境中指導當事人，在知行易徑實踐中，我們經常會與當事人進行角色扮演。這時候可以錄影作記錄，方便日後重播回顧。個案工作中，會請當事人帶朋友或家庭成員一起來扮演角色，或請同工／義工配合扮演。我們稱這些和當事人一起扮演角色的人為「協作者」（collaborators）。在實驗社會心理學與社交技巧訓練的相關著作中，有些作者提出用「協同者」（confederate）。知行易徑小組的一般程序，是讓當事人和其他組員一起扮演，效果通常不錯。總的來說，角色扮演之前，必須讓當事人知道演練內容，取得其知情同意，並且保護當事人私隱。如果在介入過程中需要使用知行易徑系統，可以在服務開始前對當事人作簡單介紹，讓當事人了解情況，並取得他的知情同意。

角色扮演是審視當事人當前的技巧和評估其技巧水平的有效方法。在日後的技巧學習與發展環節中，也會廣泛應用到角色扮演的方法。角色扮演時，錄影可準確反映實況，有助直接觀察當事人的行為，效果較當事人自述更為可取。另一方面，由於觀察者可能忽視或遺忘一些瑣碎而重要的細節信息，角色扮演錄影的方法也較為可靠。有時候，如果簡單地對當事人說：「你最好改變一下自己微笑／點頭的方式」，當事人未必能理解，這時候最好參看錄像。需

要提升社交與人際技巧的當事人，往往對社交細節不太敏感。知行易徑項目中，人際交往敏感度、交際過程的敏銳觀察、社交表現的自我掌控等，都可以成為學習目標。事實上，很多人都需要學習仔細觀察自身表現與他人回應，並有條理地描述。

介紹角色扮演時很重要的一點是，需將角色扮演及錄影的目的、過程等相關細節解釋清楚給當事人知道。根據我的經驗，大部份當事人都喜歡觀察自己的錄像，從中獲益良多。在學習小組裏，記錄和重播錄像過程中，組員往往得到很多樂趣，大大激發小組的正能量。雖然很少組員會拒絕錄影，但當然亦有例外；有一次，小組學習中，一位女士對我說，她曾經受過性虐待，過程中曾被錄影，遇到這種特殊情況，顯然要慎重考慮；類似的情況下，我們需要仔細考慮當事人是否能從小組活動中受益，有時候改用個案工作，更可能對症下藥。無論出於何種原因，無法錄影記錄時，可以改用錄音，亦能捕捉一系列平時無法保存或回溯的豐富信息。如果所有電子記錄方法全部不可用，就必須依靠仔細的觀察、認真的筆記和大量的反饋。

如果當事人經過了解後，同意錄像記錄，所得的資料對於研究與教學會是一項珍貴的資源。實務中，頭幾次訪談或活動的記錄，可在後期應用，對比當事人進步的情況。然而，錄像的作用也不能誇大；就我所見，實務人員有時過於在意美感和視覺效果，反而會阻礙實際介入的進展。有些服務部門很自豪地說，他們投資了很多先進的記錄設備；這自然不錯，但並非必須。大多數時候，只要當事人和其他參與者能清楚地記錄動作表現，聲音清晰可辨，一部基本的家庭攝錄機或智能手機便已足夠。我有一位同工朋友，用筆記本電腦上的攝影鏡頭錄像，效果已很令人滿意。無論錄像設備是簡是繁，在正式開始活動之前，都必須檢查清楚，確保運作正常，

畢竟大家都不想浪費寶貴的時間去檢修設備，或者事後發現沒有記錄關鍵過程而追悔不已。下框 5.1 概括介紹在輔導面談中錄影的程序：

框 5.1：輔導面談中角色扮演的設置

1. 讓所有角色扮演活動的參與者了解情況，徵得知情同意；必須詳細訂立保護當事人私隱的規定。
2. 明確闡述角色扮演的目的，說明這次活動要觀察甚麼、評估甚麼，以及 / 或者要學習甚麼、發展甚麼。
3. 條件允許的情況下，盡可能使用錄影，否則可改用錄音。在兩者都不方便使用的情況下，可直接觀察及反饋。
4. 沒有必要在美感和視覺效果上花費太多精力。錄影的主要目的在於記錄當事人表現，為事後反饋提供具體的參照。
5. 通常沒有必要使用昂貴、複雜的攝錄器材。
6. 活動開始前記得檢查攝錄器材，確保運作正常。

　　準備妥當之後，就可以開始角色扮演。當評估當事人開始的技巧水平時，我們會讓當事人先向我們展示當時已掌握的技巧。角色扮演應該盡量貼近日常生活，以便當事人能於現實生活中應用學習所得。我們主要依賴當事人所提供的信息，確定實際生活場景中有哪些主要特徵，然後進行模擬演練，並盡力貼近現實情境。有時候，我們甚至會安排實地演練；例如在醫院、護理院、行為矯正機構或學校內。由於大部份當事人的活動都在同樣的場地裏進行，我們就可以借助其生活環境進行實境演練。

　　除客觀環境之外，演練時也要注意特定人際交往方面的特點；這些特點很多時候比客觀環境更重要。例如，有當事人在與權威人士打交道時感到困難，進行角色扮演時，扮演權威角色的協作者就

需要展現出傲慢專橫、咄咄逼人的氣勢。有些時候，當事人亦會邀請朋友充當協作者，實務人員也可以參與協作，甚至會邀請受過專門訓練的演員[1]進行角色扮演。他們的參與帶來不少好處，例如有生動的表現、優秀的臨場反應；他們對當事人也有一定敏感性，會針對情況作出適當的回應；而且，風格能夠保持一致。當然，邀請專業演員會牽涉額外開支。小組工作中，組員通常能夠根據各自不同的背景去扮演不同的角色，也可在徵得組員的同意下，引入其他協作者。

另外，在演練過程中，當事人可轉換角色，扮演他們在實際生活中與之打交道的人。譬如，當事人處身準備入職面試的情況，透過角色扮演，他可以換位思考，坐到主持面試者的位置上，從多角度的體驗中獲得幫助。在演練時轉換角色，實務人員亦可以協作，扮演當事人的角色。除此之外，當事人更可以仿效完形治療（Gestalt Therapy）中的雙椅法（Yontef & Simkin, 1993），一人分飾兩角。不過，我們的重點在於行為演練，而不是情感反應，當然，這並不是說我們完全忽視當事人情感——關注具體行為之前，讓當事人注意自己的情緒感受，這會很有助益，甚至是不可缺少的一步。雙向角色扮演能有效地幫助當事人拓展思維，如果當事人在人際交往中感到很焦慮，互換角色能幫助他舒緩焦慮感。此外，角色扮演還有另一個附帶效果，就是增強當事人的掌控感，有助提高其自我效能：當事人扮演社交對象的角色時，可以走出情緒反應的習

1　多倫多大學採用客觀結構化臨床考試（Objective Structured Clinical Examination, OSCE）培訓醫科護理及社工學生，過程涉及學院聘用受過訓練的演員表現出標準化的病人的反應，接受訓練的學生需與他們進行接近現實實務情況的互動，負責考核的老師根據其表現來判斷他們的臨床表現是否達到專業水平。在知行易徑實務中，我們也可以按照類似形式，使用專業演員來協助當事人，模擬他們在現實生活中的人際互動。

慣模式，從而擺脫桎梏，獲得解放。

　　如果當事人有充份的心理準備，一人雙角的扮演模式會有助實務人員的評估。例如，一位少年抱怨自己跟父親相處有很大問題；他形容父親吹毛求疵，愛批評人，像一個虐待狂。這時候，我們可以讓他扮演一段最近與父親的對話。這個方法的好處在於當事人可以展示相關角色，將實際情況重現眼前；而且較引入協作者共同扮演更為有效，因為協作者難以重現當事人父親令人信服的行為模式。

　　不過，重點始終應放在當事人身上，而不是當事人扮演的角色。評估需要建基於當事人行為的功能性和有效性，還要不斷提醒當事人去思考某個特定的回應是為了實現哪些具體功能。我們可以問當事人：「你這樣說／這樣做有何目的？」「你這樣說／這樣做之後有何效果？實現了多大程度的目標？」回答第二個問題的時候，顯然需要考慮另一方的反應。我們應幫助當事人看清自身表現與他人反應之間的聯繫，以發展交際中的敏感度；這正是有效的人際交往中不可缺少的因素。為了強調這種視角，我們可以向他解釋：「你的目的是要安撫他、緩和緊張氣氛，這時候你說……然後，我們發現他敵意更強，態度更苛刻了。」然後，可以適當提示一句：「現在你有機會看到自己的表現，以及其他人的反應。你覺得今後你的回應會有甚麼不同嗎？」這種提法中包含以下原則：我們應該積極地界定評估，並以未來及行動為導向，而不是簡單地評價當事人的行為。

有效性評估

　　評估當事人目前行為的有效性時，最主要的判斷標準在於技巧

能否幫助他實現目標。在應變式介入模式中，評估當事人技巧強弱的方式並沒有統一標準。技巧的有效性受很多因素影響，包括個人情況、社會環境、文化背景，以及各種具體情境中的變化。有時，對於培訓師和學員來說，「統一的社會效度測量方法」雖然能應用在所有情況上，但是，我們必須時刻參考當事人的目標。比方說，一位大學生不想出風頭，不想擔任領導職務，只喜歡和朋友自在愜意地共渡時光。他需要的技巧，自然與意欲投身校園政治的學生不同。這兩類技巧既然互不相同，就沒有必要比較其價值高低。

策略及構成技巧

在以目標為導向的策略與技巧評估中，主要應了解現用策略與技巧能實現多大程度的目標。由於當事人尋求幫助的主因是基於現用的策略與技巧並不完全有效，知行易徑的實務人員便需假定當事人的策略與技巧至少在某些方面還有改進空間。我們的分析必須涵蓋策略、技巧與表現水平。以推銷人壽保險為例，保險推銷員最希望的是提高銷售業績，這也是他們的業務目標。有些人講解信息的技巧相當優秀，尤其擅長說明不同保險產品各有甚麼特點；有些人則長於說服客戶，吸引他們投資保險產品；還有一些人善於結識新朋友，拓展社交網絡。作為人壽保險推銷員，結識新聯絡人、介紹產品、說服客戶都是重要的技巧。顯然，掌握這些技巧至關重要；然而要成為一名成功的推銷員，除技巧之外，更需要有效的策略。可行的策略協調了一系列行動，以實現最終目標，每一步行動都要借助一些相關的技巧。在人壽保險推銷員的例子中，推銷員會有全面的市場或營銷策略，例如他會注意到某個族群大規模移民到本地的趨勢，於是建立相應的策略，與這一新社群中的關鍵人物建立聯繫，學習他們的文化和歷史、掌握人口結構信息，了解這些人在自

己的國家購買保險時的習慣，甚至會主動學習新社群的語言。策略中的每一步都牽涉到多種技巧，包括電話推銷、研究社群領袖的個人背景、搜集該社群的出版物和其他相關信息；並在網上或圖書館得來的資料了解關於這一族群的知識，學習他們的文化和社會風俗。

達成策略所需的必備技巧，稱為該策略的「構成技巧」（composite skill）。以上文提過那位離婚女士為例，她的目標是結交新男友，希望認真發展一段新關係。她已經採用了一些積極的聯誼策略，包括網絡約會、交友廣告等，並掌握了這些策略的構成技巧，也成功地約見了幾個對象。從功能上看，這些策略雖然與目標關係密切，也取得一定效果，但是還不足以幫助她實現最終目標，她還需要發展其他策略，用以提高約會時的人際交往能力，其中構成技巧包括：自我展示和表達、建立情感契合等。表 5.1 列出了一些目標導向策略及其構成技巧的範例。

我們可以分析這些策略及其構成技巧來確定當事人學習與發展的最佳方法。設計策略雖然是一個思維過程，但是實際的策略發展則涉及怎樣學習及掌握這些技巧；而且，大部份技巧都由行為活動去實現。在實踐時，策略普遍包括一連串的人際關係技巧。在實務中，如果能夠清晰地向當事人展示構成技巧，解釋這些技巧如何操作，大部份人都能看到技巧 / 策略與其目標之間的聯繫。有些當事人的機能受到嚴重損害，如長期精神分裂症患者，他們對理解整體策略（例如怎樣應付難於相處的人）會有困難；開始時首先展示簡單和具體的技巧（例如拒絕不合理要求）會是好的做法。

最後要強調的是，所謂策略與技巧，都是將行為概念化的結果，區別在於抽象化的程度。策略與技巧之間的界線並非固定，有時十分模糊。區分只是為了將當事人行為概念化，方便協助實際工作。換句話說，只有對介入進程有幫助時，這些概念才是有意義

表 5.1：策略與構成技巧

目標	策略	構成技巧
一位女士想離開一段受虐的關係	保證個人安全	溝通技巧
		使用社區服務
	實現經濟自主	職業技巧
		面試技巧
		理財能力
一位偏遠鄉鎮的同性戀男子想認識其他同性戀男性	網絡社區交際	自我展示
		書寫技巧
		使用資訊科技
	經常造訪附近的休閒場所	修飾打扮
		結識陌生人
		建立親和關係
一位女性移民希望與當地北美的青少年交流	學習北美青少年文化	運用當地語言的能力
		使用網絡
		調研的能力
	直接與對象交流	傾聽
		表達與展示
		親和能力
一位老人想與護老院的同伴打成一片	做一個好人	為他人提供實際幫助
		令其他人對自己感興趣
	做一個令他人感興趣的人	說笑話
		了解保健信息
		社交舞技巧
一位有長期精神分裂病歷的成年當事人希望與家庭成員改善關係	能清晰表達自己的需要和喜好，增強選擇	直接交流情感需要與個人喜好
		拒絕不合理的要求
		有效處理批評意見
	建立令雙方滿意的關係，促進彼此的支持	增強感情敏感性
		彼此交流，提供情感支持
		自我表露
		挖掘共性，建立聯繫

的。有些時候，同一套行為，實務人員和當事人既可以界定為策略，也可以界定為技巧；最重要的是，這種概念能否幫助當事人更明確地把握自身情況、看清行為和目標之間的聯繫、懂得怎樣做才能更有效地發揮自主性，改善人際交往和社會功能。

微過程與表現

由此說來，我們可以將技巧概念化作不同的部份，每一部份都可視作特定技巧。例如，在學校內廣交朋友是入選學生幹事會的優勢策略。其他策略包括海報宣傳、郵件宣傳、課餘時做義工等。而「廣交朋友」這一策略之下，又包括認識陌生人、迅速與他們建立親和關係等技巧，其中涉及尋找正確時機接近他人（要有眼光，有敏感性，不在不方便的時候打擾對方），自我介紹，建立聯繫（從別人的興趣點入手，建立雙方的共同聯繫），給對方留下正面印象等。

因此，每種技巧都能細化為更小的概念單位，稱為「微過程」。正如策略與技巧之間的分野並非一成不變，技巧和微過程之間的區別亦非固定。從實踐角度說，微過程指某一技巧中能被當事人視為有意義單位的組成部份，其中也可以繼續劃分。這裏比較關鍵的是，不要在界定與區分策略、構成技巧和微過程這三者上面花費太多精力。這些概念旨在幫助當事人和實務人員理解需要學習的一系列行為，指導學習與發展，所以不必糾纏於弄清這些名稱的內容和嚴格區別。

評估技巧時，應該著意關注微過程。辨別微過程及判斷它們對某一技巧的整體有效性有何影響，能有助我們為當事人提供反饋，進而設計下一步學習與培訓的目標。例如，伴侶一同接受輔導時，實務人員可讓兩人角色扮演，模擬一段日常對話，並以錄影記錄，

以作評估。我們可能發現兩個人都沒有注意聽對方説話，話題轉換很快，常常有負面或消極的反應，彼此之間少有自發的情感表達等。這些微過程構成評估反饋的主要內容，影響接下來的介入過程。

另一個需要考慮的因素是當事人表現。有時候，當事人對某些技巧已經有一定的了解，甚至受過微過程訓練，只不過實踐中因為某些原因，無法有效地展現這些技巧。這可能是因為緊張，也可能源於更深層的情感障礙。因此，回顧時很重要的一點，就是先識別無法有效表達的表現，再評估現用技巧，以避免把表現水平波動與技巧缺失混為一談。例如，在一個婚姻關係工作坊中，實務人員請參與者學習彼此聆聽，捕捉其中的感情因素。分組練習時，雙方的練習對象不是自己的伴侶，都能有效彼此聆聽；反而，跟自己的伴侶練習，情緒反應就影響了表現，聽不到自己伴侶的感情信息。結果，參加者在之前跟練習對象互動時學到的聆聽技巧，現在就可以應用到和自己伴侶的溝通上，達到更佳的效果。

圖 5.1：策略、構成技巧及微過程

有效性與合宜性

　　實務人員應在具體社會環境中評估策略與技巧的有效性，以免誤用自己的參照系統。「合宜性」本身就是個微妙的概念。正如第四章中所說，評估行為是否合宜，就要考慮當下的社會與政治背景。舉例說，吸食大麻來鬆馳神經，或者光顧性工作者以解決性需要，都可能是非常有效的策略去滿足需要，但某些社會可能將它們界定為不合宜、有問題甚至是違法的。實務人員必須時刻留意各種主流社會價值觀、文化價值觀、當事人的社經地位、具約束力的法律規定和職業守則，以及自身的價值觀及道德取向，皆會影響實務人員判斷這些行為策略是否合宜。考慮到許多因素的張力，意味著我們要創造性地探求新方法。實務中，需要時刻保持開放靈活的態度，不能僵化呆板地恪守教條及既定過程。

理解作為學員的當事人

　　我們要確定當事人為滿足自身需要採取了哪些行為，判斷這些行為舉動能否起作用，並且評估當事人現用的方法是否有效。整個「回顧現用策略」的過程，皆為我們展現一些關於當事人的信息，包括行為傾向和學習風格。有些當事人特別喜歡參考理論原則，有些喜歡馬上給出本能的反饋，有些會要求結構化和系統的指導，有些會主動參與，有些參加角色扮演時感到猶豫和焦慮，有些甚至害怕角色扮演。針對當事人不同的習慣和學習風格，對症下藥，有助我們與當事人建立親和關係，激勵他們參與學習。這與知行易徑提倡的多項應變思維是一致的：承認個人差別，不能假設所有當事人具有類似的反應模式和學習風格。

　　知行易徑系統的應用範圍非常之廣，可應用的服務對象也很廣

泛，包括有廣泛性發展障礙的兒童、參加競選的政治家、長期受嚴重精神問題困擾的成年人、培訓員工的高級行政人員、受過嚴重心理創傷的人、受到社會排斥的人、希望改善自身人際交往能力的學生、努力在新國家安身立命的新移民、希望提升銷售業績的推銷員，以及想改善關係的伴侶。這些當事人有各式各樣的背景、經驗、個人歷史；個人天賦不同，擁有資源不同，所受的限制（智力、能力、教育、經濟能力、家庭支持、社交網絡、社區資源等）亦不盡相同。我們必須認識到這些差異，探討它們怎樣影響當事人的學習過程。不同當事人對練習情境有不同的期望，對自己作為學員這另一角色的理解也可以有很大差別，因此表現各不相同。我們往往需要保持開放、靈活、親和的態度；同樣重要的是，時刻準備從當事人身上學習，研究其所屬的文化或次文化，了解當事人吸收和內化了哪些價值觀，而不是理想當然地作出推斷，更不能依據過於簡單的刻板印象，確定當事人所屬文化的特點（Tsang & Bogo, 1997; Tsang, Bogo, & Lee, 2010; Tsang & George, 1998）。

聚焦當事人的長處與潛力

知行易徑的評估強調學習與教育，而非醫學病理診斷。我們理解當事人的需要與目標時，還要評估當事人目前的功能，分析當事人已經掌握哪些策略與技巧，還有哪些需要學習。我們相信大部份人都需要學習新事物；我們還相信，即使是精神健康欠佳、能力有所欠缺的人，都具備一定的潛能，有廣闊的成長空間。例如長期受精神疾病困擾的人雖然經歷了一連串看似無窮無盡的失落、痛苦，甚至是受屈恥辱的經驗，卻往往表現出極強的韌力或抗逆力。身體條件不佳，或有發展障礙的人也常常展現出學習與改變的強大潛

能。能夠陪伴人們戰勝生命中的挑戰，如受虐、歧視、失業、離婚、分手、痛失所愛、戰爭、暴力犯罪、折磨、自然災害、慢性疾病、入獄、藥物依賴等等，這是我們的榮幸。有時候，如果易地而處，若我自己遭遇同樣的事，我會懷疑自己能否像這些當事人一樣有尊嚴地面對挑戰。我從當事人的經驗和智慧中獲益良多。知行易徑強調和當事人一起學習，力求為當事人創造空間，讓其意識到自身的力量和潛能。

後記

審視現用策略時，要全面考慮當事人為實現目標所付出的努力。這種橫向掃描，牽涉廣泛的範圍。只要確定了關鍵策略，就可開始縱向探索，思考具體的構成技巧，深度評估微過程。我們既關注當事人要學甚麼，也關注他們已經掌握了甚麼。良好的審視過程有助我們為下一步做好準備：設計與落實學習過程。

第四章與第五章描述了問題重構與評估的過程，涉及不少步驟。知行易徑培訓項目中，實務人員有時會採用更精簡的問題重構。針對這一需要，我建議採用「需境特量」（N3C）的簡化模式。所謂「N3C」，是指需要（needs）、處境（circumstances）、特性（characteristics）與力量（capacity）。實務人員根據「需境特量」，依次從這幾方面了解當事人的情況；深入了解當事人的需要後，實務人員就需關注當事人身處的情境（失業、離婚、喪親等）。評估中還應包括當事人的特性（如性別、年齡、性取向、宗教取向、種族、文化認同、個性、價值取向、學習風格等個人特點）。力量則包括當事人現有的策略與技巧、承受能力、優點、社會資本與符號資本、經濟能力與經濟來源等。很多實務人員發現，「需境特量」模式在實務中很有幫助，方便同工交流時有效溝通。

第六章 制訂策略與技巧

在完成問題重構和回顧現用策略之後，就可以開始制訂策略與技巧。知行易徑與為所有參加者提供標準培訓計劃的套裝項目不同，它的實務人員以「應變」為宗旨，為每個當事人制訂學習計劃。在小組裏，我們根據每個小組成員的個別需要和情況制訂實際的學習過程；同樣地，我們亦需視乎實際情況來處理團體、組織和社群的各個成員。

如果當事人已定下合理而清晰的目標，制訂學習步驟的第一步通常會從策略開始。整體策略確定之後，開始制訂構成技巧，當事人可能已經掌握其中許多技巧，但有些技巧是需要經知行易徑去獲得或提高。如前所述，關注微過程，將有助於學習和發展既定的策略與技巧。

就策略和學習目標尋求共識

在與當事人建立親和關係、重構問題和審視目前策略之後，大多數當事人會和實務人員就目標的理解和可能的策略選擇，尋求共識。在某些情況下，共識或許無法達成；如幫助自閉症兒童學習社交技巧，又或當事人對自己的需要和目標比我們有更清楚的看法。在精神和心理健康工作環境中，類似情況並不罕見。面對如此情形，我們該以確定大家的共識為核心原則，由此開展工作。由於知

行易徑的實務以漸進為本，我們只要有共同點就可以開展工作；在大多數情況下，成功完成初期的任務之後，我們就會達成更大的共識。

假如當事人有嚴重精神健康問題，在醫院和護理院度過較長時間後回到社區生活；這種情況下，一下子要解決他的居住、就業、社會、個人以及情感需要的整體策略，就會顯得太過遙遠，而且不切實際，甚至令他感到要處理的事情過多而無法應付。如果與他確定需優先處理的事項，就可初步發展出簡單、易於管理的策略；完成第一個任務（例如尋找住房）之後，當事人可能變得更加主動積極，增加自我效能感，達到充權的目的，並有助他對於後續任務有更正面的期盼。

對於無法作出決定的當事人，如年幼的兒童、有認知障礙的長者，或有發展障礙的人士，我們必須在制訂介入計劃時與他們的照顧者或法定監護人保持良好溝通，亦應盡量考慮當事人的意願。同時，只要當事人能夠理解，也應按照他的理解程度去解釋項目和計劃。

制訂學習項目

我們越能把終極目標（例如，改善夫妻關係，社會融合）轉化為具體的任務（例如學習傾聽對方、了解對方的需求、克服社交恐懼症和與人交往），就越容易了解知行易徑的介入過程，並對最終結果產生正面的期望。構成任務能細化為一系列學習目標，而每個學習目標要經由具體的學習單元（module）來實現。在知行易徑中，學習單元是有具體目標、學習成果和過程的學習活動。

知行易徑項目的結構

在知行易徑的實務中，當事人逐步掌握每個策略與技巧。這個時候，如果實務人員能夠掌握不同學習活動的相互關係，形成一個整體印象，就會對介入很有幫助。如果當事人有興趣，並有領悟能力，實務人員更可以與他分享這整體印象。學習和發展計劃能理解為分層組織，從總體目標開始，逐步細化到具體的學習活動。

例如，當事人受社交恐懼症困擾，而他的總體目標為社會融合，這可從滿意的人際和社會關係，以及活躍的社交生活中展現出來。正如圖 6.1 所示，這一總體目標能化成更具體的**構成任務**或學習目標，例如開始接觸社區人士、建立人際關係、認知重構、情緒調節和應付負面的回應等。這些任務或目標經由一系列的**學習單元**所達成。學習目標有助設計知行易徑方案，而學習單元則是當事人實際接觸的項目。比如，學習開展社交網絡需要當事人掌握構成策略與技巧（尋找或創造一個可交往的社交場所、管理身體方面的自我表現、初次接觸時的開場白、掌握社交談話中的回應和互動、策略性自我表露等），這些策略與技巧可由特定學習單元建構而成。

每個學習單元都涵蓋上述的三個層次：策略、技巧和微過程。為了避免混淆，「策略／技巧／微過程」的模式有助分析人們的行動單位或行為；而「目標／目的／單元／活動」的模式，則適用設計學習方案。儘管這兩個模式沒有明確的對應關係，但最終目標都是要達到某一確定的目標或想要的結果。在實踐中，我們使用後者，即項目設計結構（目標／目的／單元／活動），幫助當事人制訂必要的策略與技巧。

以「自我展示」的學習單元為例，這包括針對儀容、姿態、面部表情、眼神接觸、姿勢、應付不同場所的要求等學習活動。應付

圖 6.1：學習項目的組織範例

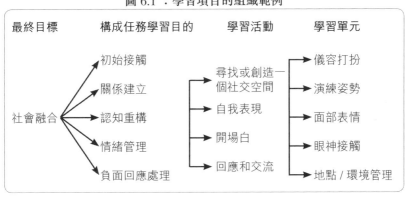

場所的要求是為了增加當事人與其他人接觸的機會，要當事人以策略性的方式介紹自己，所以可以說是其中一種策略。我們應該針對當事人的實際生活，從中選擇特定的、最感舒服的場所或社會環境為社交活動的起點。例如，學生或許會選擇食堂，另一位年輕人可能會選擇當地的寺廟、教堂或清真寺；有些當事人喜歡餐廳，有些人卻避之則吉。雖然有一些人會首選酒吧，但另一些人會認為這個地方的風險過高或太具挑戰性。

　　一般來說，按照應變和漸進的原則，當事人一開始所選擇的場所不會令他感到太多焦慮。情境設定與環境密切相關，但受很多因素影響。以上課為例，課堂就是場所，但情境設定可能是在上課、課前或課後。餐廳是一個場所，而社會情境則可以是二人約會或小組活動、生日派對或某公司的慶祝活動。策略包括其他構成技巧，如訂位、應邀，或邀請好友出席，這些都涉及各自的微過程。

　　學習活動涉及策略、技巧或微過程；可能的形式有教學、小組討論、練習、角色扮演、家庭作業等。以學習改善儀態的小組為例，首先由學習小組裏的成員給予個人反饋，協助改善儀表舉止，得到別人的好感。另外，透過錄影、提供相片等方式都能激發討論

和反饋，也可安排家庭作業作演練。以應變的方式使用單元的具體設計和學習活動，對每個當事人都會產生不同的效果。假如我們遇到社交能力弱的當事人，就可安排朋友的支持，協助他們完成難以獨立處理的家庭作業。如果要改善當事人的儀容和姿態，就應分別處理，令當事人更容易學習。以下例子展示如何將行為分析與學習等概念融合於實際項目裏：策略為保持儀容整潔；技巧是如何選擇合適的襯衫；而微過程則是選擇扣與不扣，或扣多少個鈕子。

本節的目的，是要避免對最終目標、任務學習目的、學習單元或學習活動造成僵化理解；實務人員可以靈活使用這些名稱，不必拘泥於專門術語。本節的重點是：(1) 學習與發展過程是有邏輯地組織起來；(2) 每個學習目的可轉化為具體活動，涉及體驗式學習和行為改變，而不是純粹概念性的理解；(3) 根據當事人的情況和特點，包括學習能力和學習風格等，**以此設計學習項目。**

設計學習活動

一旦按照最終目標制訂出學習任務，就可以進入行動部份。我們需先準確評估當事人的策略與技巧，來訂立具體學習目標和相應單元的排序，這過程已在前面章節解釋。這時候，大多數當事人已經掌握了一些相關的構成技巧；所以現在的任務就是明確分析要學習甚麼策略與技巧。例如，我們嘗試協助一對夫婦改善關係，構成任務或學習目標包括：(1) 改善溝通模式；(2) 創造雙方都感到愉悅的共享經驗；(3) 支持對方的個人成長和發展。

對於伴侶溝通這個題目，早已有廣泛研究，而早前也已開發了很多改善夫妻關係的訓練項目 (Chee & Conger, 1989; Gurman & Jacobson, 1986; Jacobson & Margolin, 1979; Jakubowski, Milne,

Brunner, & Miller, 2004; Lee, 1990; Perez, 1996; Reardon-Anderson, Stagner, Macomber, & Murray, 2005）。顯然，許多夫婦可以受惠於這些預設項目，但當事人也需按適當的情況來應用個別項目和內容。知行易徑的方法並非要另起爐灶，只是根據需要和當下情況，找出對當事人夫婦的最佳方案。在這過程中，學習項目的設計需確定構成任務，並設定相應的學習目的。制訂了目的之後，就要設計學習單元，讓當事人在過程中可實際應用。某些當事人夫婦所需的策略與技巧，已有文本可循；特定的學習單元涉及：（1）在現有項目中與當事人的需要和學習目標有關的步驟；（2）綜合當事人所需的策略與技巧，及其當前的技巧；（3）具體知道需學習的策略與技巧，但目前沒有現成的材料。

然而在實務中，每對夫婦要學習的內容各有異同。雖然目前已經有許多已設計好的步驟流程、即場的實踐練習來促進夫妻之間有更好的溝通、改善關係；不過，具體應用還需根據夫婦的需要、目標及現有技巧而因應改變。舉例來說，對於擁有高學歷、高收入，卻經常衝突的情侶，設計愉悅的分享活動理應是相對容易，他們甚至不一定需要特意安排學習這個單元；但是，他們需要學會回應對方的情緒，並同時調節自己的情緒反應。又例如不同文化背景的夫婦，需要彼此學習理解成長在不同文化背景的配偶，這涉及對社會的特定觀念和生活習慣，如種族意識、男女的家庭角色、飲食文化，甚至口腔衛生等。我設計了具針對性的練習，讓夫婦們逐步理解彼此的差異，由風險較低的分享開始，最終達到分享意義重大的個人事件，包括如何形成當前的思想和行為、童年或成長過程中的重要經歷等。

介入模型以應變為基礎，其另一關鍵特性就是要綜合考慮當事人需要學習和已掌握的技巧。由於每位當事人的經驗和技巧都不相

同,介入時應視乎當下情況,不僅要按目標去設計策略與技巧,還
要為學習過程作相應調整。當事人在學習策略與技巧方面,有不同
的稟賦和天資,有些當事人善於理解概念和遵從有系統的指導;有
些當事人的有效學習方式,則是直觀地掌握人際交往的基本動態過
程;有些當事人需要有系統的組織,加上旁人的不斷鼓勵,而另一
些當事人則對新的經驗或挑戰感到躍躍欲試。如前文所述,知行易
徑注重評估人們所需要學習的內容和他們的特性,包括學習風格、
優勢和潛力等。我有時會使用「需境特量」,針對個別培訓項目,
以確保實務人員能重視當事人的需要、處境、特性和力量。

設計具體學習單元

為提供諮詢或輔導給當事人,知行易徑介入的核心是設計具體
的學習單元。現有許多小單元可供知行易徑設計方案之使用,首先
可考慮現成的單元。

現成單元

現成單元包括已發表的專業文獻的記錄,亦有一些單元是從業
人員使用過但沒有文獻記錄的。據我了解,實務人員針對各種各樣
的學習目標,設計了很多精妙的學習單元,還有數不清的學習步驟
和程序,難以盡述。即使有網上搜索引擎的幫助,還是不容易獲得
現成單元。其中有些刊載於書籍和手冊上,但大部份的資料還未數
碼化,難於搜尋。實務人員傾向開發他們愛用的程序或系列單元,
而大部份都沒有記錄,因此並非現存可用。

現成的學習單元的主要優點是方便使用,不必花時間和資源開
發新的單元。如果程序已被廣泛使用,或成為某項療效研究的一部

份，有時會有額外好處，因為會獲臨床實證或研究所支持。而基於
應變的創新步驟或單元，則未經實證檢驗，其效果也是根據相關知
識、經驗和判斷而作出預測。但現成單元會受當事人特定情況與單
元相關性的限制，因其內容未必能完全應對當事人的情境。實證證
據也會造成問題，尤其所收集證據往往來自特定群體或情境，與實
務人員需要應對的情況或有距離。遇到複雜的情況時，經驗豐富的
實務人員需要全面考慮各方面的專業意見、實踐經驗和實證證據，
為當事人制訂最佳介入方案。在知行易徑的實務中，我們特別重視
當事人的需要、處境、學習風格、個人偏好；所以，實務人員應盡
量避免以自己的偏好去設計學習單元。另一個重要原則，就是要不
斷學習來擴大自己的單元和步驟的儲備，例如讀書進修、參加課
程、接受專業培訓、督導和諮詢、與同事交流等。

　　除了利用現有知識，知行易徑還鼓勵實務人員持續創新。多年
來，我創造了很多學習單元，其中大部份已經不局限於開始的情境
設定，逐漸應用到不同的環境裏。創建新的策略與技巧的學習單
元，主要有兩種途徑。其一是由實務人員自行針對特定學習目標去
設計學習單元；另一種是協作創新，由實務人員與當事人一起創建
新的策略與技巧，以滿足特定的學習需要。

實務人員創新的學習單元

　　回到前述夫婦輔導的例子，此例中實務人員需要彙集學習單
元，以達成具體的學習目標，包括改善溝通，增加共享歡愉的時
光，或培養互相的支持，以利成長和發展。考慮到這對夫婦目前的
行為和互動模式，學習目標會針對不相容的價值取向來改善溝通。
假如夫婦二人價值觀有異，一位相信世界上只有優勝劣汰的生存模
式，因此兒童必須好勝、為激烈競爭做好準備、表現優異，才會取

得成功；而另一位認為愛心和人際關係才更為重要，因而重視建立體諒、正義感、樂於分享的價值觀，這對夫妻之間可能會出現很多衝突，特別是涉及各自的職業發展、社會關係和養育子女的方法時，不容易找到現成的程序來對應他們的情境。為了設計程序，我們需要明確掌握學習目標，分析其組成部份，以及當事人實現該目標所需的漸進步驟。

1. 構成元素分析

創建新的學習單元時，第一個問題是：它要達到甚麼目標？在上面的例子中，所期望的結果是：這對夫婦能夠就生活中的重要問題達成共識。只要夫妻雙方能找到一起生活的方式，並且不會造成過份緊張、衝突和不適，他們就可以保留各自的價值觀。舉例來說，如果他們在各自的職業生涯規劃、如何組織共同的和個人的社會空間、如何與子女互動的話題上都協定一致，那麼改善溝通的目的就已經達成。

然後，第二個問題就是：這對夫妻需要哪些條件才能達到這樣的協議和共同的理解？這可能包括：(1) 彼此願意交談；(2) 聆聽對方說話；(3) 即使未必同意對方，也嘗試了解對方的立場；(4) 理解對方的價值觀與早期生活經驗，例如文化和家庭情況的相關性；(5) 了解對方受潛在需要所驅使，而表達出來的價值觀，包括安全感、歸屬感、自尊等；(6) 明白雙方價值觀雖相異，但掌握這些價值觀是跟二人需要有功能性的聯繫；(7) 認識到可有多種途徑去滿足這些需要；(8) 理解不同價值觀未必一定引致不相容的行為，而妥協和讓步是可能的；(9) 要能想像並非所有人都對個人的價值觀有強硬的堅持；(10) 要明白大家對價值觀的堅持會因情況而異，亦會根據情境目標讓步和調整；(11) 需相信即使大家的基本價值觀有所不同，但當彼此增加了理解、信任、相互尊重和讚賞

時，較容易商討共同目的；（12）願意探討改善理解、信任、相互尊重和讚賞的方法；及（13）要相信以上各項是可以透過知行易徑步驟的介入去實現的。

雖然上述的條件看起來有點長，但經驗豐富的實務人員在回應複雜的當事人情況時，思維其實與之非常相似。將預想的必要步驟列出來，有助我們制訂相關項目。例如，一些具體學習單元，教導處於相反的或不兼容的狀況、態度、觀點、立場和假設的人們學習去聆聽對方，並達成不同形式的讓步或妥協。三角聆聽練習（Listening Triad Exercise）（Pfeiffer & Jones, 1974）[1] 就是為此目的而設計。在本書第八章有關的章節中，我會詳細描述。本節的重點是探討沒有現成單元的情況下，實務人員需要利用更多的小步驟，逐一嘗試解決臨床任務。

2. 漸進主義和可能的藝術

漸進式學習乃是學習進程中的關鍵概念，是要將所達成的結果分成順序的小步驟；實踐經驗往往能夠加強這種能力。從流程研究的步驟中學習也很有用處，如任務分析（Berlin, Mann, & Grossman, 1991; Greenberg, 2007; Schwartz & Gottman, 1976）和人際交往的過程回顧（Henretty, Levitt, & Mathews, 2008; Larsen, Flesaker, & Stege,

---

1　在英文版 *Learning to Change Lives* 成書時，於文獻記錄發現三角聆聽練習出自 Pefeiffer & Jones；後來在修訂中文版時，發現 Carl Rogers 原來早已在他的 *On Becoming a Person: A Therapist's View of Psychotheraphy* (Boston: Houghton Mifflin, 1961) 中提及。他在 1951 年的西北大學傳理系百年研討會中發表對於這個題目的言論。而 Elliott Dunlop Smith 在 1928 年出版的 *Psychology for Executives*，其實率先提出過管理人員可以透過代入別人的視角，在同一個議題上得到全新的見解；這個技巧被稱為「雙邊測檢」（bilateral check）。以上的信息來自 Robert Bolton 的 *People Skills*（Touchstone, 1986）的第十三章：Handling the Emotional Components of Conflict 的附註。

2008）。這些臨床研究的步驟，提高對臨床變化過程的敏感度，並增強構思微過程的能力，考慮怎樣對微過程進行順序安排，促成當事人達到重要的改變。

在試圖幫助夫婦了解他們之間的差異時，我要求他們反思一下童年生活經驗對他們現在抱持的價值觀的影響。這樣就會把重點轉換到經驗交流，而不是爭論價值觀或原則，夫婦間的緊張情緒往往得以紓緩，從而增進共享空間。我們應了解價值觀怎樣被生活經驗塑造，減少執著，明白這些價值觀的應變性，而非固定不變。

對有經驗的實務人員來說，這些步驟有時會自然呈現，但仍有必要對這種創意過程加以描述。第一個原則是訂立明確的目標，集中精力思考如何透過小步驟來實現改變。接下來的第二個原則，就是將固定及不可變的，轉化成可應變的變項。第三個原則是迴避難於改變或有心理抗拒的地方，第二章中提出的人類行動和環境[2]的架構，可以用作這方面的簡短回顧，檢視各個領域，包括動機、思維、身體、情感、行為和環境。第四個原則是想像當事人和當事人系統可做到甚麼，或者有甚麼地方是他們力所能及，或願意嘗試，如藉交談去了解對方。在夫婦輔導的個案中，相互關係是個關鍵。當為其他當事人設計介入方案時，則須要考慮其他因素；如果當事人患有社交恐懼症或嚴重精神病，就應該優先考慮情緒安全，這類當事人比較容易受傷害，不能讓他們原來已經脆弱的自我效能感進一步受損，在規劃時，設計的單元應盡量通過心理免疫來保護他

2　在第二章介紹「人類行動與環境」時，我們引進了現象學中「生活世界」的概念。在英文版 *Learning to Change Lives* 出版後，知行易徑理論有了進一步的發展，更進一步整合了「生活世界」結構和「在世存有」（德文為 Dasein；英文為 Being-in-the-World）的概念，並修訂了這兩個概念和六個領域（動機、思維、身體、情感、行為和環境）的介面關係。

們，避免嚐到失敗，或預早告知他們可能出現的負面後果，讓他們好作準備。

可管理和成功的第一步

在我早期的職業生涯中，我學到漸進式學習並不需要按最終使用的排序去學習具體任務，而是從當事人的角度按難易程度去學習。有一次，我在一家服務嚴重智障男士的機構提供諮詢，職員提出他們的一個任務是幫助這些當事人學會穿褲子，當時發現這任務相當困難，示範或觀察學習的原則似乎不起作用。在諮詢過程中，我請職員將過程分解成漸進的步驟。然後，我問他們哪個是最容易學習的步驟；他們意識到當褲管被提到膝蓋之高時，拉起褲子並拉上拉鍊是最容易的。這使我們的團隊意識到原來當事人可以按照從最後到開始的順序學習。工作員協助當事人把褲子提過腳踝和膝蓋後，再往上拉就不是難題。拉拉鍊所需的精細動作協調是一個挑戰，但大多數當事人能在一定時間內學會。完成後，有些當事人得到職員的表揚時，感到喜悅和有成功感。這樣反向漸進的方式，幫助許多這類當事人學會掌握這一任務。因此，知行易徑實踐中的一個關鍵原則，是從成功的步驟開始：無論這個步驟有多微小，這個原則亦適用於其他序列的學習。當事人在新的學習中體驗成功是重要的，因為這有助當事人獲得正面期望，促進當事人和實務人員建立聯盟，最重要的是能提升自我效能感，達到充權的效果。

框 6.1：設計學習單元

1. 明確學習目標，預期結果以可觀察的行動或行為描述；
2. 列出可能條件：如想出現所需結果，要先達成哪些條件？
3. 把清單轉化為漸進的步驟；
4. 描述每個步驟的具體細節，最好提出行為指示。

從協作創新產生新的策略與技巧

應變思維和漸進的原則，是設計知行易徑學習方案的基礎。另一個重要因素是創新，實務人員和當事人在協作過程中經常會發現，有必要修改現有的步驟或創建新步驟，以應對當事人帶來的不熟悉情境或問題。有時，對於當事人提出的問題或情況，實務人員並沒有現成的解決方案；即使是有經驗的實務人員，也會碰到沒有處理過的情況，一時間，難以想到有效的回應來解決當事人的問題。在這種情況下，可以考慮協作創新和發展新的策略與技巧。

知行易徑中的協作創新步驟，源於一個被稱為激發（evocation）的過程，這是我在 1980 年代參加由 Yaro Starak 主持的培訓時學到的。Starak 是來自澳洲布里斯本的學術和小組訓練導師。這一步驟通過腦力激盪法（brainstorm）來幫助小組成員探索新經驗或新行為。我後來沿著知行易徑的思路，改良了激發步驟，並明確表列了具體步驟。我稱這個修定過程為協作創新，主要是激發參與者的思考，從而提出解決方案的新建議。然後，我根據知行易徑的原則，對這些建議進行系統化的處理。該步驟原本用於小組環境，不過現在也可用於與當事人個別輔導的情況。

1. 釐清期望達到的結果

協作創新的第一步是釐清預期的結果。在知行易徑實務中，通常在完成問題重構，並設置介入目標後，就可進行協作創新。這時預期結果可盡量具體化，例如，一個抑鬱症婦女小組中的目標之一，是在人際關係中表現出自信，又以對家人的請求說「不」作為小組特定的目標。很多婦女對維持與家人的和諧關係有很強烈的需要，即使對方有過份要求之時仍然如此。她們需學習以自我伸張的方式去回應對方的要求，又不損害與對方的關係。在這種特殊情況下，期望得到的結果就是能夠以友好的方式說「不」，並且不會對

人際關係產生負面影響。

2. 腦力激盪法

在需要協作創新的典型情況裏，當事人和實務人員都沒有方便現成的策略或技巧，來實現預期的結果。為了發展這種策略或技巧，下一個步驟通常是由實務人員與當事人（個別輔導）或小組成員（小組）一起進行腦力激盪法。這個過程要盡量開放；假如提出的策略都似乎不會起作用，可以要求當事人或小組成員解釋原因，這將有助於確定**一系列可能起作用的條件**。例如，在患有抑鬱症的婦女小組中，一名組員建議，以抑鬱狀況為藉口是說「不」的有效途徑；另一名組員則反駁說，她不想強調自己作為病人這個角色；另一位組員表示，不是每個人都希望家人知道她的抑鬱症。如此一來，小組接收了不必提及或加強病人的角色的意見，均有助小組釐清成功的標準。

在大多數情況下，當事人對提出的策略建議中，發現有些部份是有效的，或含有有效的元素。回到上例中，一個組員提出，由她丈夫與夫家的家人談話能夠減輕她的負擔；可是，這解決方案對於沒有丈夫的參加者顯然不會有用。不過，我們可以探討組員的丈夫如何對他人說不，改編他的說法，使用在自己的表達當中。從親近的家人得到幫助和支持的想法，也可以轉化為讓一個可以信任的人來幫助自己，例如排練自我伸張的表達和行動。

從當事人的生活經驗中提取有用的想法或元素，有助發展策略與技巧，和漸進學習過程是一致的。當透過協作創新，提出一些策略與技巧後，可用相同的過程，將其分解成漸進的步驟，這已在上文中討論過。

框 6.2：通過協作創新所創造的技巧

- 釐清期望的結果
- 腦力激盪法
  - 明確標準／條件
  - 確定有用的想法和元素
  - 漸進
- 模擬和排練
- 修改和完善
- 現實生活中的實踐

3. 模擬和排練

一旦明確了需要學習的策略與技巧，當事人就可以根據現場的觀察、模仿、角色扮演等方法，完成學習過程。我會在下一章更詳細地描述這個過程。在協作創新中，設定預期結果和腦力激盪法，能為教學目的服務，並為所學策略與技巧提供良好的認知模板（template）。由於相關元素或內容皆來自當事人的生活體驗，他們會更樂意投入學習活動。當事人會為自己在解決問題的過程中作出了貢獻而感到興奮，亦可達到充權的目的，這種經驗更能為日後遇到類似困難的當事人借鑒。

4. 修改和完善

我們往往能夠把握現場模擬、演練策略與技巧的機會，作出修改和完善。透過模擬實際生活條件和情況，例如，家人消極回應當事人具自信的意見，當事人就要學習怎樣處理。這種模擬場面，通常是一個充滿活力和有趣的過程，在加強當事人的自我效能感方面，是最為寶貴的。

5. 現實生活中的實踐

這些策略或技巧是否有效，最終的測試就是在現實生活中進

行。創新和實驗的精神，使當事人勇於承擔風險。如果當事人經歷過很多負面的人際關係，他便會傾向於迴避風險，不大願意接受他人的直接指令去嘗試新事物；但如果要嘗試的方案是自己參與建設和決定的，他願意冒險的可能性則比較高。無論如何，我們始終要幫助當事人為潛在的失敗風險做好準備，並把實際生活的實踐，當作為實驗和創新過程的一部份。在我多年的工作經驗中，當事人極少因為冒險嘗試新行為，而受到損害或嚴重打擊。嘗試新策略與技巧前，須提供關鍵的安全措施，包括合適的模擬和預演，以及心理免疫。

小結

　　知行易徑模式強調從實踐中學習，因此學員須在現實生活中實踐；實務人員的核心任務就是要制訂和設計相關的策略與技巧。根據我培訓實務人員的經驗，他們大都傾向遵循結構明晰、內容詳細的手冊。經驗豐富的實務人員有時僅憑閱讀和理解手冊，就能完成一個項目。從實務人員的角度來看，對當事人的處境和需要做好評估，然後精心設計學習項目模式，這是相對困難的任務。因此，實務人員需要反覆諮詢、訓練和實習，從而掌握其訓練內容。目前，我們可以透過為實務人員培訓的課程設計來認識到這個學習過程，讓他們接受漸進的階段性或分級培訓。基礎培訓著重介紹知行易徑的基本原理和主要組成部份，而更高階的訓練，則注重如何處理應變和設計介入方案。

第七章 學習過程

學習的各個領域

根據知行易徑，當事人在不同的領域中學習，重點在於行為的改變，同時經歷思維和情感的學習過程。事實上，幾乎所有行為都是以身體為載體，為身體調節，可以說，學習是發生在身體內。透過學習或改變當事人的行為以增強其學習及改變動機的過程，可能涉及認知輸入（例如，了解到某些期望為不切實際）、生理變化（如喝水解渴，造成或紓緩痛楚），甚至身體結構的改變（例如手術後的跨性別人士），或做出影響身體的行為（如服食影響神經系統的藥品、成癮、自殘、運動、體能訓練等）。正如第二章中提到，這些領域的關係錯綜複雜，既互相連接，亦互有影響。在知行易徑實務中，選擇行為作為介入重點，是希望藉此在生活中產生改變，最終滿足當事人的需要和實現其願望。雖然學習著重於行為的改變，但亦牽涉到其他領域的改變，例如希望擺脫罪疚感或抑鬱、改善不良的自我形象、克服對親密關係的恐懼，以及尋找生活的意義等，以實現個人目標。

學習改變自身行為，往往需要其他多個領域的輸入和轉變步驟。例如當事人需與實務人員建立契合關係，這牽涉到獨特的情感維度。為了有效學習，一些有利的條件都能促進有效的學習，例如

對實務人員的信任和信心、改變的動機，以及實務人員和其他成員（在小組的情況下）的情感連繫。本章會介紹在知行易徑實務中著重行為的學習過程，也會論及其他領域在改變過程中的角色。

採用知行易徑框架

在知行易徑實務中，當事人在問題重構和制訂學習目標之後，便可以開始學習及發展其策略與技巧。從當事人的角度出發，使用知行易徑的框架審視問題就是學習過程的開始，但對有經驗的知行易徑實務人員而言，問題重構過程在當事人描述問題、顧慮和處境之時已開始。在輔導初期，當事人開始對自己的情況有新的理解，這反映出當事人的經歷與需要、期盼和顧慮之間的聯繫。當事人逐漸對問題和處境有全新的看法，便能在需要、目標以及策略與技巧三者之間發現新的聯繫。換句話說，當事人學習以一種新的方式去理解自己的經歷、處境和行動。

這種學習很大程度是認知性的，在實務中，當事人與實務人員之間初期的會面著重建立契合關係，這讓當事人學習與陌生人建立關係，並了解知行易徑的內容。由於當事人要完成多個學習任務，我們從接觸的初期就要留意為當事人提供協助和方便。例如，實務人員可以創建一個開放而安全的學習和探索空間，強化當事人主動學習的行為，提供有益的回饋、給予清晰簡明的信息去介紹知行易徑的思想和模式，以此解釋當中的實際步驟，並示範正面的人際交往技巧。

因此，對當事人而言，採用知行易徑的框架審視問題並非只是一個簡單的認知學習任務。例如，一名男子因虐待妻子而受官司纏身，他可能把問題成因歸咎於偶爾無法控制的憤怒情緒。在初步探

索和問題重構過程中，他可能會透露其他難以處理的問題，如內心感到不安全、自卑、孤獨、羞恥和尷尬。為使當事人能從新的角度了解自己的需要和處境，實務人員必須保持開放、非批判和共情的態度。

學習和開發新的策略與技巧

當事人對自己的處境有了新的理解之後，便可以繼續學習和發展新的策略與技巧。正如第三章中提到，在學習過程中首先要將技巧概念化：通過觀察或示範學習，當事人在輔導期間進行體驗式學習，再通過 4Rs（Real life practice, Report back, Review and Refinement；現實生活練習，報告，回顧和改良）過程，在現實生活中練習新技巧。這個學習過程需要回顧和檢討，必要時可增加進一步的學習和後續活動。

想像需要掌握的策略與技巧

問題重構令當事人對問題有新的認識，這種新認識延伸到對滿足需要和實現目標的途徑等方面，以建立對所要掌握的策略與技巧的認知想像。傳統的社交技巧訓練著重技巧學習，而在知行易徑中，這些途徑包括組合不同技巧及策略。從理論層面看，人們在開始學習之前，就應該考慮期望的結果與所需的技巧和策略。在實務中，這需要一定的靈活性。舉例來說，有些當事人由於認知能力受損或受嚴重的情緒困擾，如悲傷或創傷，難以對整體情況有全面的理解。這漸進的方式可從當事人能夠應付的小步驟開始；整體策略則可以留在以後才去完成。

幫助當事人構思整體策略時應先讓他們表述自己的觀點，這有

助促進共同理解。如果當事人能寫出一步一步的學習計劃，就可以提高他們的自我引導、自主性和自我效能感。有些當事人慣於使用視覺方式，例如圖表，實務人員應加以配合。在知行易徑實務中，策略計劃可根據當事人的進度和處境變化，不斷回顧和修訂。

如果當事人已準備好學習和掌握必要的技巧，就可以通過觀察示範者，或通過符號中介（symbolic mediation），如書面指示和指導、圖片、動畫、音頻或錄像指令等來練習。社交技巧訓練往往強調教練的示範，學員應先細心觀察，然後模仿教練嫻熟的表現；但在知行易徑裏，我們強調當事人的主動性，並努力減少當事人和實務人員的權力差異，盡可能不去強調專家的作用和實務人員的權威。開始時，一個促進學習的好辦法就是讓當事人觀察自己的錄像表現，找出要改善的地方。在小組工作中，可以使用建議、示範、觀察，或來自其他成員的反饋。

如有需要，實務人員也可以作出示範，如幫助當事人想像可能會出現的變化，或是解答他們不明白的技術問題。我們會鼓勵當事人盡力參與，例如，在我們演示技巧的一部份後，會停下來由當事人給予反饋，再繼續餘下部份，我們也可以演示同一技巧的多個版本，以表明沒有所謂單一的完美技巧，同時傳達適時應變的信息：良好的表現取決於許多因素，我們邀請當事人提出對不同版本的意見，以確定哪些對他們更有幫助，並鼓勵他們想辦法改善演示的版本，以便於實際應用時發揮更好的作用。

邊做邊學

掌握技巧的最佳途徑，就是體驗式學習。當事人可以想像如何在輔導期間和現實生活中實踐所學。在輔導過程中，這學習經驗可為當事人提供實驗和即場發揮的機會，並可獲得反饋，在安全的環

境下從錯誤中學習，判斷甚麼是對自己最有用的方法。如上述所言，錄音和錄像允許詳細的回顧與反饋，更可保存供日後使用。最寶貴的學習機會是，讓當事人檢視自己的表現，加強自我引導的學習。在我的實務中，當事人經常看到令自己意外的表現，這些都是實務人員未能看到的問題和模式。

體驗式學習的關鍵是反饋。最有用的反饋，往往是具體而明確的，當事人從中獲得信息以改善目前的表現，並須注意相關的細節和微過程。例如，當事人學習如何表達對另一個人的關注時，要學會區分注意的目光和瞪視；學習口頭交流和信息表露時，須學會利用由對方主動提供的「免費信息」[1]。一個有效的回饋方法是：指出對方曾提供一些「免費信息」，但當事人沒有跟進。提供反饋時，實務人員或當事人（如夫婦輔導中的一方或知行易徑小組成員）都要確保能正面表達信息，使用類似「學員可以怎樣回應來改進表現」的措辭。點評學員的弱點時，亦可以重構成正面回饋，例如，不要說：「當你的伴侶提及她的表妹，她在墨西哥的旅行，她討厭開車時，你錯過了一些信息，……」我們可以說：「你的伴侶提供了一些值得關注的線索，如她的表妹，……你可以順著這些線索探索看看」；不要說：「你根本沒抓住伴侶表達的情感內容。」我們可以要求當事人識別對話內容中的情感，並想出一些溝通方式來表達共情。

在知行易徑實務裏，提供正面回饋就是值得學習的技巧。例如，夫婦輔導過程中，給予正面回饋是非常重要的。兩夫妻可以學

1　在交談中，對方在沒有需要的情況下主動提供的信息，這可為雙方對話的跟進點。例如，在地鐵上遇見朋友，看見對方身上的圍巾並稱讚圍巾漂亮，對方回應並說出圍巾是媽媽送的。此處「媽媽送的」為免費信息，亦即對方歡迎我們跟進的話題。

習系統地將批評、投訴和指責性說話，重構為正面回饋，如「你或許應該考慮……」或「如果你這樣做，我會感覺更好。」有時候，人們可以透過改變自己說話的語調，把批判的評論變為正面的說話；這時，便要注意非語言的微過程。在知行易徑項目裏，經常要求當事人練習用不同聲調表達同一番說話，並請接受者給予反饋，指出哪種表達是有用的，然後讓接受者從中選擇最有用的演示。最後，學習過程中可向當事人提出批評和建議，但這些意見須重構為有利於提高當事人的學習和自我效能感。

家庭作業

　　家庭作業是知行易徑學習的一個重要組成部份，也是在諮詢期學習和現實生活表現之間的橋樑。對於實務人員來說，不單要明瞭家庭作業的目的和效果，也要了解它們與整體轉變過程的關聯。在設計和安排家庭作業時，需再次強調當事人的參與是非常重要的。知行易徑的特色是，從不會把家庭作業強加給當事人。我們協助當事人擔當積極而主動的學習角色，讓他們明白家庭作業的目的和意義，並把家庭作業變得有趣、有活力。很多家庭作業是結構化和標準化的，如行為日記。我們亦會鼓勵當事人記錄不同的行為和經驗，如辨別和記錄目標行為，或以不同的顏色來標示出情感的體驗。當事人一般可自行規劃和設計任務，如設計一些能令自己開心的活動，或挑戰自我，例如投入一個不熟悉的社會情境，或尋找一種新的方式去讚賞家人。

4Rs

　　當事人準備就緒後，就可以鼓勵他們在現實生活中運用所學。4Rs（現實生活練習，報告，回顧和改良）是四個關鍵步驟，可將

新習得的策略與技巧在生活中不斷練習，直至嫻熟運用。在知行易徑實務裏，4Rs 必須要具體而明確。例如，當事人說與自己的老闆或合作夥伴或顧客，進行了一次不錯的對話，我們要知道具體的行為指標，來了解「好」的談話是指甚麼。有了具體的言語表達或行為結果（例如，改變輪班工作、幫助收拾餐具、購買我的產品），我們的理解會更加清楚。學習用行為標記或事實指標來報告和解釋現實生活中的實踐經驗，是許多當事人需要學習的溝通技巧。

按照類似的思路，回顧和改良必須要有詳細的記錄（或根據錄音、錄像）才會有效。在保障私隱的情況下，現實生活的電子記錄，能為回顧和改善表現提供很好的裝備。培訓心理治療師的做法亦一樣。另一個很好的例子，是父母提供他們引導孩子閱讀的錄像，可為特定和具體情境提供反饋。

漸進

漸進是知行易徑實務的重要原則。當事人試圖獲取和掌握新的思維方式、策略與技巧，以此應對困難和問題時，他們有時會認為應付這些任務是很大的挑戰，或不堪重負。實務人員往往渴望幫助當事人獲得進展，希望他們能有效地完成這些任務，而最有效的途徑，就是把任務分成小任務，讓當事人感覺可以勝任。如果當事人擔心這些任務超出自己的能力，便會感到焦慮，甚至放棄實踐。漸進主要應用在諮詢期間的學習和作業之上，遇上當事人表明某個任務太困難或有挑戰時，就必須與他們合作修正，直至他們認為有信心應付。這樣做並不表示當事人不會接受具挑戰性的任務，而是挑戰和風險都要經過小心計算。畢竟，知行易徑是要擴大當事人可以選擇的策略與技巧。當事人看到一項艱巨任務能分成更小的步驟，不僅會覺得更容易執行，還會把漸進看作具長遠價值的策略思維，

以此促進學習。學習把極具挑戰性的或不可能完成的任務，重構為朝向目標的連串步驟，這是極為有用的思維技能。

設置模擬練習時應該注意的事項

在第三章中，我們強調過，把學習情境盡可能設計成近似真實生活的狀況，而當事人在這個過程中應發揮積極作用，參與設計和主導角色扮演的練習。當事人往往能於場景設置、隱含的社會或文化規則、在場人士以及其各自的特性等方面，提供最好的意見。當事人如能積極參與，並且增強自我導向，對成果會有更正面的期望。

如果小組已經建立信任的氛圍，進行模擬練習時會取得特別好的效果；組員對角色扮演活動充滿熱情，令模擬學習的人感受到大家的重視和支持，組員也可在過程中增強掌控感，包括編寫模擬劇本、選擇成員和分配角色等。參加模擬練習的小組成員，可以對當事人在人際關係方面的表現提出寶貴的意見。知行易徑實務人員需要了解怎樣和當事人合作，進行體驗式學習或模擬程序，尤其要掌握他們對預期成果和可能發生的變化過程。

與設置相關的另一個議題是，如何由實務人員介紹，或如何由協作創新引入新的策略與技巧。理想的情況下，知行易徑實務人員能夠順暢轉換這些程序。當事人準備好獲得所需策略與技巧時，會察覺到並非所有的答案都來自實務人員，他能夠隨時提出建議和意見，在有必要時一起協作創新，積極參與。如前所述，知行易徑鼓勵當事人的主動性和自主性，介入的過程對此有促進作用。儘管實務人員有不同的個性和風格，但一般的建議是不強調他們的權力和權威，因此，要盡量避免發號施令，而提供的結構和方向時，都要考慮當事人的需要和風格。

後續跟進和維持正面成果

在社會認知理論的基礎上，知行易徑旨在發展一些自身就能帶來激勵的策略與技巧，而不需依靠外在的誘因。從理論層面來說，新學到的策略與技巧，如果在當事人的生活中能帶來所預期的效果，即說明那些技巧有用，自然會得到維持或加強。在實務中，當事人有時遇到的情境會更加複雜，或更具挑戰性，於是會忽視或忘記曾掌握過的一些原則。這時候，可以考慮安排跟進或強化課程。強化課程的數量和頻率，沒有一成不變的規則，一般相隔三至六個月，而且適合大多數人士。有時候，當事人在短時間內，甚至在初次諮詢的幾年之後，會再次前來諮詢，這並不一定代表以前的學習成果消失了，可能是生活中出現了新挑戰。在這種情況下，以往的成功經驗和由此產生的正面預期，都有利於新的學習。

結束

知行易徑介入的最終目標，是幫助當事人變得更獨立自主。當事人已經掌握了必要的策略與技巧，有能力過滿意的生活之時，就可以離開知行易徑實務人員。結束通常是順暢的過程，當事人會有正面感覺和懷抱感激，而實務人員則感到滿意。在某種程度上，我們不斷準備結束知行易徑實務。在開始階段，我們的介入會是當事人的重要支持，甚至能幫助他們在生活中尋找到方向和意義，但一段時間後，他們必須學會獨立，所以我們需小心處理彼此的關係，不要令當事人變得更加依賴，我們只是協助他們得到在生活中所需的支持。知行易徑的實務不斷強調需要，我們因而要確保這份專業工作是以當事人為中心，並且不是為了滿足自己的需要。知行易徑實務的結構和設計，促使當事人和實務人員明確了解介入目標，知

道在專業關係中如何實現目標。隨著當事人和實務人員一起向前，當事人逐漸增強自我效能感，並得到充權；不願離開知行易徑項目或實務人員的情況是罕見的。當它發生時，應檢討進展，以確定實務人員和當事人雙方未滿足的需要。接下來，應該用明確的程序去處理這些需要，並強調須增強當事人的獨立性和自主性。

總結

以應變為基礎的學習，注重具體處境和個人需要，以及人類經驗下各個領域間的連接和互動：身體、動機、情感、思維、行為和環境等，並且遵循相關的原則，這包括以目標導向的學習、循序漸進、明確把現實生活中的表現作為目標等。這些學習原則，除了應用在知行易徑的項目外，還可應用在其他的學習環境上。

第 三 部 份

———

建設組件

引 言

　　這一部份將會介紹知行易徑實務的基本建設組件，包括（1）接收技巧，如留心聆聽、辨別情感內容、個人態度和價值，以及對潛在需要的敏感度；(2) 表達技巧，包括將自己的經驗和意見組織及表述，以及陳述事實、意見、需要、個人目標和情感內容；(3) 互動技巧，例如建立關係、尋找共通點和興趣、維持自由的敘事空間、表達正面情緒、擴闊互相理解和創造共享空間；及（4）滿足功能性任務的工具性技巧，如推銷、借貸和說服別人接受自己的建議書。這些任務為本的工具性策略大多涉及複雜的技巧，例如令別人明白自己的觀點、吸引別人接納自己的主意、觸發別人感到對某些事情要有所承擔，以及互相協商。

　　如表 P3.1 所列，每個技巧、策略及相對微過程的組合都可以牽涉到廣闊的圖譜；把所有可行的組合統統陳列出來的可能性微乎其微，加上我們需要在特殊情況下，發揮創意，更改原訂的策略與技巧組合。為了讓讀者更有效地設計學習計劃，下表是一個樣式模板，以明白策略與技巧組合的概念和組織。我須重申，知行易徑所採用的策略與技巧的組合有很高靈活度；我們應該因應當事人的需要和處境，為其設計相應的組合技巧。

　　讓我以一對跨文化同性伴侶的個案為例，具體說明知行易徑的介入方案。這對情侶一方為南亞裔，而另一方則是英裔白人。南亞裔的亞倫認為他的戀人邁克並不了解和重視自己；他認為邁克是主流文化的一員，所以常常視他所享受的特權為理所當然。當亞倫和

表 P3.1：策略與技巧的基本組件

組合技巧	技巧及微過程的例子
接收	聆聽及觀察 ● 事實內容 ● 態度、意見、定位 ● 情感信息 ● 需要、希望
表達	將自己的經驗和意見組織及表述 ● 事實內容 ● 意見 ● 情緒 ● 需要、希望、目標
關係	建立初步關係 ● 尋找共同點（協議、分享、共同語言） ● 維持自由的敘事空間（不打斷別人說話、不轉換話題、肯定對方、非判斷和非暴力的回應） ● 正面的情感（共情回應、予以感激、表示支持）
管理人際關係	建立及維繫關係 ● 建立關係 ● 改善及優化 ● 轉化 ● 終止
工具性	聚焦於表現 ● 非個人化（不把事情歸因到自己或他人身上） ● 研究、知識和力量 ● 保持清晰目標 ● 繁複項目中的工具性任務 ● 開發策略 ● 準備行動：學習具體技巧

邁克出現爭執時，亞倫經常是需要改變和作出調整的一方。邁克則認為他所做的正正是為了尊重亞倫和他的文化；他已經盡了力去配合亞倫的需要，只是亞倫過於敏感，而且習慣把問題歸因到種族歧視。我在一次面談評估中與他們複習溝通模式，並把這個練習過程攝錄下來。然後，亞倫和邁克一起細心觀察攝錄影像中溝通的微過程，例如怎樣分配發言時間、誰人轉換話題、如何轉換話題、打斷說話的頻率、誰較多打斷對方的說話等等。他們發現雙方都各以不同的策略來控制和經營這段對話，導致限制了自由而且共享的敘事空間，使二人難以建立共同點。

更具體地，亞倫在對話中感到不太舒適時會趨向轉換話題，而且常常沉默；而邁克則是佔用發言時間較多的一方。邁克說話時習慣使用第二人稱，「你之前做過」或「你之前說過」，反之亞倫更習慣說「我們」。亞倫和邁克透過分析這些微過程，明確地針對一些具體行為去改變，學習新的溝通模式，不必事事歸因到種族歧視和過份敏感等概念。這樣正正體現了知行易徑不把問題行為歸咎於推斷出來的因素，而著重微過程的轉變來改善行為和關係。

由於我們的當事人中，較多個案牽涉改善溝通和人際技巧，本書因此採用更多角度來闡述知行易徑對於這種人類行為的介入方案。這一部份強調知行易徑的核心：它是根據偶發事件而靈活改變的，而絕對不是一個毫無彈性、受規劃界定的課程。我們可以視這個計劃為一個路線圖：每個當事人也會有各自的目的地，而且有各自的路線偏好。而這個路線圖只會標示主要的「地標」來促進當事

人和從實務人員的路徑規劃。

　　如上所述，我們能將基本的策略與技巧劃分為四種：接收、表達、互動及工具性的。這四種組件當然不是完全毫無關連、也不是互相排斥的。在現實生活中，這些組件其實互相緊密地連接，而且單一技巧也可以達成一種或更多的功能。例如，個人經驗的自我表露在本質上是表達技巧的一部份；如果適時地將其組織及表述，這亦是一個接收技巧的鮮明迹象。假如一個人向伴侶分享自己受辱的經歷，而對方恰恰聯想起自己相似的經歷，這證明了留心聆聽，以及對事實內容和情感信息的理解，正是建立共同點和相互關係的發展契機。可是，我們應該根據每段關係中參與者的目標，使用良好的溝通和關係建立策略，導向其本身的目標，例如發展親密或互信關係。這些策略與技巧也可以變為工具性的，例如處理危機或衝突、求職面試，或者產品推銷。因此，上述四項組件的存在就是為了讓我們有效地概念化和制訂介入模型，靈活變通地組合這四種技巧。

第八章

接收

　　人際交往中的第一步最為重要，而這一步就是接收信息。理解對方力圖溝通的內容是基本能力，但往往令心理輔導員或治療師驚訝的是，當事人聽不到或不理解那些在日常生活中很清楚或很直白的信息。能夠接收和準確解讀人際關係和社會信息的能力是正常的智力表現，而換個角度説，對情緒和人際關係的敏感度，即所謂的情緒商數（emotional quotient, EQ）（Goleman, 1995），也同等重要，甚至更加重要。只要經過有系統的學習，我們就能提升情緒和人際關係的敏感度。

　　透過角色扮演和回顧錄像，我們可以有效地學習聆聽和觀察的技巧。當事人與協作者簡短地交談，然後由當事人來複述他所理解的內容；協作者有時候更可以是當事人在現實生活中交流的人。例如，在婚姻或伴侶輔導中，夫妻可以成為對方模擬的對象。當事人可透過協作者和培訓師的反饋來得知進步空間；實務人員又可以播放錄像，向當事人展示容易忽略而須多加注意的內容，這些包含事實、態度、情感和動機等方面的資訊。事實內容通常是容易掌握的，大部份人不需要花大量時間去學習；但情感含義、推斷需要、個人態度和價值等，就更具挑戰性。對於有特殊的心理健康問題的人，如患有亞氏保加綜合症或精神分裂症[1]，他們在這些領域可能需

1　香港、台灣亦有翻譯作思覺失調。

要更強化的訓練。

事實內容

　　事實內容包括客觀的數據，如統計、氣象預報或歷史資訊，還包括有關客體的信息，例如超級市場的位置、臥室牆壁油漆的顏色等。這些信息經常帶有情感和人際交往方面的意義，如第一次約會收到的黃玫瑰。在學習接收的早期階段，我們會選擇專注事實內容。事實的第一類是實物，例如前文所說的超級市場、油漆、黃玫瑰等。第二類是有關人的信息。在人際交往中，一個人怎樣描述其他人，也表達了很多關於自身的情況；例如他介紹他的朋友時，話題總離不開他們所駕駛的汽車、學歷、收入等，聽者便能夠從中了解他看待朋友的視角。第三類則是事件，如外婆的生日、車禍、夫妻打架，或在難民營中的生活。描述事件的方法和態度，往往受情感支配，帶有個人意義。然而，在學習聆聽的開始階段，選擇性關注事實內容，有助朝向更好的人際溝通。我們在設計角色扮演和回顧時，可以把學習過程分拆成一些較小的步驟，通常是從實物開始，然後是有關人的信息，最後是事件。根據複雜程度和當事人的學習能力，我們會逐步要求當事人同時關注一個以上甚或所有方面的事實內容。

態度、觀點、立場、假設

　　如果當事人已經掌握了聆聽事實內容的基本能力，或者本身就擁有這種能力，他們就可以留意其他方面。說話者常常表達他們的態度、觀點、立場和假設，有時是明確的，有時是含蓄的。許多時

候，這些態度和立場無傷大雅，例如，一個人表示他喜歡紅酒多於白酒；但如果一個人說：「若停止讓所有移民來到這類國家，我們的經濟會更好」，就會帶有偏見或有嚴重後果：這句話暗示移民會帶來經濟負擔，阻礙經濟增長。在日常生活中，我們往往在陳述事件時嵌入許多假設；這些假設往往不容置疑，因此也沒有特別留意；這些沒有明確說明的態度對人際交流尤其重要，我們須要常常保持敏感。我們認識到其他人言論中的基本假設，能夠更加了解他們的價值觀和態度，有助設計與他們溝通和互動的策略。這個過程也可應用於了解自己的價值觀。這種了解態度、意見、價值觀和假設的能力是可以不斷提升的。

一個人所表達的態度可以是直接而明確、很容易識別出來的，比如有人說他「不支持美國攻打伊拉克」。有時，人們藉著對評論或敘述事件來傳達一種態度，例如，一個人聽到某個朋友結婚的消息後說：「哦，百分之五十的婚姻最終以離婚告終。」他雖然是在陳述統計事實，但也可能藉此表達對這段婚姻並不樂觀。有關社會局勢的選擇性事實敘述，是人們表達意見和態度的常見方式。表8.1列出了一些例子，展現在相同的社會形勢下，不同的事實陳述可傳達不同的態度；這些事實陳述通常是有選擇性的，我們可通過有效的步驟去識別背後所反映的態度。

每一個人都離不開從某個社會位置的角度來表達他的意見和態度，例如一個人在政府提高最低工資水平時說：「這個地方營商不是已經夠困難了嗎？」他的評論反映了僱主階層的意見，但他不一定是公司的老闆。相反，如果他說：「即使有最低工資亦很難追得上生活費用的加幅。」他則站在接受最低工資的僱員的立場來說話。在日常生活中，人們表達態度和意見的方式多數與特定的個人或團體的觀點一致。

表 8.1：選擇性事實敘述

社會情況	選擇性事實敘述
一個朋友強調有機及非轉基因食物的好處	1. 少於 20% 的居民能夠吃得起。 2. 我的一個朋友得乳腺癌，她只吃有機及非轉基因食物和喝大量的水，並使用另類療法，病情已見好轉。
聽到一個朋友的孩子從大學輟學	1. 沒有學位的年輕人更容易失業。 2. 比爾・蓋茨（Bill Gates）也沒有讀畢本科學位。
一個朋友剛買了新房子。	1. 那個地區有嚴重的高中生吸毒問題。 2. 一本新聞雜誌報導這個地區擁有最高物業增值率。

　　我們解讀他人態度和觀點的另一種方法，是要注意他們的歸因框架（attribution frame），或分析他們從哪個角度解釋社會現實。當有人分享她年老的姨姨對現時的生活不滿意，她的一位朋友可能會說：「如果阿姨結了婚，生活就會更好。」而她另一位朋友可能說：「女人的確比男人生活更困難。」這兩個人雖然各自都解釋了姨姨的不快，卻對婦女的生活與社會現實的關係提出了截然不同的觀點。第一位朋友認為婚姻對女人的幸福至關重要，而另一位朋友認為性別差異令婦女處於不利地位。由此可見，一個人所採用的歸因框架，往往涉及到他們的內在價值或意識形態。在上述例子中，第一個朋友的解釋與贊同婚姻和家庭的思想有關，而第二個朋友的評論，就反映了女權主義者的性別分析觀點。

　　在日常社會的情況下，簡單的陳述或意見，往往可以包含多種假設和態度，有些人很輕易就能把它們識別，有些人則需要花時

間來學習。有一次我聽到一位研究生說:「我有了孩子就會停止工作,我可受不了由其他女人照顧我的孩子。」在這一句話背後,這位研究生可能已經做了多重假設:(1)應由母親或一個女人(而不是父親或男人)照顧嬰孩;(2)照顧嬰孩比工作和事業優先;(3)她有條件負擔照顧孩子而不用外出工作的生活(4)她比其他女人更能照顧自己的嬰孩。

我們有系統地接觸各種來自不同觀點和立場的陳述,能有助學習了解種種態度和意見。如果要加強這方面的學習,我們又可以透過角色扮演,模擬特定的社會情況,要求學員識別具體話語中的態度、意見和假設。然後,學員能夠透過回顧錄像或錄音記錄,連同來自協作者和實務人員的反饋,提高這方面的識別能力。

三角聆聽練習[2](Pfeiffer & Jones, 1974)是人際關係培訓課程中常用的手法,用以幫助人們學會在日常交談中聆聽別人的意見,並學習有效地回應,在有爭論或意見分歧時十分有用。這種小組練習由三人組成,其中兩人的談話涉及爭論或意見分歧:例如其中二人對墮胎的議題提出不同意見並開始辯論,而第三人以裁判員角色去執行規則。這種練習的規則很簡單:誰都可以先表達意見,然後討論,如果雙方不能達成一致的意見,便用擲毫或抽籤的辦法解決。當發言人陳述個人觀點之後,另一人就可以回應;這個練習最重要的是,在個人提出自己的意見之前,他必須重複對方發言的要點,令對方和裁判員都感滿意。同樣地,下一位發言者也須先重複對方的發言要點,才可以發表自己的新論點。裁判員要確保每個發言者的論點皆有被聆聽並複述,然後才做新的爭論。這個練習強調學員仔細而準確地聆聽他人的態度、意見、立場和假設,成為解決分

2　請參閱第六章(頁121)有關三角聆聽練習的註腳。

歧、增進相互了解的程序。我曾在婚姻及伴侶輔導廣泛地應用這個練習，一般都有很好的效果。

情感內容

　　一般人的言論和行動，都會滲入了感情成份，所以情感信息在人際交往中是非常重要的。在某些情況下，它甚至比事實內容更為重要。如果一個人將他的情感信息表達得很明確，對方就容易掌握。不過，有不少情感表達受到社會監管和限制，人們往往透過間接婉轉的方式表達他們的情感信息，致使別人難以領會。由於社會大眾通常不正面接納負面情緒，人們在表達憤怒、怨恨或嫉妒等情緒時就得更加謹慎。例如對於性慾的情感表達，通常會受到社會的嚴密規管和限制，相關的表達往往被認為是不恰當，要公開交流就更困難了。此外，很多人所接受的社交方式，也阻礙一個人有效地表達自己的情緒。我們會在本書第九章探討如何有效表達情緒，而本節的重點則是情感的接收。

　　我們至少有四種模式去表達情感信息。首先，一個人可以直接表達情緒，例如說：「我快瘋了」、「我非常鬱悶」或「我很失望」。另一種方法也是口頭上表達的，但情感內容必須經演繹或推斷出來。例如一個人說：「我從來沒有想到，他會這樣對我。」這人可能在表示震驚或失望，或兩者兼而有之。第三種模式是非語言的，如面部表情、手勢、姿勢和聲調，這些非語言的表達功能是非常強大的，有時比說話內容更為強大（Argyle, 1983, 1988; Knapp & Hall, 2007）。我將第四種模式稱為載意行為，也是一類特定行為。顧名思義，人們用這些行為來承載特定的感情、態度，或包含其他含義；例如夫婦吵架時用力關門，或在特殊日子送鮮花給某人。又

例如在中國文化中，也常常反映出一些微妙的表現和載意行為：在一個典型的家庭晚餐中，一家人圍著一張桌子坐下，餐桌設置和座位安排明顯屬載意行為。用餐期間，家人常常使用自己的筷子為對方夾餸[3]，而他們為誰夾，夾甚麼，次序如何，這是如舞蹈般複雜的行為，反映家庭的內部動態。例如，在中國北方，魚腹是最有價值的部份，父母有時會把這部份留給自己偏愛的孩子，或者把它留給祖父母、母親或父親；而在華南地區，魚腹的意思是相反的，是相對不受歡迎的部份。每個模式都反映了關於家庭的不同故事。又以吃雞為例，夾起雞的不同部位給家人，可同樣揭示眾多不同的信息；雞的哪一部份是最珍貴的，規則也不盡相同。想適應文化習俗的方式，表現出良好的社交技巧，就必須有效地作出多項應變。西方心理學家和研究人員認為中國人（Hsu, 1971; Kleinman, 1982, 1986; Potter, 1988）不善於表達情緒，因為他們把說話視為主要的表達方式；其實，中國人更善於利用載意行為去表達情感，並有著複雜的文化規則。這個問題繁複得可以寫成另一本書，在這裏我舉 1984 年由中國導演陳凱歌製作的電影《黃土地》為例：這套電影對白很少，但包涵了豐富的情感內容。主角是一個生活在中國農村的女孩，她是個文盲，因經濟上所需，被迫嫁給自己不喜歡的人。她真正愛的人，是一個到訪村莊的年輕共產黨文化工作者，但因為她知道這種關係沒有前景，於是計劃在婚禮後自殺。在婚禮前一天，她走了二十公里，到黃河帶回兩桶水給父親 —— 他們住在山上，水是極為珍貴的，她還花了許多時間為所愛慕的男人編織出一雙草鞋，磨麵做餅，這些情節都沒有甚麼對白，卻承載了深厚的情感。

我們需要在學習人際交往技巧的過程中，注意日常生活的載意

3　「夾餸」為香港粵語中的常用語，即是為別人添菜。

行為，並準確解讀其中的含義；這種能力極為重要，在親密關係尤其如此。在婚姻及伴侶輔導工作中，我經常鼓勵伴侶細心觀察對方的小動作和些微變化，如衣服和配飾、準備的菜餚、帶回家的東西、小行為，或者在家裏重新排列或挪動的物品等等，這可幫助他們發展對載意行為的敏感性，他們亦慢慢學會欣賞伴侶為父母、朋友、商業夥伴等所做的事情。家人所做的瑣碎事，經過長年累月，容易被忽視，對方亦未能領情，例如家長無數次駕車送子女參加各種活動，多年來所做的洗衣、煮飯等事，都可以是愛的表現。在1971 年的電影《屋頂上的提琴手》[4]中，妻子就正正透過這些看似單調的重複行為，解答了「甚麼是愛」的疑惑。

需要、希望和目標

　　人際交往除了準確地解讀人們所表達的情感和其意義外，更重要的任務是去了解他人言論和行動背後的動機。在第四章〈問題重構〉中，我已經描述了如何在知行易徑實踐中推斷需要，本節為當事人或學員介紹推斷需要的過程。在日常生活中，人們從動機角度理解對方的行為，但很多時候，大家關注的是對方的動機或企圖，有時因此得出負面的理解。我們可能會處處提防，避免自己受別人利用，於是想了解身邊人的行動有甚麼企圖，並盡力不讓自己在角力中處於下風。知行易徑採取的進路略有不同，它假設行為背後總是有動機的，如要充份理解一個人的行動，就要了解其行動背後的需要。如前所述，如果我們把行為只當作社會問題來看待（如吸

4　電影 *Fiddler on the Roof*，在香港上映時翻譯成《錦繡良緣》，台灣地區則翻譯成《屋頂上的提琴手》。我在這裏引用電影中的歌曲 *Do You Love Me*，闡釋這一例子。

毒、虐兒），就無法有效地解釋人的基本需要；因此，知行易徑不會對這些行為作價值判斷，而是嘗試了解與行為相關的功能性需要。我們採用人性化的方向，假設人都有這些共通需要，儘管需要的重點、優先次序，以及具體表現會因人而異，也隨著具體情況而有所改變。

因此，需要、願望和目標的推斷過程，可以看作通向生存核心的途徑——這個核心是指那些推動人類前進的力量，以及人類生活中的努力與奮鬥。在人際關係中，準確解讀其他人的需要和動機，有助指導互動過程。在學習接收技巧時，當事人會從現場角色扮演或者電子記錄的實例，接觸到其他人的表達或發言（見框 8.1）。隨著對事實、態度和情感的接收程度不斷增強，當事人會反覆試驗，並通過反饋來認識需要和動機。

這種推斷需要的過程要求我們從具體可見的事物轉化為抽象的概念，有幾個問題可對當事人作有效的提示：這人想努力實現甚麼？例如，一個人總是想方設法滿足別人的請求或要求，他可能有強烈與人維持關係的需要，希望其他人喜歡他，跟他做朋友；而他這樣做，也可能是為了維持友善和樂於助人的自我形象。我們也可以問另一個問題：有甚麼會使這個人感覺更好呢？例如，一個女人抱怨她約會的對象經常爽約，甚至有時自己的朋友也會失約；那麼

框 8.1：這個人想要甚麼？

- 這個人想實現甚麼？
- 你認為甚麼會令這個人感覺更好呢？
- 此人對甚麼感到不快或抱怨？
- 此人的恐懼或疑慮告訴我們甚麼？
- 此人試圖逃避甚麼？

能讓她感覺更好的情況可能是人們對她認真看待，在指定的約會時間出現。換句話說，她需要得到其他人的珍惜和尊重。

　　我們可以從負面的敘述如抱怨等，推斷一個人的需要。假如一位長者抱怨在白雪皚皚的冬季裏被困屋內一星期了，這可能表示他希望出外參與活動。一個年輕人說他被家人忽視，那麼他表達的是需要受到重視和關懷。同樣，人的恐懼和擔心，也提供不少信息，例如一個女人害怕失去工作，她可能需要就業保障，以及工作所提供的獨立自主。如果十幾歲的男孩擔心自己新買的裝備看起來追不上潮流，這表示他可能需要朋輩的接納。還有，一個人試圖逃避的事，也揭示著他的需要。逃避和需要之間的連接有時較為明顯，如某人在經濟拮据的情況下，會避免不必要的開支，以確保有足夠的錢花在更重要的事情上。然而，這種聯繫有時並不那麼明顯，甚至出現似是而非的情況，可從人們怎樣處理人際關係去發現，例如當有人反覆逃避親密關係，我們不能就此推斷他不需要親密關係，或需要獨處，他可能是避免受到排斥，或避免遭受拒絕而帶來的感情傷害。如果這個解讀正確，那麼這個人需要學習怎樣促進人際關係，並同時學習提高自我效能感的策略與技巧。

第九章 表達

溝通包括接收和表達。表達可以指自我表現，表達思想和情感。能夠在特定的社會情境中實現預期目標，就是有效的表達。

自我表達都帶有目的

目標導向的自我表達似乎既簡單，又順理成章。然而，當仔細分析實際社會行為時，這類表達一直受多方面的制約，包括來自強大的社會、文化和經濟的力量。在某些地方，嚴明的政治和宗教文化規範了人們的衣著、談話和行動，以及哪些方面可以表達。比如，性方面的表達，在大多數的社會環境中會有嚴格的限制。除此以外，在社會情境中的自我表現和自我表達，亦會受重大經濟和政治利益左右。以時裝和化妝品等行業為例，此類行業植根於人們想要展現某種自我形象的願望，以及人們對消費品和產品效能的信任。而政治制度和宗教秩序，則以限制表達來維護穩定和秩序。因此，本章所描述的是屬於跨學科領域，需要整合心理學、社會學、政治學、經濟學、文化研究、人類學以及其他學科的知識。篇幅所限，本文無法覆蓋所有領域的知識，只能務實地把重點放在個人層面上，說明個人可以怎樣通過學習新的策略與技巧，以更有效地實現目標。

購買產品是否等同我們全部的需要？

出於不同的目的，許多人都希望有正面的自我形象。有些人需要良好的外表，是為了推銷產品或概念；有些人希望獲得良好印象，以增加被僱用或被愛的機會；有些人想令自己更有吸引力，是因為他們認為自我形象最重要。人們為外表投入的金錢和時間非常驚人，時裝是一個高達 3000 億美元的產業，由上市公司和私人時裝公司組成（Horyn, 2007）。根據 2008 年 1 月數據監控網站的報告指出（Datamonitor, 2008），歐洲、亞洲和美國的消費者中，約 20% 至 30% 的女性接受整容手術，但這些人中真正有需要進行整容手術的只有 3% 左右。在接受調查的婦女中，73% 表示體形是她們主要的關注點，而男性也在外貌方面花了許多時間（Datamonitor, 2008）。各年齡的婦女，包括那些並沒有超重的（Allaz, Bernstein, Rouget, Archinard, & Morabia, 1998; Cash & Henry, 1995），大都希望變得更苗條（Field et al., 1999; Hurd Clarke, 2002），除了節食減肥外，與相應男性數據比較，婦女更有可能採取激烈的減肥措施，例如服食瀉藥（Berg, 1995; Grogan, 1999）。我們可看到，這些相關產業在推廣方面非常成功，即「產品就是人們的需要」，並可有效實現目標。這推廣過程包括無處不在的廣告，而電影和電視節目也強化了從汽車到鞋等各種產品的價值；護膚品、保健品、面部治療、注射肉毒桿菌和整容手術等都有巨大和不斷增長的需求。可是，很少人會認真思考，這些產品能否真正帶來消費者所期望的良好人際關係、事業進步，或情感上的幸福。消費者的大腦習慣於在兩種品牌間選擇，或只想追上荷里活明星在奧斯卡頒獎典禮上的衣著，甚至研究化妝品成份的比例，卻不會探問使用特定產品與實現個人目標之間的關係。儘管幸福、人際吸引、愉悅的親密關係、和諧性

愛、事業成功等都是電視節目和流行雜誌經常提及的話題,但對於相關心理和其他社會科學的研究,消費大眾往往給予很少的關注,也不會認真對待。

知行易徑:務實的方法

表達自我的務實方法需認清社會現實,包括要認識市場的力量。為幫助客戶達到更有效的自我表現和良好的人際關係,專業心理輔導員、治療師、顧問和培訓師,會將時尚、美容、整形外科以及相關產品的消費納入策略庫,以便實現生活目標,並評估這類策略的有效性。從知行易徑角度來看,有效的策略與技巧的系統學習,總是發生在特定的社會環境裏。如果當事人對這些產品的信心,已經深深盤踞在信念系統裏,我們無需就此作出爭辯。實際上,一些當事人可能確實需要這樣的信念,以免陷入無助的感覺;我們必須承認,有些時候這些產品確實有點幫助,但重點應該是幫助人們開發更有效的總體策略(見框 9.1)。

如上述所言,在社交場合中,人們自我表達的動機不盡相同。在知行易徑中,我們著重當事人的個別需要和獨特處境。過去三十多年,我的工作對象包括競選公職的人、想提高效率的經理、前台接待員、受關係困擾的伴侶,以及有社交焦慮問題的人士。這些人顯然有非常不同的需要和處境,但都需要學習有效地表達和展示自己。在本節中,我們會探討學習和發展策略與技巧的過程。

自我表現

人們通常以特定的方式去表現自己,即使不是花費大量時間和

框 9.1：個人吸引力的元素

1. 安全感意味著吸引力

- 那些非常有安全感的人往往更有吸引力。

- 在人際吸引力而言，人們較易受自己對可能戀愛對象的主觀看法影響，而非對方的實際性格（Klohnen & Luo, 2003）。

2. 你看到的是否我所見的？

- 人們通常假設伴侶看到的，與自己眼中的自己是一致的（Murray, Holmes, & Griffin, 2000）。

3. 自尊的作用

- 自我形象低的人往往錯誤地認為，他們的伴侶很少看到自己的正面質素。相反，自我形象高的人則相信伴侶總能在自己身上看到許多有價值的質素（Murray, Holmes, & Griffin, 2000）

- 自我形象高的人比自我形象低的傾向認為自己會在人際關係中採取較積極的行動（Feeney & Collins, 2001; Strelan, 2007）

- 在親密關係中，對伴侶的愛和承諾給予信任是非常關鍵（Murray, Holmes, & Collins, 2006）。要達到這樣的信任水平，要兼具以下兩項條件：（1）覺得自己和伴侶質素相若；（2）覺得自己比得上伴侶其他可能結交的對象（Murray et al., 2005）。

精力在這方面的人，也會關心別人對自己的意見和反應。即使看起來漫不經心或試圖表現出「我不在乎」的態度，這種自我表現模式，都可視為帶有特定預期效果的。很多人對人際關係或社會背景沒有準確的評估，因此往往沒有明確的目標。例如，有人希望外表有吸引力，只是覺得好看的人會吸引到體貼而有愛心的伴侶。表現差的人也會偷偷地渴望得到關注和欣賞，但希望落空時，他們的失望和怨恨會導致進一步的負面表現。

在知行易徑中，我們幫助人們找到表現自己的方式，以實現個

人目標。基於不同的個性、文化、社會處境和目標，自我表現可以
有多種不同方式。Goffman（1959）研究在日常生活中自我表現的
經典之作裏，提供了一個很好的比喻，他強調了戲劇中的某些概
念，如表演、姿態、性格、身份、角色和劇本，他還介紹了符號互
動的複雜過程。Goffman 關注每個自我表現的人的期望目標，甚至
談到如何在別人心中留下深刻印象，但他並沒有論及怎樣幫助人們
發展有用的策略與技巧，以有效實現預期目標，尤其在他所關心的
被邊緣化和被標籤化的人。知行易徑以社會學和社會心理學為基
礎，準確了解人們的需要及目標，以及實現目標的處境。

　　在最近一個針對社交困難的知行易徑小組中，一位年輕人跟他
父母關係不和，他亦很想與異性發展親密關係。在同一組中，有一
個加拿大新移民，他希望提高自己的社交能力，以便開展他在零售
市場的職業生涯。還有一個女人，在被長期疾病困擾和社交孤立之
後，試圖重新融入社會，包括打進她丈夫的社交圈子裏。這些人性
格迥異，有不同的文化取向和偏好風格，但在自我表達方面都有類
似的學習過程。

外表

　　明顯地，自我表現的第一步是外貌。關注外貌的行業和產品非
常龐大，社會上亦有不少用戶群體。很多人善於購買化妝品或服
裝，然而，很少人會認真評估，究竟經營外表對改善自我形象和人
際關係有多大幫助。有不少人錯誤地認為，商品價格與改善人際關
係和社會形象有著線性關係。我們縱然花費了許多精力和時間於這
些產品和服務上，但效果卻成疑，更忽視了如何有系統去學習有效
的策略與技巧。

　　在各種知行易徑小組場景中，我會要求組員做一個簡單的練

習，就是從其他人身上獲得誠實的反饋。在前台接待員的培訓裏，我要求每位參加者站到小組中間，接收其他人對他外貌的反饋。小組的成員開始時，不會作出負面評論，諸如「那件毛衣太沉悶……」或「我決不會使用相同的睫毛膏」，而是以積極的方式提供反饋，例如：「如果顏色淺些，你看起來更好……」或「我覺得帶點紫色可以更襯你」，這一小時的練習充滿樂趣，組員了解到自己的真正需要，也因此認識它的價值。我常常讓參加者在小組中發展提高自我介紹的策略，他們從關注微小的細節開始，如微笑時露出多少牙齒，這時候錄像和鏡子就可派上用場。

小組能夠成功，部份原因是來自可以信任的觀察員、安全的學習環境，以及願意承擔風險的設置，這樣他們才有時間真正專注於外表的微小細節。經過這些練習，我們經常發現外貌並不是自我表現唯一的途徑，參加者往往會注意到姿勢、面部表情和簡單的問候的重要性，這些都比化妝和衣服起到更大作用。

正面的自我陳述

接下來的一步，就是自我陳述，其中包括對自己內心和對別人的陳述。認知治療師已發現內在的自我陳述（self-statement）（Beck, 1967, 1976; Capuzzi & Gross, 1995; Ellis, 1987; Meichenbaum, 1986），對一個人的心理健康和社會功能尤其重要。重複而積極的自我陳述，可以增強人際交往的表現，也可減低社會性和周期性的焦慮，所以學習積極重構，是一個有用的組合技巧。如前例的年輕婦女，她認為自己沒有吸引人之處、沒有人會發現她好的質素；我們可以幫助她認清，自己希望他人發現哪些良好的質素，例如，她自認對朋友忠誠，並是一個好的聆聽者，但這些好的質素並不能夠讓她在人際關係中獲得滿足。所以我們需要和她進行重構，例如善

於傾聽可轉化為對別人主動表達興趣，而不是只關注自己。同樣，如果掌握正面重構，她亦可把忠誠轉化為重視朋友關係，勇於承擔以維繫長遠的友誼。

積極的自我陳述會刺激大腦的不同部份，並將注意力從焦慮轉移到其他地方，這樣就能提高自信心，形成有效的自我陳述。像觸發焦慮的負面自我陳述，如「我完全不合格，會拖垮事情」，可以用以下陳述代替，「因為我很認真和重視事情，所以有點緊張是自然的」。積極的自我陳述可增強自信心，或社會認知理論家所稱的自我效能。社會心理學的研究表明，自我感覺良好的人更有吸引力（Feeney & Collins, 2001; Klohnen & Luo, 2003; Murray, Holmes, & Collins, 2006; Murray, Holmes, & Griffin, 2000; Murray et al., 2005; Strelan, 2007）。正面的態度可提高人際關係的吸引力、自我效能感，令自我感覺良好。在生活中，大部份人都可在學習正面重構的過程中得益。框 9.2 列出正面重構的策略，這些策略可在個人諮詢或小組情境下學習，而框 9.3 是節錄自莎士比亞的《羅密歐與茱麗葉》，以展示正面重構。

自我介紹

積極的自我陳述，讓我們做好與其他人建交的準備。儘管我們的言行，會因應社交情況而不同，但可以考慮以下幾點：第一，當然是要記住在特定社交環境裏，我們要達到甚麼目的。如果我們挨家挨戶去進行競選宣傳，或試圖為當地慈善機構籌集資金，最好的策略會是簡單、直接，直達主題。

大部份人都不喜歡虛偽。有些情況下，自我介紹可能需要更詳細或正式的安排，如發表演說或執行一些特定的社會儀式。對於一

框 9.2：正面重構

並非所有人都有正面重構的天賦，大多數人需要學習才可掌握這技巧。學習正面重構的方法之一，是反覆練習對負面陳述的重構。

下面是一些有用的策略：

1. 通過反向思維尋找積極面

在人類生活現實中，大都具有二元結構，包括正面和負面。要領會這一點，我們可以問這樣的問題：（1）這裏面有甚麼是好的？或（2）更糟的情況會是怎樣？在框 9.3 中，勞倫斯神父的例子就此作出了說明。

2. 在特定環境中，發現正面的元素

招致負面經驗的情況，本身往往可能是正面的。例如，一名高中學生說，他的數學老師經常批評他。這件事情的發生必須具備以下的條件：（1）他出席老師的數學課；（2）老師注意到他；（3）老師對他有所期望；（4）他能認識到批評；（5）他能明白並記住批評而不是置之不理；（6）他會跟人談自己的問題。所有這些元素實際上是正面的。

3. 將負面經驗／情緒重構成願望

負面的經驗，往往會令人沮喪或失望，這意味著一些重要的需要未能得到滿足。例如，當有人說自己溝通能力差，這種說法可以被重構為，他希望能夠更有效地溝通。如果有人抱怨很寂寞，可以被重構成希望尋找伴侶或發展關係。

4. 建立對立面，進行量化

當一個人有負面經驗的時候，我們可以先找出事情的兩面，例如抑鬱的相反是快樂，當有人說他極抑鬱時，我們就可以讓他想像相反的快樂狀態，然後把兩個極端的中間量化，我們不一定單單量化從 0 到 10 的抑鬱程度，可以改為用 0 表示中立，負 10 代表極不開心，10 代表極其快樂。

5. 採納不同的角度

從不同的角度看同樣的事情，有助於我們感受自身經驗裏積極的一面。例如，一個著名法學院應屆畢業生，會覺得自己在一間小律師事務所工作是徹底的失敗，但那些無法進入法學院的人，會羨慕他的成就。

6. 保持幽默感

幽默總是涉及到不同的層面，並引發與負面影響不相容的情緒反應。在處理失眠問題的優質睡眠小組中，一位女成員抱怨伴侶的鼾聲，另一名組員開玩笑地回應：「確實很煩，但我相信你不想別的女人取代妳的位置。」

框 9.3：勞倫斯神父：天生的正面重構者

正面重構建基於人生現實中存在結構的二元性：正面和負面相隨。莎士比亞《羅密歐與茱麗葉》中的勞倫斯神父，就很有積極重構的天份，他說：「天生下的萬物沒有棄擲，甚麼都有它各自的特色。」（第二幕第三場）。

雖然事情總有兩面，進行積極重構特別需要強大的精神。勞倫斯神父最出色的積極重構，是在羅密歐生命的最低點。羅密歐在決鬥中殺死了茱麗葉的堂兄提伯爾特後，被維羅納親王判處流亡，這意味著他無法再看到他的愛人。在這種可怕的情況下，勞倫斯神父有以下說法：

> 噯喲，罪過罪過！你怎麼可以這樣不知感恩！你所犯的過失，按照法律本來應該處死，幸虧親王仁慈，特別對你開恩，才把可怕的死罪改成了放逐；這明明是莫大的恩典，你卻不知道。

> 怎麼！起來吧，孩子！你剛才幾乎要為了你的茱麗葉而自殺，可是她現在好好活著，這是你的第一件幸事。提伯爾特要把你殺死，可是你卻殺死了他，這是你的第二件幸事。法律上本來規定殺人抵命，可是它對你特別留情，減為放逐處分，這是你的第三件幸事。這許多幸事照顧著你，幸福穿著盛裝向你獻媚，你卻像一個低強乖僻的女孩，向你的命運和愛情撅起了嘴唇。

（第三幕第三場）

些人來說，事前準備劇本比較有幫助，這些開場白或自我介紹的劇本，通常可由朋友給予坦白而有建設性的反饋而得到提高。要盡可能在日常生活與工作中找到這類朋友。在一對一的輔導或諮詢中，實務人員有時會提供反饋，這方面的協作者也會有所幫助。

除了上述提及的語言行為外，非語言行為也很重要（Argyle, 1983, 1988; Knapp & Hall, 2007）。面部表情、姿勢和風度，都對個

人的表現有所影響。特定的行為，如眼神接觸、手勢、握手和擁抱，都能在知行易徑環境下得到學習和提高。有一點要注意的是，在這個日益全球化的世界裏，文化差異成為社會現實中的一部份。由於不同文化對於適當行為有特定的界定，人們在跨文化交往中，往往需要了解何為合適的舉止。某些特定文化的社區對於穿著、身體距離、眼神接觸、問候手勢、正式問候、身體接觸、基於性別的社會空間隔離、交換禮物，以及是否提供食物或飲料等，都有明確規定。有些社群對於不了解或不遵守規矩的外界人士，非常寬容；另外，一些地區的人會覺得這些人的行為是冒犯的。對一個文化群體不熟悉時，可以向內部人士或知情人士，諮詢怎樣才是合適的自我表達。

　　我可以列出自己在不同文化環境下的經歷作為例子。在多倫多，人們時常給家人或朋友擁抱，而在香港，人們並不這樣做，我花了一段時間才了解這些微妙的規矩，包括何時擁抱、擁抱誰、怎樣擁抱，這還涉及吻頰禮等，要詳細寫出這些規矩來頗為複雜，例如，你是主動擁抱還是等對方準備好，如伸開手臂；或對其他線索做出反應，如看到以前的學生穿著傳統民族服裝。我們也必須了解，大家是跟不同的種族、文化以及宗教背景（多倫多號稱有超過160種語言／方言）的人打交道，需要非常敏感、小心，避免傳遞錯誤的信息，比如缺乏興趣，或是冒昧地侵犯他人的空間。我還可以給出其他例子，好像學習在中國的正式宴會時講話的規矩，在這方面不同區域也有很大差別。另一個例子是在學術界裏使用正式稱謂或只稱名字，這在不同國家，規矩也有分別，即使只看我所工作的大學，不同的學系和部門的風格也有不同。不過我想補充的是，這樣的文化差異，提供了引人入勝的學習環境，並且大大豐富了我的社交和文化生活。

表述事實

建立初步接觸以後，我們要繼續進行人際交往。和情緒表達相比，事實或事實性的信息表達顯得較為直接。在我們的教育系統裏，事實表達也很受重視。學校中的語文課和言語藝術課程，教學生怎樣組織事實性的信息，以邏輯順序排列，或用圖表展示。我們在知行易徑實務中發現，相比起其他形式的交流和表達，人們通常無需太多協助就可以有效表達事實的信息。不過，人們往往會忽略掉一個關鍵點，就是這類交流必須有明確的目的，即考慮要向聽眾交流甚麼才能提高表達的有效性。比如，在教學中，儘管很多演示的內容是事實性的，了解學員的背景、興趣和學習需要也很重要。教師將認為重要的知識灌輸給學員，但未必有用；要知道學生需要和想學的知識，而不單是自己想教授的。

在這個信息超載的時代，能夠了解對方需要甚麼知識越來越重要。互聯網上有數以億計的資訊項目，任何人都能輕易獲取。如果你能適時提供相關資訊，它們才有價值。我們大都會發現，自己會經常向別人提供可在網絡上找到的相關網站或關鍵詞，而非有關的詳細資料。在我寫作這本書的過程中，有同事告訴我部份書名（但他們忘記了作者是誰），亦有朋友向我介紹某些產品的部份功能，這都能讓我找到感興趣或需要的資料。所以只要知道怎樣令其他人獲得所需信息，便可以達到我們在人際交往中表述事實的目的。

作為學者，我當然意識到，有些情況下需要研究和整理這些信息。當被問到特定信息，如不同國家或不同年齡群體或族裔社群的抑鬱症患病率，就需要收集和歸納不同資訊。我發現，在這些情況下，知行易徑提出的這兩個問題，經常能幫助我作出更好的陳述，即對方想要甚麼，及其潛在需要和關注是甚麼。

不過，我們要注意，按照知行易徑思維，回應他人的需要有利於實現自己的目標，如有效地傳播知識，或起到一定的影響。從互惠的角度，考慮自己的目標和他人的需要，這是知行易徑方法的一個關鍵。尋找恰當的平衡，並以雙贏為目的，是首選方案。

表達思想

與表述事實相比，表達思想需要更多的努力。思想的產生往往需要創造性的、獨立的或批判性的思維。在我們與人互動當中，須因應環境，做出適當的回應。很多人在表達想法上都曾遇到困難，如他們會說：「我不知道……。」在社交場合有效地表達自己的思想，可產生關鍵性的效應。例如，我們推銷一件新產品、說服對方相信你是值得共度餘生的伴侶，或說服有權勢的人作出對我們有利的決定，就需要對方贊同我們的說法。與陳述事實信息相似，主要的考慮因素仍然是其他人的需要和期望，然後如何把它們和我們想達到的結果聯繫起來。

表達自己的想法前，先確認對方的需要和期望，這是個有用的方向。聯繫我們的想法跟其他人的需要和關注，能讓對方更易接納。強調互惠，這反映了一個重要的社會價值觀；良好的人際交往，不可單方面用我們的方式實現目標而不顧及對方。努力實現互惠互利，往往能令大家更感滿意。我們不僅要了解其他人的需要，也需明白他們的視角和心態，包括他們熟悉的語言，表達想法時就會更加有效。例如，當我以英文書寫這本書時，一些植根於中國文化背景的哲學思想湧現在我的腦海中，但未必跟一般英語讀者直接相關。我想到互助互惠的思想，而沒有冗長地討論和批判功利個人主義，因為我不認為所有的讀者都需要這些。有些人可能對我的哲

學觀點更感興趣，有的則更願意多點學習實用的概念。在全球化迅速改變的環境中，日常生活裏我們跟各式各樣的人群聯繫，表達想法時要顧及不同受眾，所以更需靈活多變和應用應變思維。以下是一些要考慮的原則：

(1) 嘗試了解對方的需要和目標。

(2) 知道我們提出的想法，能怎樣切合對方的實際處境。

(3) 表達想法時參考對方的需要和處境。

(4) 使用的語言、例子、比喻，要在對方的想像範圍之內；與多元化和內部差異性較高的群體工作時，盡量使用大多數人能明白的語言。

(5) 用熟悉的概念，解釋陌生的想法：必須使用新的或不熟悉的概念或實例時，盡量將它聯繫到對方熟悉的事情上，並提供背景資料作解釋。

(6) 注意對方的反應，留意對方是否感興趣，或表示關注、參與和有共鳴，還是表現出沉悶、困惑、不同意或反感等迹象。

(7) 在適當情況下，尋求對方的直接反饋，看看對方是否明白自己的想法。

表達情緒和情感

如前所述，大多數人未曾接受表達情感的系統訓練，只是通過觀察或參照榜樣去學習。Goleman（1995）提出情緒商數的概念後，廣受大眾關注。我相信大家都要感謝班杜拉（Bandura, 1971, 1986）的實驗和理論建設工作。某程度上，我們都會用某種方式表達情緒，但很多時候，自己卻未必意識到。語調、手勢、面部表情，和其他徵兆如緊握拳頭、手心出汗、心跳加速或雙腿發抖等，都反映

我們的情緒狀態或是我們表達感受的方式。

情感和情緒

在知行易徑中，重點更多地放在對情緒和情感的有意識、有目的的表達。首先，要明確知道情緒和情感意味著甚麼，因為這兩個詞是指不同的體驗，有時可互換，指同樣的事情，但在其他情況下卻有截然不同的含義。我們可以把情緒和情感領域，分為四種主要形式的體驗：（1）情緒狀態（emotional state）；（2）情緒特徵（emotional trait）；（3）心情（mood）；（4）關係感覺（relational feelings）。

前三種形式是基於 Rosenberg（1998）的情緒概念而提出的。情感特徵（affective trait）或情緒特徵（如 Burt, 1939）的概念，是指易於做出某類情感反應，而這種傾向較為穩定。情緒特徵是個性的組成部份，有跨越時間和生活狀況的一致性，例如，我們會談論別人的憤怒或抑鬱的個性，或有的人往往是歡樂和愉快的。瞬間和情境性的體驗，被稱為情緒。在這二者之間的是心情，它可以在數日間波動。除了這三種形式的情感體驗，我想補充另一種人們經常經驗到的——關係感覺，這是指我們在特定關係中的感覺，如伴侶輔導中有人說：「我對她已經沒感覺了」或「我對他有強烈、複雜的感覺。」

提到目標導向的情感表達時，人們常常覺得情緒和情感是自然或自發而成的，這與有目的去表達想法不同。情感表達有時會在我們毫無準備、甚至毫無覺知下發生。有些人有特定的情感或情緒特徵，如焦慮或憤怒，但他們未必在意它的存在。短暫的情緒狀態，也並不是容易被意識到或能明確表達。持續數小時或數天的心情，可能對別人來說明顯不過，但我們很少討論怎樣表達心情。相反，

在日常生活當中，我們更易察覺並有意識地表達關係感覺。

然而，換個角度來看，就不難想像有人須要學習如何表達情緒。日常生活中，人們經常須要向他人表達情緒，以得到他們希望的反應，不論他們想要的是理解、同情或實際的支持或幫助。很多人也須要表達情緒，以保持平衡，這亦可稱為宣泄。在這種處境下，不同表達情緒的方法有不同程度的幫助。比如，不加控制的表達憤怒，會有破壞性的後果；有些人虐待伴侶，可能出於對自尊和安全感的強烈需要，每當他感覺這些需要的滿足受到威脅，如當伴侶獨立行事，在沒有他的參與下享受生活，他便會感到恐懼，然後變得憤怒和有侵略性，這種憤怒的表達，往往進一步損害雙方的關係，與其原本的需要背道而馳。

很多人需要學習表達自己的情緒，因為在日常生活中，這通常被忽略。我們的教育體系注重智力發展、體育、美術和音樂，而忽略管理感情生活和人際關係的能力。即使 Goleman（1995）的書取得巨大成功，我們的教育和社會機構，還是未能尋求系統的方法，來幫助兒童和成人管理情緒[1]。在知行易徑思想中，我們相信人們可以透過學習功能性和有效的方法來管理及表達情緒，從而達到個人目標。

在前述有關如何接收或讀取情感信息的部份，我們已經談到，人類表達情緒的形式有很多種，包括語言、非言語行為和象徵行為。有些人在日常生活中，通過觀察來學習如何有效表達和管理情緒，其中包括通過象徵性媒介記錄，進行情感交流，如電子郵件或家庭錄像。而有些人則需要系統的培訓。有些人有心理或人際關係

---

[1] 香港現時推行通識教育的課程中，設有「個人成長與人際關係」的單元，但由於此單元在香港中學文憑試中不常出現，故被大多數學校忽略。

168

困難，我曾與他們一起工作過一段日子，在這些經歷中發現，令他
們了解自己的情緒，適當地管理和表達這些情緒，是工作中的關鍵
之處。

學習表達情緒的第一步是覺知，如果未能覺知，就無法有效表
達。要好好地了解自己的情緒，這在生活中非常重要。我們受社教
化影響，某些情感受到抑壓，要表達這些情緒時會受到限制。例
如，許多文化中不容許自由表達性慾和情慾，這種規範有時嚴格指
向特定的社會群體，如婦女、長者或身體及發育有障礙的人。一些
文化阻礙了對恐懼的表達，尤其是對男性而言。

除了文化外，家庭也常常調控對情感的體驗。大多數家庭建立
了顯性和隱性的規則，以調控情感體驗的表達，這往往為家人所內
化。隨著時間的推移，人們學會避免與不被允許表達的情感連接，
或對擁有該種情感心生愧疚。抽離、拒絕或避免情感體驗，往往
成為在一定的社會背景下的適應性策略。例如，否認痛苦、恐懼和
憤怒，甚至不去處理，這是家庭暴力受害者所使用的一項常見策略
（Barnett, 2001）。

在幫助人們更認識自己情緒的過程中，心理治療師發現了幾個
對當事人有益的條件。其中最重要的，是當事人和實務人員之間的
信任關係（Iwakabe, Rogan, & Stalikas, 2000），實務人員並以尊重
和接受的態度，以及非批判的立場來溝通。一個關鍵的原則是，避
免不必要的壓力，並尊重當事人的偏好，跟隨他的步伐。另一個知
行易徑的原則是漸進學習，讓當事人以小步前進，提高情感意識，
而不是急於令他們擁有深層的洞察力，或以宣泄方式表達。

另一個重要的考慮因素，是對目標和期望的結果有清晰的認
識，這是知行易徑始終強調的。一個人有意識地宣泄情緒，以圖事
後感受到平和與寧靜時，情感表達已成為自我照顧，這更是尋求理

解、支持或幫助的一種策略。情感表達也可以更具功能性,例如用來表明立場,或取得預期的回應等,這都可以是親密關係發展過程中的重要元素。

如上述所言,我們的情緒分為四種主要形式。人類經驗的情緒和情感並非固定,它們不穩定、短暫,並會因應環境和內在狀態而變化。情緒表達的另一重點是,它不只是簡單而純粹的,而是複雜或矛盾的。例如一個人剛剛得到一份新的工作,情緒是既高興又擔心;又比如所愛的人經過長期慢性疾病的痛苦掙扎而離世,我們可以同時感到悲傷和解脫。學習接受情緒的暫時性和矛盾性,是情緒管理和表達的重要步驟。

知行易徑中的情緒工作

依據上文所述的原則,知行易徑實踐中發展了各種程序,幫助當事人處理各種情緒問題(見框 9.4)。當情緒干擾一個人的行動時,首先需要了解它。能這樣做的一個必要條件,是有安全的空間,讓人們探索和管理這些情緒,而不必害怕責難、判斷。然後通過實務人員的幫助,當事人應該能夠認識到自己的情緒。例如,在伴侶輔導中,要求當事人對伴侶表示讚賞時,他表示自己有情感障礙或明顯的厭惡,我們可以鼓勵他認識而非遏制自己的情緒。這時可運用一些步驟,以助他關注切身經驗,包括對身體和情感狀態的關注,檢視全身各部份的感知反應,然後邀請當事人聚焦在身體某個部份的感知。當事人通常會說,他們覺得在胃、肩部、胸部,或其他地方有感覺。我們也可以採用鼓勵自發表達的程序,如完形治療師所用的雙椅法、正念練習、冥想、日記、表達藝術(如繪畫、舞蹈和形體雕塑,甚至自由聯想)。只要當事人意識到自身的感覺和情緒,並與其連接,就可以開始下一步的表達。

一種情緒被命名時，也就意味著它得到承認或接受，不管是憤怒、怨恨、內疚、羞愧或自己厭惡的經歷，儘管有些人會在這過程有一番掙扎。例如，伴侶其中一方做了一些傷害性的事，如婚外情，可能會說：「我不認為我是憤怒了，雖然她的所作所為很傷人。」我們可以這樣回應來幫助當事人接受這些情緒：「當一方做出了傷害性的行為，另一方會感覺受到傷害。你感覺受傷了，但你不確定你所感受到的是憤怒。」這樣表達，不是把自己的意思強加給當事人，而是幫助當事人擴闊敘事空間。有些當事人感到充份安全下，會承認自己的憤怒情緒，並說：「可能我還真的覺得有些憤怒。」有些較保守的當事人會說：「我猜想人在受傷的時候很容易會覺得憤怒。」雖然這種說法沒有直接承認這種感覺，但當事人已經走近了一步。我們可以把這種表達重述為這樣的一些話，「如是的，這情況下感覺憤怒是很容易理解的」，這樣就可以讓當事人從「感覺受傷」移向「感覺憤怒」。

當事人意識到自己的情緒後，就可邀請他們表達這些情緒。知行易徑的情緒表達方法的重點，是提供當事人選擇和選項。我們讓

框 9.4：知行易徑的情緒工作

進行情緒工作的過程：

（1）建立／保持一個安全的空間；探索感情

（2）從覺知、識別／確認情緒；繼而掌握感知、身體的感覺和體驗

（3）表達情緒（包括：命名、標記、描述、符號化、比喻）

（4）承認接受（可經過抗拒認同的過程）

（5）表達：私下表達或人際表達，語言或非語言表達

（6）發泄或宣泄——恢復情緒內衡

（7）自我接納——掌握和自我效能

（8）轉化、重構和化解（衝突，矛盾，創傷）——經常涉及認知過程

當事人了解，表達可以私下進行，發生在與實務人員面談時；或者，在當事人準備就緒，覺得處境適當，在其他人的面前進行。當事人可以了解情緒表達有各種方法，包括語言和非語言方式。在知行易徑情緒工作中，我們幫助當事人了解情緒宣泄是一種需要。很多人覺得情緒宣泄是不恰當的，或是個人弱點的表現。有些人可能會擔心失控而感到極其不安。我們可以幫助他們了解，這種宣泄實際上有助於恢復情緒內衡。另外，允許自己的情緒在安全和適當的情況下宣泄，是一種自主性的行為。

疏導和宣泄情緒包括無顧忌地表達，如果這過程可在自我引導的方式並在充份自我覺知的情況下進行，便能強化自主性和自我效能感。幫助當事人探索和表達情緒的過程中，他們能更有效了解自己的感受和情緒，並更加接受自己；這是個好機會讓當事人用全新的方式去領會自己的情感體驗，以及處理難於駕馭的情緒，如恐懼、衝突、矛盾或傷害。這過程有充權作用，起初這些情緒似乎顯得危險和難以控制，但其實是可以覺察、了解並有效管理的。

上述步驟按次序提出，主要是為方便概念化，但這並不意味要硬性遵循這些順序。我們認識到情緒體驗和學習的差異性，並不是每個人都會經歷相同的過程。通過知行易徑學習表達情緒，涉及多個策略與技巧，可靈活使用，並須適當考慮當事人希望達到的目標，以及他所處的境況。其中的關鍵概念是，擴充表達情緒的方式，會涉及到學習使用適當的字眼、符號或其他方法，以闡明和表達情緒。有些人需要學習將語言與所經歷的情感體驗連繫起來。那些有身體或智力障礙的人，要學會用符號或顏色去表達；有些人需要學習放鬆，在表達前深呼吸，如從一數到十。另有些人學習開發、設計和實施象徵行為。有些人要藉著集體制訂的儀式來處理情緒，例如，2008 年 5 月 12 日四川地震後，我在災區工作，很多人

都失去了親人，有的甚至看著親人離逝，許多地震災民經歷了創傷，伴隨著難以言喻的悲傷、痛苦、恐懼、內疚和激烈的情緒。儘管有不少人願意私下處理這樣的體驗，但很多人都發現，參加專門協助人們度過哀傷過程的團體或社區儀式，可有不錯的效果。在這類情況下，基本上沒有普遍有效的方案，但實務人員可以遵循知行易徑的原則，擴充自己和當事人情緒反應的方式。另一個有效的方法，是第六章中所描述的協作創新的過程。

表達需要

需要的表達，往往和情緒表達密切相關。一個簡單的原因是，許多需要都可以與情緒相連。對於情緒，覺知和接受是有效表達的重要條件。然而，情緒表達幾乎是不可避免的，而且很多時候是自發的，即使人們不知道或不接受自己的需要。例如，父母害怕失去子女的愛，會通過控制和懲罰行為，去表達他們對感情和親密的需要；有些人在早年的生活裏受到創傷，卻不甚明瞭如何處理這些經驗所帶來的痛苦，就可能會使用酒精、毒品或賭博來應對。

在日常生活中，能夠有效地表達自己的需要，明顯會增加滿足這些需要的機會。然而，表達情緒時，不是所有的需要都會被認為是合理的，或被社會所接受。例如，居住在養老院的老人表達性的需要，經常會遭到否定（Bauer, McAuliffe, & Nay, 2007; Kamel, 2001）。未得到滿足和相互衝突的需要，經常是苦難和悲劇的起源，包括犯罪和戰爭。能夠表達自己的需要並得到滿足，顯然是我們要學會掌握的寶貴技能。

第四章中所述的問題重構過程，為實務人員提供了一個良好的基礎，用以識別對當事人自己未能察覺的個人需要，並向其給予有

用的反饋。在衝突較少和有足夠信任的情況下，溝通可以更直接明確。在挑戰性較高的情況下，人與人之間不相容或衝突的可能性較大時，需要學習和發展更複雜的策略與技巧，有兩個原則往往很有幫助。其一是試圖幫助對方從自己的角度看事情，並促進他們的共情反應；其二是找出雙方最大的共同點。

要求別人從我們自己的角度看待和體驗事情，是非常困難的，大多數人自然而然地會堅持自己的觀點。如前面在思想表達一節中所述，適應對方的立場和經驗會非常有益。使用對方熟悉、舒適的語言，是另一種策略。很多時候，直接和明確的表白就能夠奏效，如「我需要有更多的私人空間」。將我們的需要和他人所能做的互相聯繫，會特別有用，如「如果你能做到這一點，我會感覺好得多。」

只要有可能，我們就要把對方放在一個句子的主體地位，而不是作為一個對象。人們有自主權，並能夠做出改進時，感覺會更好。在大多數情況下，要避免對抗或指責性的陳述，如「你不明白」，或「我不知道為甚麼你覺得很難明白」。在這一點上，有些人可能想到用一種表達需要或願意的形式，引起對方內疚，令他感到不舒服，從而跟從我們的意願。作為一項策略，引起內疚有時能起作用，但會損害長期關係，減弱雙方對關係的滿足感。

現在讓我們來看下面的例子：飛機已經起飛，空中服務員正忙著為乘客供應食品和飲料。你發現，座位的個人娛樂系統是壞了，試比較以下的回應，看哪一種可能會更有效：

（1）我不知道為甚麼你們的航班總是有問題，現在我接下來 12 小時內都沒有電視看了；

（2）我的系統壞了，請你看看能否修復它；

（3）我知道你現在很忙，但是你有時間的話，請檢查一下這個

系統，它似乎有故障。

　　認識和了解對方的需要和處境，並以非指責的形式表達需要往往更加有效，這通常被稱為「回應性自我伸張」，其做法就是雙方嘗試建立一個共同目標，創造雙贏局面；如果這不可行，至少可以嘗試探討和磋商具有兼容性，或對方能接受的選擇。這與自我伸張訓練的自我伸張有分別。伸張訓練（Smith, 1975）的傳統做法，強調的是我想要甚麼，我需要甚麼，或者我的權利是甚麼。回應性的自我伸張，是追求滿足自己的需要（自我伸張），同時考慮其他人的需要和權利（回應性）。

第十章 建立關係

根據 Gergen（1991）在二十多年前的觀察，生活在發達世界的人，大多數都處於一個後現代化的年代，在生活中遇到人群的數量快速增加。這和地理位置、民族、文化、職業和個人背景等多樣性有關。從社會心理學角度來看，隨著交往日漸繁多，亦更趨複雜，很多人會感到疲於應付。人們整體的生活滿意度和好境，很大程度受人際關係的數量和質量所影響，這種關係的範圍從簡短接觸到長期關係都包括在內。因此，為達到生活目標去學習和別人有效交往，對於我們追求好境是非常重要的。我在上一章探討了接收和表達這兩個溝通的功能，這一章會探討人際交往初期，建立關係的策略與技巧。

初步建立關係（Engagement）

在知行易徑中，初期的關係建立是任何人際接觸、交往的第一步。正面接觸能為雙方發展滿意的關係鋪路。當兩人初次見面，雙方都希望發展持續關係，比如第一次約會或是第一次見心理治療師，初期的關係建立就極為重要。一般來說，這有幾個必要的因素：第一，目標、需要、期望需與互動風格互相協調。情感上，大家對對方有些正面感覺，這種雙向的正面感覺，有時稱為融洽（rapport），包含信任、某種吸引或喜歡、舒服或愉快的總體感覺，

彼此願意繼續交往，以使關係能夠發展下去。透過磋商尋求兼容性（negotiating compatibility）與創造正面的情感環境這兩項任務，概念上雖然存在差異，但在人際交往中是同時獲致的。在關注事項與互動風格上，如果大家可以順暢協調，這本身就是正面的情感體驗。下一節，我們會探索有利於建立初期人際關係的組合策略與技巧。

人際交往或者建立關係的過程，大家都是受到個人需要的驅動。有些人是為了尋找夥伴，有些為了感情上的寄託，有些為了親密感，有些為了得到認可，有些為了尋求幫助。兩個或更多的人初次相遇時，即使一致希望發展關係，大家的需要和目的並不一定兼容，即使兼容也不意味著完全一樣。假如兩個人都想尋找夥伴或親密關係，一個具有強烈依賴的需要，跟一個有主導和控制需要的人，那大家的需要是兼容的。一個尋求認可的人和一個尋找幫助或照顧的人，彼此也有非常兼容的需要。

在任何關係中，大家的需要極少是完全兼容的，這一事實不容忽視。在每段關係中，一些需要雖然可得滿足，卻往往無法滿足另一些需要，所以大部份人需透過多種關係來滿足各種不同的需要。能夠在自己的生活世界中處理好各種關係，滿足自身需要，這是重要的一課，知行易徑模式亦支持這個取向。例如，許多人期望伴侶或配偶能夠同時滿足自己多方面的需要，包括安全感、依戀、親密、歡愉、智力啟迪、共同撫育子女、性慾等，不一而足，這期望有時是不切實際的，因為對方的需要圖譜並不一定與此兼容。在知行易徑系統裏，我們在某一關係中尋求最大滿足時，也樂於擴展複雜的人際關係網，重新配置，以滿足多樣化的需要。這裏要提出一個重要原則：當大家開展一段關係時，應避免將自己的不同需要視為不變和固定的，而是依隨生活世界的轉變而有所改變。人的需要

在大多數的關係裏都一直改變，彼此的兼容性是可以透過不斷協商而達到的。

兼容性的另一個面向是涉及個人的互動和溝通風格，這是由多種因素決定，包括個性、學習經歷、文化、對交往情境的認識、習慣、協議或規則等。例如在跨文化心理治療中，如果治療師傾向使用非指導性手法，為當事人提供自由的敘事空間，治療過程中又採用非結構化的風格，會使期望得到專家指示和引導的當事人感到困惑。在較平等的社會環境中教育出來的人，遇到強調權力和地位等級的工作文化，會感到很不舒服。同樣，有些人喜歡直截了當和坦率溝通，則難以領會某些圈子裏注重的節儀和禮貌，尤其在某些場合中，大家會使用大量間接和婉轉的言詞，他便會感到難於適應。

在一段關係中，彼此需要和溝通風格要不斷協商，以期達到兼容狀況，本書以後章節會有更詳盡細緻的探討。在初步階段，為了繼續互動，我們需確保已建立最起碼的兼容性，以使關係能持續發展。例如，在飛機上有個乘客因過度勞累而抓緊時間睡覺，跟第一次坐飛機感到興奮的小女孩相遇，彼此的需要就不大兼容了。如果雙方的需要明顯無法協調，多數人都不會嘗試接觸。當然，大多數情況下，人們都希望在別人心中留下好印象，如被視為愉快的友伴，或避免負面的回應，因而要建立一定程度的友善關係，這並不困難。設想上文中描述的女孩，如果她要求換到勞累旅客所佔據的窗口座位，應該不會太難。

有社交焦慮問題的人，剛開始接觸陌生人時，會感到極為困難。其焦慮程度會導致表現失效，伴隨著預計將來的情況並不理想，或害怕最壞的事情會發生；他們往往對潛在的兼容性抱悲觀態度，認為人們對自己不感興趣，甚至敵視自己。他們不認為自己能為對方的需要作出任何貢獻。在知行易徑項目中，我們會針對他們

懼怕的情境，邀請他們進行角色扮演，同時錄影，隨即重播和回顧。在回顧過程中，要特別注意他們的表現，諸如姿勢、與他人的空間距離、面部表情、眼神接觸、音調，以及非語言行為等細節。當事人能透過這些在人際交流的微過程，學習如何表現得更被人接受、更愉快積極。角色扮演的回顧還幫助他們更真實地評估另一方的經驗。無論是小組成員，還是治療師或角色扮演的夥伴，他們也有機會直接提問，了解別人的需要和現場經驗。這種演習經常幫助他們理解到兼容性的可能。

在初次接觸和建立關係階段，強化兼容性的具體技巧包括：處理話題、正面回應、爭取最大的共通點和相互關係，以及策略性的自我介紹。假設接收和表達技巧的建設組件（building block）已經完成，現在就可以積極地自我介紹、聆聽和表達。在初期建立關係的過程中，重要的是讓對方對於繼續交往感興趣，並為這種互動創造正面條件。如果能建立初期的協作關係，可增強實現工具性目標的可能性（例如出售金融產品、請求援助、協商交易等），或能夠改善長期關係的前景。

框 10.1：促進初步建立關係的策略與技巧

1. 處理議程
2. 正面回應：提供強化反饋
3. 尋找共同點和相同興趣
4. 策略性自我表露

處理議程

處理議程是人際交往中很簡單的原則，幾乎適用於所有情況；然而，很多人也沒有對此給予足夠的重視。知行易徑相信人際交流

中每人都各有目的，或者被某些需要所驅動。因此，了解會談的目的，尤其是各方的動機和需要，令談論的話題成為大家都關心的內容，這是建立初步關係的關鍵。很多時候，人們都專注於自己關心的議題上，並忽略其他人所關心的事項。這時候，上一章學到的接收技巧、聆聽深層需要和情緒信息的能力，在這裏就大有用武之地。當我們得知對方關心的議題後，就能針對性地處理經過互動所展開的話題；明白對方的需要和情緒狀態往往對於促進人際關係有益處。在培訓接待員的項目中，參加者明白到他們要先確認難以應付的客人的需要和情緒，這會有很大幫助。這可以包括：「我知道你在交通繁忙時間經過市中心來到這裏，實在非常困難」、「我們明白你希望到這裏可以即時解決問題，可是當知道了我們辦事處未提供你所需要的服務，你肯定感到失望和沮喪。我現在就盡力尋找最適合你的解決方案……」

　　初步建立關係過程中，一旦弄清楚對方關心的議題，就需與它保持連接，同時與我們期望完成的任務結合。有時候，這是非常直接的過程，但有時也會變得非常複雜。以上例子包含確認客人的需要和感受，然後才提及當事人的服務需要；在心理治療的研究中，我接觸到邊緣人格障礙的人，那幾乎是最難建立工作關係的一群。在針對處理共同議題方面，我學到了一些有益的經驗（Chambon, Tsang, & Marziali, 2000; Tsang, 1995），關鍵點就是不要偏離主題：因為當事人會隨時及隨意轉變話題，我們需要適時帶回主題。這時，我們不要突然改變話題，並用我稱為協調轉換（mediated shift）的策略，即是認同對方目前談論的事情，然後才返回原先主題，而不是打斷後突然改變話題；例如這樣說：「我知道你急於找到一個地方或老人院來安置你母親，我能體諒你所遇到的挫折，但我們需要對她的健康狀況多點了解，以便幫助你為她作出最好的安排。」

在培訓課程中，參加者有時會表示擔心，如果我們是包容的聆聽者，會花太多時間去聆聽，但在培訓中，利用模擬演習對此進行的試驗表明，如果一直關注對方的目標，整體上花更少的時間就能達成任務。相反，在高度緊張或經常衝突的互動中，人們往往會截斷對方的發言，令當時情況惡化成一場爭取發言的競賽，對有效溝通和關係建立並無幫助。

正面回應：提供強化反饋

如果我們正面回應，而當事人亦接收了我們的信息，雙方的關係會往好的方向發展。正面回應可令對方感到受重視和尊重；可分為認知行為和情感兩方面。互動開始時，可用一些簡單的行為，如熱情友好的微笑、一句禮貌的問候語、稱呼對方的名字等。在室內或面談室裏，提供舒適座位、飲品，或讓對方感到舒適的安排，這些都會帶來正面效果。如果這是不愉快的情況，就想像這是護士為病人抽血檢驗的情境，因預見不愉快結果而表現共情，例如給予安慰：「我知道這將有點痛，但這痛很快就消失」，這往往都是有效的。我有一個關於管理期望的小竅門，經常在管理和服務人員培訓中使用，那就是預先誇大不愉快或不方便，讓對方經歷過後才發覺沒有預期的差勁。例如，接待員向客戶預告所需等候時間，較預計時間會長一點。相反，假如接待員向客戶表達過於樂觀的情況，低估了可能構成的不愉快或不方便，就會造成客戶失望和不滿，結果適得其反。

大多數人喜歡被重視和認真對待，所以注意並細心聆聽別人（這些技巧前文已經談過），有利成功確立初期關係。一個簡單的方法是直接地重複對方的表述，例如：「我知道你不喝咖啡」，「你說你不喜歡火車」；也可以是暗示的立場或需要，例如：「你會對她穿

著的皮草有意見（對方已表達了對維護動物權益的觀點）」。培訓心理治療師和心理輔導員會強調尊重和不批判的態度。如果人們一開始就用強烈的方式來表達意見，繼而變成嚴厲、帶有批判性，甚至是攻擊性的方式，例如使用貶義的標籤，如「癮君子」、「失敗者」、「白痴」等詞語，很可能會傳遞負面判斷的信息；如果我們稱呼某人為「那些人」，這往往是疏遠、排斥和批判的語言標記。如果我們無意中使用了籠統而包含負面標籤的概括說法，容易令對方對號入座，因而變得沉默或疏遠，類似於「正常人不會把自己的孩子留在家裏，無人看管」或「我不認為有正常智力的人會相信那些廢話」，這樣的話，會立即使一些人感到掃興。這些語句一般都能正面重構為「孩子需受到長期的看護」或「有人會用盡所有方法去欺騙我們」。

眾所周知，另一個正面回應的策略是讚揚對方的優點。我們要誠心誠意去欣賞其他人的外表或言行所帶來的正面意義，但這對自己來說是具挑戰性的。這樣做不僅有助於促進人際關係，而且可幫自己長期處於良好狀態。在知行易徑的研討會上，我們設計了一個練習，由參加者輪流聽取其他成員的正面回應；這個過程充滿樂趣，大家可釋放很多創造力。最近舉行的睡眠和失眠輔導小組中，一位成員對另一位成員說：「你是我碰到過的最幽默和最樂觀的失眠者。」

我們可以透過強調正面回應來加強對方的某些行為；例如，中年父母感謝兒女教會祖父母使用互聯網，並指出這擴展了長者的生活世界，促進家庭團結、溝通和共享。又例如在約會後，如果希望能促使對方願意見面，可特地指出這次約會的特別之處、所起的作用和意味。此外，我們也可以談一下消費了一塊錢在飲食，如何能夠產生六塊錢的經濟價值（「因此，我們需要經常在外聚餐，以

促進社會的良好經濟狀態」）。如果我們對歷史（例如「這家餐館一百年前開始經營」）、當天的特殊處境（例如「是三十年以來或我出生以來二月中最冷的一天」），或地方（如「這個地方只提供有機、公平貿易的產品」）等加以研究，這往往有幫助。另一個有趣的練習是：「成為第一人」。參加者必須想到一件事情，令對方説出你是做這件事情的第一個人。例子包括「你是第一個告訴我關於牛奶咖啡和卡布奇諾之間的區別的人」或「你是第一個告訴我序曲的定義的人」到「這是我第一次聽到有人真正清楚的對我解釋次貸危機」或「海德格（Martin Heidegger）和史提芬霍金（Stephen Hawking）兩人在時間觀念上之聯繫」。

有時候，我們在社交場合總不能避免一些消極因素；這時候，上一章所學的正面重構就能派上用場，能夠明顯地強化建立初期關係的能力。但在某些情況下，正面重構未必是最好的回應。想像一下，如果有朋友分享一些不快、甚至痛苦的情感體驗時，而你不斷地正面重構，只會讓人感到彼此的感情拉遠，反而不利建立關係。從心理治療與輔導過程的研究中，我們學習到共情回應是最有助於發展信任和情感聯繫的方式；處理當事人情緒的時候，帶有共情回應的正面重構似乎更加有效。例如，一個朋友剛剛發現他患有前列腺癌，我們可這樣回應：「這對任何人來説都是一個很可怕的消息，你肯定非常難受；但現在發現總比更遲發現好一些。」

尋找共同點和相同興趣

成功建立初期關係的一個重要條件是，有共同興趣和共通性。雖然每個人都是獨一無二的，但大家總有些共同點。探討相似和不同之處，同時盡力擴大彼此關注的話題，是發展關係的關鍵。我有一次輔導夫婦的經歷，其中一人問我如何能讓來自不同社經地位的

夫婦，可以在談論自己童年經歷時產生共鳴：其中一人的背景非常優越，另一個來自相對貧困的環境。我於是要求他們進行演練和錄影，通過回顧錄像去展示，如何用關注情感體驗和意義來促進共鳴的感覺，而不是專注於雙方的物質生活水平。

具體地說，夫婦二人在談論自己童年玩過的玩具和喜歡的活動時，彼此都察覺各自有很不同的童年回憶，也帶有不同社會階層的標記；此時，我鼓勵這對夫妻把重點放在情感和意義上，回憶最深刻的玩耍時刻、作為孩子最有價值的體驗等，並把這些與他們的需要、興趣和個性發展聯繫起來。

在我的經驗裏，有些人不容易跟其他人發展關係，我發現他們往往對別人並沒有多大興趣，也不相信別人會對自己感興趣，更不覺得自己是一個有趣可愛的人；但內心深處，他們渴望有人會喜歡自己，與自己交往。其實，這些人可以學習重新設計自己的生活，長遠來說，可令自己變得更有趣味；他們可學習關注別人，開始擴展社交生活。而且，興趣廣泛的人有明顯的優勢，相反，興趣狹窄的人經常發現自己很少或沒有插言的機會，覺得沒有甚麼有趣的話題可發表。儘管這些人對社交生活和連繫的需要極之迫切，他們卻缺乏動力來發展人際關係。不論他們為何缺乏興趣，逐步擴大活動的範圍、探索人們喜愛的活動，都對人際關係有益。我曾治療過一個年輕人，他患有精神分裂症多年，由少年時開始發病，直至成年早期，大部份時間都要進出心理健康機構。他對人和整個世界普遍不信任，心頭總縈繞著易被傷害的感覺，覺得會被高空墮物砸傷、食物中毒，或受其他可以想像的事故所傷害。他沒有興趣跟人交往，並認為自己的社交方式很笨拙。於是，我對他的輔導工作便從他的個人獨居開始，鼓勵他至少離開居所到其他地方，例如到圖書館，從而逐漸擴展他感興趣的活動。經過一段時間，他慢慢地轉

框 10.2：宇晴的案例

宇晴 30 歲時被轉介接受心理治療。他讀大學本科學位期間，曾患重度精神崩潰，出現幻聽，並形成極端的社會退縮人格。治療前的八年，他住在家裏，但與父母維持極少的接觸。他對大腦可能受到損害有著廣泛的恐懼，而大腦是他最重視的器官，對於學習、理解生命的意義和享受生活都很重要。他的住處附近高樓林立，常常擔心高空墮物會令他的大腦受損。而且，他還非常關注食品的安全，擔心微生物或毒素可能會損害他的大腦。經過十三週的心理治療，宇晴有了顯著的進步，接著參加了每月舉行的自助小組。

初步建立關係
我們應以共情聆聽，專注於當事人潛在的未滿足的需要，避免權威診斷的立場，也不會判斷當事人所表示的恐懼。

需境特量（N3C）評估
● 需要：對安全、學習、成就、享受和樂趣的需要。
● 處境：正在接受藥物治療，良好的家庭支持，缺乏活動和寄託已超過八年。
● 特性：不安全感，多疑，有動機改善自己的處境，相信「科學知識」，認為知識是幸福生活的關鍵。
● 力量：聰明，良好的自我調節和執行功能。

目標設定
● 在人身安全的情況下，能夠做些令自己享受的事情，如閱讀、去圖書館。
● 探索在生活中令人愉快的活動。

策略與技巧的學習和發展
● 計劃去圖書館的安全路線，避免經過高樓大廈。
● 了解如何申請圖書證。
● 對如何與圖書館接待處人員交談以獲得圖書證進行模擬角色扮演：宇晴的技巧並非嚴重缺失，但角色扮演可降低他的預期性焦慮。他在學習簡單的技巧（如眼神接觸和微笑）時得到成功感。
● 去圖書館借閱書刊後，他加入患精神分裂症成人自助小組。他感到受其他成員的重視，他們認為他有學識，且很聰明（符合他在成就和自尊方面的需要）。
● 逐步擴展活動的範圍和次數：小組活動，聽音樂，寫作。
● 角色扮演，模擬打電話給很久未見面的老朋友。
● 在社區報紙發表文章：幫助宇晴對被拒絕時應有的心理準備，採用「我不夠好」之外的解釋。他的文章幸獲接受發表。
● 模擬圖書館兼職工作的面試。

結果（保持多年）
● 擴展參與的活動，以及提升在人際交往中的自我效能和興趣。
● 更愉快的生活經歷，顯得更加輕鬆，頗常微笑。
● 報告幻覺減輕；較少談及擔憂腦部會受到損傷。
● 找到兼職工作，並繼續寫作。

到做其他事情上，後來更同意參加精神分裂症人士的自助小組。他不斷擴展活動的多樣性，與興趣範圍的擴展同步發生，最後他在社交方面比之前活躍得多。開始時，他對在電話裏跟朋友交談感到困難；兩年後，他召集小組其他成員在家裏開會。他從閱讀的興趣擴展到寫作，甚至在報紙上發表文章。在這個過程中，他參加更多樣化的社會活動，過著有趣得多的生活。我在這次輔導經驗中體會到擴展個人的興趣和活動範圍，能加強開發普遍或共同興趣的能力；而當我們向對方的經歷顯示出興趣，也對促進人際交往有很大幫助。

策略性自我表露

一個人建立人際關係主要是為了滿足自己的需要，即使他在交往中使用其他方法，也要將這個人的需要緊記於心。一段關係對當事人自己也有一定的核心意義，所以在建立初步的人際關係期間，除了注意對方的需要和周遭處境，同樣重要的是要考慮會影響我們表現的因素以及想達到的結果。一般來說，我們都希望被對方了解、接納、歡迎，甚至為對方所愛，因此我們須考慮如何將這些信息傳達給對方。我們可以有策略地自我表露，控制自己的信息表達，以達到期望的反應。

在前面有關表達技巧的章節中，我們已經講解了儀表、自我介紹和開場白的技巧，現在我們可以考慮社交表現的另一面：我們想樹立怎樣的形象？我們怎樣可以獲得想要的回應？這些都與我們向對方傳遞信號的方式息息相關。體態儀表能傳輸一些有關自己的信息，但這效果往往被許多人所高估。策略性自我表露是仔細考慮的結果，經過考慮自己與對方在互動時的關注事項而達到，目的在於被對方接受以及得到正面的回應。舉例來說，當有人告訴我她不幸

的童年，而我自己只顧談及自己的正面經歷，或表達自己對於父母養兒育女是多麼不容易的看法，那就顯得我對於對方所表達的事毫不敏感；但如果我談到自己小時候被誤解或被不公平對待的不愉快經歷，則會促進彼此情感方面的連繫。這個小例子說明了策略性自我表露的幾個原則：包括（1）與對方的體驗、態度和情感，保持協調一致；（2）與對方的需要或關心議題能互相兼容；（3）爭取更大的共同點，減少心理上的距離和權力差異；（4）通過選擇性地透露弱點或負面的經驗，以增強信任，以及（5）通過分享容易產生共鳴的經驗和感受，來加強情感聯繫。

我們可以在回應中結合應用來促進人際關係初步建立的四項策略：處理話題、正面回應、爭取更大的共通點和策略性自我表露。我們需以應變為基礎的思維，因為在處理人際關係時，沒有一套適用於所有情境的標準步驟；如果我們要做到最適當的回應，就需理解有關情況、針對交往目標，並持續關注對方。

第十一章

人際關係的管理

　　成功與別人初步接觸及建立聯繫後，就更容易與他們互動和發展下去。接下來，就要完成具體的工具性任務，如銷售產品或完成面談。本章要探討的重點亦是如何發展相對長遠的關係。

　　生活在人際關係的網絡裏，我們需學習如何讓關係發揮正面作用，然而，社會在這方面並沒有提供足夠的資源和支持，去幫助我們發展這種能力。生活中有各種人際關係，從親子、兄弟姐妹、親密伴侶，以至工作與商務伙伴、社交或友誼等，本章因篇幅所限而不能涵蓋所有內容。我們主要從知行易徑角度出發，關注當事人在各種情況下如何學習新的策略與技巧，以建立令人滿足的人際關係。

滿足互惠需要

　　建立人際關係是為了滿足各方面的需要。人際關係是功能性的，只要關係能達到某種功能，它就可以維持；相反，如果交往模式已喪失其功能，彼此的關係就很難維持下去。半個多世紀前，霍曼斯（Homans, 1958）提出了社會交易分析，認為人際關係是以分析主觀的成本效益和比較不同選項為基礎。當人們認為這段關係利多於弊的時候，才會努力發展。相反，當預見成本大於利益時，人們就會選擇放棄這段關係。有學者進一步發展這個觀點（Blau,

1964; Cook, 1986; Emerson, 1981），亦有學者批評它過於理性，受當時的主導社會價值觀影響過深，忽略並非每種人際關係都是線性的，過份囿於個人主義文化（Heath, 1976; Miller, 2005）。

知行易徑模式會從兩方面去解釋人類的經驗：一、六大領域內的功能；二、社會環境所起的作用，包括主導論述、價值觀和文化影響。很多人陷於失去功能的人際關係中，儘管他們明知應該要離開，卻仍在這關係裏角力牽扯。勉強維持這種關係，最後令大家都受到傷害，非常痛苦；精神健康專業人士一般都視之為病態。實際上，從事心理治療和精神健康專業的同事，經常發現他們的當事人被困在這種失去功能的病態關係。

根據社會交易思維，當關係雙方的需要互不相容，或雙方的滿足感並不對等時，雙方關係就會出現張力，或產生衝突，難以維繫。現實生活中，很多關係即使陷入緊張或衝突局面，有些需要還是得到一定的滿足。就如婚姻關係，許多夫婦即使關係變得緊張，雙方甚或發生衝突，但大家仍留在婚姻關係中，是因為他們的某些需要能得到滿足，這些需要可能是住屋、陪伴、社會地位、經濟保障、身份、家庭支持、社會認可等。只要仔細檢視，便會發現即使很多人際關係都是充滿張力、挫折或衝突，但大家卻會選擇繼續維持下去。知行易徑與社會交易的分析一致，認為即使某些關係有明顯的負面影響，人們的某些需要仍是得到了滿足，這就是維持關係的理由。

關係在我們生活當中非常重要。我們很多需要都可在人際和社會關係中獲得滿足。我們從父母、兄弟姐妹、朋友和家人身上，獲得食物、住所、陪伴、保護、情感支持、愉快的經歷等。長大之後，我們不斷擴展關係網絡，從中獲取知識、認同、就業，以及各種形式的社會獎勵。終止關係往往使人感到焦慮不安，特別是這關

係有重大的個人意義。我們以為自己可客觀地衡量關係的利弊，從而做出理性決定，但事實往往並非如此。當我們想退出一段關係，社會通常會令我們付出沉重代價，尤其是這關係可強化或支持社會穩定或經濟職能。例如想結束婚姻關係，就必須要處理這種關係仍能滿足的需要、其他人的負面反應、離婚所涉及的成本、繁複手續和法律事務等。人們留在艱難或失能關係的另一原因，是缺乏其他選擇或替代方法；還有一個原因，就是改變或終止關係，要有一定水平的自我效能與技巧，而很多當事人並沒有機會學習和發展這些技巧。

知行易徑的程序可幫助人們處理關係，更有效滿足他們的需要，這包括建立、發展、改進、轉化和終止關係，當中的主要原則是：考慮彼此的需要，這意味著互惠、相互性和平等。要有效處理關係的負面情緒、張力和衝突，我們需要對關係保持開放和靈活的態度，這包括願意轉變，甚至終止重要的關係。知行易徑奉行務實的方針，支持創新，並且讓當事人獲得所需的策略與技巧，以發展最有利的關係，達到充權的效果。

建立關係

人們建立關係以滿足自身的需要。有時，關係本身可直接滿足需要，如親密感和情感支持；有時，建立關係是為了達到其他方面的目的，例如銷售人員為尋找潛在客戶而加入宗教團體、小學生跟高年級的學生做朋友是為了得到保護，免遭欺負。大多數的情況下，我們開始建立關係時都是有所求的。因此，幫助人們建立關係的第一步，就是認清在既定關係中自己的需要，然後參照各自的需要，評估其人際關係的質素。關係雙方若能就共同目標進行溝通和

協商，並學習新的方法，便可更有效地滿足大家的需要，加強整體關係，這可以利用本書前面描述過的策略與技巧來達到。第四章所闡述的問題重構，有助了解參與者的需要；接收技巧，可增強評估他人需要的能力；表達技巧，可令自己的需要得到確認和滿足。

相容性

人際交往過程中，建立相容性的需要圖譜非常重要，這也是保持長期關係的關鍵因素。當彼此的需要能夠相容，就會形成持久和功能性的關係。不過，完美的相容性比較少見，人們需不斷協商，令大家各自的需要能盡量得到滿足。可惜的是，這要求大家能開心見誠去討論彼此的需要和目標，而這情況並不普遍。即使在親密和信任的關係中，很多人也未能好好理解彼此的需要，其中一個原因是，當我們披露自己的需要時，會感覺自己處於弱勢位置，並因此覺得容易受到傷害。

根據知行易徑的原則，我們可設計一些步驟去評估和增加彼此需要的相容性。例如，在伴侶輔導中，可讓他們了解各自的需要，以及他們之間的關係可如何調整，以使這些需要得到滿足。常用的程序是回顧一段對話錄像，以此探索他們的需要。按問題重構的原則，為這段對話提供反饋。這過程通常包括：（1）建立安全空間，讓參與者能表達滿足或未滿足的需要；（2）分析雙方的現況，了解彼此的需要；（3）檢視並處理不相容的地方；（4）通過創新性的重構，令彼此的需要更加相容，以及（5）發展所需的策略與技巧，以提高雙方的滿足感。

從初步接觸到建立關係

　　一般來說，親和的因素有助發展關係；這些都與接收和表達技巧，以及積極參與有關。如果雙方對初步接觸感到滿意，就可朝向長遠的關係發展，大家可增加共同活動。理論上，這些活動可加強信息的交流，亦會加深彼此間的了解和認識；但現實生活中，很多共同活動並沒有發揮這些作用。例如，一家人在同一屋簷下生活，一起吃飯、看電視等，卻可以沒有甚麼溝通。另一個例子是參與特定活動或俱樂部的成員，他們經常一起下棋或打牌，卻沒有增加對彼此的認識；成員可能會覺得這種關係還不錯，只要達到期望，就不會要求其他了。有些時候，人們參加這些活動是要滿足其他需要，諸如尋找歸屬感或身份、秩序、常規或穩定感，他們可能會側重於集體的關係體驗，在這些情況裏，當事人只是與這些團體或俱樂部建立關係，而非與人建立關係。

　　一般人會認為，我們都希望發展更深更強的關係，但對某些人來說，這樣的關係可能會構成威脅，即使那關係是他們所渴望的。處理強烈、親密的關係，就要好好管理自己的情感。按精神分析的理論，親密關係的先決條件，是鞏固自我或身份（Erikson, 1950, 1959）。就知行易徑而言，處理親密關係的能力，情緒上要有很高的自我效能感，包括掌握各種策略與技巧，即使在非常情緒化時，也能夠感到安全和有掌控感。

　　有些人並不想超越常規或功能性的關係，他們只想參與輕鬆的活動，即使這些活動並不特別令人興奮。這就是因為人們對於關係強度有不同的要求；知行易徑的立場是，最好讓他們有選擇。換句話說，如果人們已經具備建立感情聯繫的能力，並掌握了相關技巧，那麼對於是否發展更親密的關係，則是他們的個人選擇。相反，如果人們避免親密和強烈的感情關係，是由於害怕被拒絕、無

法應對、怕受到傷害或失去自我，或因社交能力和社會資源不足，
那麼他們便沒有選擇。根據我的經驗，很多人避免社交活動，是因
為沒有信心或沒有興趣；如果能掌握有關的策略與技巧，他們通常
會變得較為積極。

　　假如當事人缺乏興趣，必須區分這是對特定關係抑或對普遍關
係。出於不同目的，人們會維持不同類型的關係；這些關係並不需
要具有同樣的深度或強度。儘管社會假設某些關係應該特別重要和
親密，如伴侶關係，但知行易徑實務並沒有作出同樣的假設，我們
應該考慮的是：當事人的需要能否在目前的關係網絡中獲得滿足。
當事人可以為不同關係賦予不同意義，關係模式非常多樣，當中涉
及個人選擇、人格結構、文化、社會環境（如戰爭、政治衝突）等
因素。

　　此外，有多元關係的人並不需要在各種關係裏維持完全對等，
像社會交易理論所假設那樣，他們可以在一種關係中有所缺少，而
在另一關係中得到彌補。例如，一個人可在婚姻關係中滿足個人的
物質需要，在別處尋找親密的情感經驗和性快感。有些人在這樣的
多元關係裏維持平衡，有些人卻做不到。基於這種理解，我們可以
進一步探討如何發展更多與別人深入交流和分享的關係。

深入分享與親密

　　如前所述，即使大家一起參與一些活動，這些活動亦未必有利
深化彼此的關係。深化關係有幾項重要條件：首先，我們有多依靠
對方來滿足自己的需要。嬰兒和父母的關係是個很好的例子。嬰兒
幾乎完全依賴父母來滿足自己的需要，包括基本生存需要，這種關
係的情感意義非常重大。依戀理論（如 Ainsworth & Bowlby, 1965;
Ainsworth, Blehar, Waters, & Wall, 1978）認為，嬰兒時期所建立的

重要聯繫，亦即所謂「依戀關係」，對日後關係模式的形成有非常重要的影響。若果其他人只是滿足當事人不甚重要或次要的需要，那麼他不會對這段關係賦予很重要的意義。同樣，這活動有多重要，也視乎大家從中可獲得的滿足程度而定。

活動、事件和載意行為

活動和關係相互作用，是知行易徑的重要課題。穩固的關係通常涉及許多有情感意義的共同活動。情感意義可以是正面的、負面的，或混合的，而且形式廣泛，包括暴力、狂歡、性享樂等，也包括強烈感受，如經歷戰爭、自然災害、探險、遠征以及重大科研發現等。儘管許多事情不受人控制，但我們總可以學習怎樣面對，或處理所受到的影響。例如，我在海嘯和地震等[1]自然災害方面的工作中發現，跟失去親人的群體一起建立哀悼儀式，可以幫助當事人面對悲痛、發展社群意識。如何設計深化關係的活動，是一項重要的綜合能力。

約會中的情侶，顯然明白設計有情感意義的經驗是非常重要的，於是努力使經歷特殊而難忘。然而，這種創造力和熱情，往往隨著關係趨向穩定而減少，周而復始，變得機械化。一些高度儀式化的活動，即使受強大的社會及經濟力量推動，如聖誕節和情人節的大量消費，也不能產生持續的興奮和喜悅。許多人都希望超越自己的期望，獲得特殊體驗，但大多數人都難以脫離市場營銷專家和廣告商的構想，例如，消費主義機制幾乎全面控制了人對浪漫的想像（Illouz, 1997），現在大多數人心目中的浪漫，其實只是消費行為。

1　我是 2004 年南亞海嘯的倖存者，在當場作了不少心理援助的工作。於 2008 年汶川大地震後，我到四川參與災後救援工作；近年，亦有參與日本自然災害救援的顧問工作。

在知行易徑實務中，我們注重滿足情感方面的需要，並鼓勵人們創新。發展新的策略與技巧，就意味著創造性。在知行易徑的實務中，為伴侶進行心理輔導時，一個常用的練習是安排他們一起設計和實行愉快的活動，並為對方提供驚喜。在這練習中，前面章節所涵蓋的綜合技巧非常重要，當中包括接收、表達、溝通和親和。當事人藉此不斷拓展與伴侶、家人或朋友的活動方式。

載意行為是另一相關概念。在加強關係方面，採取有積極情感、關心或愛的行動，是非常有效的。例如，一位中年婦女會認為，假如丈夫能協助照顧她年老體衰的父親的生理需要，就是丈夫愛自己的證明。雖然消費市場教人在指定日子花錢買禮物，以儀式性的消費維持關係，但只需要一點點額外的愛心和想像力，已經可以令人十分難忘。

分享

除了活動和載意行為，討論共同關心的話題，也是另一深化關係的關鍵過程，這包括分享個人的想法，諸如宗教信仰、精神承諾、政治立場、價值觀、對某種社會或人文事業的承諾、對音樂或藝術的熱愛，這用保羅・田立克（Paul Tillich, 1973）的話來說就是「終極關懷」（ultimate concern）。生活世界是由這些想法構成，它們之間的關係複雜多變。某些人存有一個超乎一切之上的理念、信仰或原則，所有其他想法都服膺於此；另一些人的想法中沒有這種層級結構的觀念，各種思想之間是流動的；有些人的思想穩定一致，而有些人會經歷很多過渡和轉變。另外，並不是所有人都有明確的思想、原則和價值觀；當人不清楚自己的思考方式和信仰，也就難以告知別人。

實際上，共享是一種強調交流的活動。在知行易徑中，聆聽和

了解他人話語中的事實、態度、動機和情感的綜合接收能力，不僅可增強對他人的理解，也可提高自我認識。最能有效地提高這種能力，就是在群體環境中學習，包括在較小的群體，如家庭或夫妻。對方的反饋，常常可以增進對自己想法、態度、情感、需求和目標的了解。人們互相分享並發展更緊密的關係時，會著重於有個人意義的內容，並結合了接收、表達及親和的綜合技巧。

分享的內容包括需要和目標、感受和體驗。一般來說，分享的廣度和深度，會隨關係的發展而增強，有助於加深關係的內容包括：影響生活或人格發展的重要事件（如童年創傷、戰爭）、自己難以理解或接受的一面（例如曾被監禁、有精神病史或隱性殘疾、患上愛滋病等），以及其他不尋常的經歷或看法。一般情況下，人與人之間的互動和交流，從固有的傳統開始，這反映了社會或社群的主流論述。這些符合主流的思想、經驗和感受，較容易跟別人分享。隨著信任增加，人們會越來越願意分享生活中不完全符合主流思想的內容，或是那面與主流社會價值觀相異的人格。性小眾（sexual minorities）出櫃，就清楚地說明了這一點。在不接受非異性戀的社會中，他們出櫃的行為難以被認同或接受，而社會也不期望人們公開分享性取向；而在完全接受性小眾的社會環境中，這個出櫃的過程就不必要了。

一般來說，關係在深度、強度和親密度方面都有所發展時，分享的內容會從傳統到非傳統、從公開的到隱密的。這些內容可能是某些秘密、盼望或幻想，其他人甚至認為這是瘋狂或不適當的；也可能是一些令自己感到羞恥的事情，如曾被關押過或參加戒毒等；亦可能是痛苦或創傷的經歷，如童年性虐待、在戰爭或政治鬥爭中所受過的折磨；更可能是令人內疚的事情，如對去世的親人感到虧欠等。當事人在關係中分享越多的黑暗面，就會越加親密。不過，

這種進展不見得會在所有關係中出現，因為人們會選擇特定或相關的環境，來分享具個人重大意義的事。更確切來說，安全感是一個必要的條件，因為人不用擔心受到批評或要考慮背負甚麼後果，這解釋了在火車上（或在飛機中）跟陌生人可深入分享的現象，其他條件包括對方的理解和接收能力，以及可促進分享的情境因素，如私隱、在一起的時間，或觸發事件等。

框 11.1：建立關係

- 通過活動和事件的互動
  - 日常活動
  - 愉悅的活動
  - 個人重大事件
  - 儀式
  - 載意行為
- 分享
  - 思想、觀點和價值觀
  - 希望和願望
  - 經驗
  - 黑暗面、不為社會所接受的事物
- 滋養和維持：快樂與成長
  - 審美立場
  - 相互自我提升

　　儘管分享一般是在一段親密的關係中發生，但我們不能假設分享之後，關係發展就必定順暢。在家庭治療中，我常遇到伴侶和家人可分享各種親密經驗，卻無法共處一室，有時儘管一起經歷重要時刻，或分享了具重大個人意義的經驗，包括那些感到羞恥的，

或因社會制約而不會與其他人分享的經驗，但他們的關係卻每況愈下。更糟的是，有些伴侶或家庭成員會利用這些內容去攻擊對方，因而帶來巨大的傷害和怨恨。

培養和維持：快樂與成長

　　親密分享可以是建立穩固關係的一個條件，必要但並不足夠。知行易徑的實務中，經常提醒大家要不斷關顧和維持關係，在這方面，快樂和成長是兩個關鍵元素。要令關係得到持續發展，參與者必須從中獲得滿足和樂趣。正如上文提到的夫妻關係，設計和實踐愉悅的活動是一個重要的組成部份。在理想的情況下，彼此要不斷學習和發展新的策略與技巧，為大家帶來歡樂。這些原則已在活動、事件和載意行為的章節中詳細列出。

　　為了給伴侶帶來更多的樂趣和成長，要避免把一切視為理所當然，並學習從欣賞的角度去看待對方，這意味著在關係中要不斷發現新的驚喜，並找出令大家愉快的元素。從心理上來看，重複經驗所帶來的刺激或激勵會逐漸減弱，這稱為反應的抑制作用。在日常生活中，人們會說對某事越來越厭倦。不過，認為所有重複的事件的價值會越來越低，這是過於簡單的評論。有些人需要重複的事件和經驗才感到安全。重複和新奇之間如何取得平衡，視乎具體情況而定，同一人在不同時期也有變化。

　　要持欣賞的立場，我們便需要關注對方，包括注意對方的改變。知行易徑的一個關鍵思想，就是盡力擴大選擇，並努力擴充策略與技巧。發展欣賞立場時，需要結合思維、情感、動機和行為策略。思維方面，是指當細心回顧生活和四周環境時，心存感恩，並懂得欣賞。生活在西方社會中，我們可能會覺得普通生活很理所當然，但這其實是世界上大多數人無法企及的。想一想，居所穩定、

可自由移居到不同城市、擁有清潔食水的環境、受法律保護和行使
政治上的權利、享受銀行和金融服務的便利、不受暴力和迫害、市
場流通、隨時可接觸國際文化藝術等，可感恩的事情實在很多。

　　在關係中，學習欣賞他人的行為是一個好的開始；如果無法欣
賞，不妨了解這些行為背後的成因。人的吝嗇，可能是因為年幼時
經歷物質或經濟上的匱乏；一個人如果過於重視其他人的意見，或
許他曾遭受過父母和權威人物的嚴厲批評。在知行易徑的學習中，
當事人可通過三層次的欣賞練習（發現、記錄和表揚），包括記錄
對方在生活中表現出的正面品質和讚賞對方的創意，如舉辦小型的
表揚活動（例如，在家庭聚會或工作小組會議上讚賞某人、在小型
聚會上給某人頒獎）。這樣的練習能強化欣賞的立場。在小組活動
中，參加者都喜歡分享發現、記錄和表達欣賞各種主意。

　　很多人在採納欣賞的立場方面沒有困難，但對於有情緒困擾的
人而言，卻不易做到，尤其那些受過感情傷害的人，如曾遭遇伴侶
欺騙，那麼我們便先要承認當事人的情緒問題，並協助他處理。在
一些情況下，當事人探索一段關係之後，決定不想維持下去；這
時候，我們可協助他轉換或終止這段關係，這在後面的章節會再探
討。如果當事人仍願意維繫這段關係，協作管理的方法就可以處理
這種情緒困擾，第九章「知行易徑的情緒工作」已介紹這程序。

　　採取欣賞的立場會加強正面的生活態度，這正是知行易徑一個
關鍵的特徵。進一步發展欣賞立場，可促進相互的自我提升、培養
關係、有利大家成長和發展，這包括給予對方成長和發展的空間，
保持良好的溝通，並提供正面反饋和實際支持，以增加對方的自我
效能感。在理想的情況下，伴侶關係可以得到發展，而雙方亦能從
中一起成長，產生相互的滿足和支持。

　　相互自我提升的策略與技巧，包括從肯定對方強項的充權性反

饋，到支持對方接受專業培訓或研究生課程、改變職業生涯或追求存在的意義和滿足。最重要的是雙方一起進行自我提升，而非一方給予另一方不平等或單方面的安排。共同提升的關鍵因素是：(1) 回應對方的需要；(2) 尊重對方的成長和個人空間；(3) 注重權力平等，明白自己的言行可為對方充權；及 (4) 提供實際支持。如果一方的成長和發展得不到重視，會引致過度依賴，或受到過度控制和壓抑，這很可能對雙方關係和個人狀態產生不利的長期影響，極端的例子包括過度保護子女和家暴。在這種關係中，具有更大權力的一方會利用、維持或控制對方的依賴性，從而保持甚至擴大權力的差異。常見策略是限制其他人（子女或配偶）的生活或活動範圍，並發出權力虛化的信息，令對方感到一旦要離開自己時，就變得無能為力。

鼓勵對方成長和發展。對此，有些人擔心這會減低對方對目前關係的需要，導致關係破裂；很多伴侶和家長都抱持這個觀點。這涉及我們怎樣看待關係，人們在人際關係中有不同的需要和動機，亞伯拉罕·馬斯洛（Abraham Maslow, 1943, 1971）提到兩種截然不同的驅動類型。一是 D 驅動，指的是缺乏（deficiency），另一種是 B 驅動，指的是存有（being）。D 驅動是基於對某些東西的缺乏，例如對食物、住所和安全等方面的需要，得到之後就會感到滿足。相反，B 驅動則是針對實存層次的追求，例如真、善、美、整全、完美或成全等品質，而非物質性的東西。這些追求並不會因為獲得某些物質而滿足，而是在得到滿足感之後還可以不斷伸延下去。這觀點與羅傑斯（Rogers, 1961）對於個人發展的看法遙相呼應。

按照知行易徑強調多項應變的分析，人們的動機各有不同。許多人建立良好關係是出於務實的考慮，例如為了達到特定的目的或目標。相反，為尋求個人成長或相互自我提升而建立良好關係的只

工作表 11.1：三層次欣賞練習（發現、記錄和表揚）

成員姓名：

主題：（你要更欣賞的人）：

日期：從　　　　至

發現

從現在起到下一次會議，你要找出對選擇的對象真心欣賞的東西。例如：

- 向你或他人做出的積極響應：任何回應都可以，如讚美、幫助、服務、援助、禮品、友好
- 任何積極質素：技能、經驗、態度、外表

記錄

記錄你的發現，以及你認為合適的表達方法：

日期	你所欣賞的	表達方式

表揚

- 直接反饋：直接向對方表達。卡片、電子郵件、短訊等都可以（注意：避免諷刺！或者任何會被理解為有諷刺意味的內容）。
- 公開感謝：選擇適當的場合，公開表達謝意。像家庭聚會、小組會議、聚會，或臉書發佈（注意：請確保所講話題不會令人介意，如果不確定，可以改為直接反饋的方式）。
- 表彰活動：與適當的觀眾（可以只是你和對方兩人、朋友圈、家人、孩子的面前）
- 舉行小型活動（例如，頒發小獎品、發表講話）

佔少數。即使有人願意持續成長、發展或超越自我，也不會在所有關係中尋求這些。當然，追求自我實現的人仍可能維持一些較務實的關係。考慮到生活世界的關係網絡，大多數的關係都較務實、有特定的目的，並不以持續成長和自我實現為目標。我們希望每個人的生活世界中都有某些關係，可以推動他持續成長和不斷探索存在意義。作為學習系統，知行易徑為當事人在建立各種關係上提供支持，從滿足一般需要的務實取向，到實存或超越性的探索。基於這立場，以下原則應有助培養和維持大多數的關係：（1）切合對方的需要和願望，因此，知道關係的意義及對關係的期望；（2）適當的立場；（3）相互自我提升。

個人生命歷程和關係的生命周期

一段關係的生命周期，亦即我們感到需要或想要維持這段關係的時間。隨著人們經歷不同的人生階段，他們會建立新的關係，一些早期關係便會逐漸淡出。有些人偶爾會為多年沒見的兒時朋友傷感，但人們大都能接受一些關係的重要性會隨時間或生活環境轉變而慢慢消減。在生命歷程中，每段關係都會面對改變，我們要明白到這些關係都有生命周期。以親子關係為例，其性質和動態必然在不同的人生階段改變。起初，父母是孩子世界的核心，孩子幾乎完全依賴父母。隨著孩子長大，父母的重要性會逐漸降低。在某些人生階段，孩子會脫離父母，尋求自由和獨立。

如果在關係中，大家對各自的需要和期望無法達成共識，就會產生緊張或矛盾，這些需要和期望都受各自的人生階段所影響。在婚姻關係中，很多人期待這關係會歷久彌堅，但實際上，雙方的需要和期望卻難以保持一直相容。實際上，由於人們不斷成長和改

變，要在一生中持續維持各方面的兼容，實在非常困難。由於個人的成長和改變，特別是在大都市的社會環境中，人們不斷會結識其他人，長期維持親密關係就變得不容易。知行易徑的重點，是發展和管理這些關係，以滿足當事人的需要，關係的轉變有時可以實現這目標。如果保留關係時，個人和情感的代價大於益處，便要調整關係的重要性和強度，甚或考慮終止關係，因為有時終止關係可能是當事人最佳的選擇。

轉化和終結

實際上，人們在生活中常常會轉化和終止關係，如果這些關係不太重要時，我們不會加以關注。如上文所言，人們的需要、期望和目標會隨著不同的人生階段而改變，並且在生活世界裏所佔的位置和所扮演的角色都會隨之改變。很多人都經歷過與生命早期較重要的人失去聯繫，或疏於聯絡。這種和兒時朋友、老師、同學等隨成長而分離，非常普遍。當人們不想結束一段關係，但在維繫關係上感到吃力時，可考慮尋求專業的幫助。

儘管知行易徑立意要成為有效的系統，幫助人們學習和制訂策略與技巧，以處理生活中的各種挑戰，但我們必須認識到，不論介入系統如何有效，它都不能阻止人要決定改變或終止關係。知行易徑這介入系統亦有它的限制，例如當事人接受婚姻或伴侶輔導之後，最終也可能分居或離婚。知行易徑的基本立場是，關係因人而定，選擇培養及維持，或改變、終止關係，與它能否滿足各方需要有關。因此，在各種相關的背景下，我們有必要探討關係轉化和終止的過程，如何更有效地滿足人們的需要。

轉化

　　關係會不斷改變，即使是一段穩定關係，如一同生活的伴侶，就算他們維持恆常的活動，不刻意追求創新，也沒有給共同生活注入新體驗，關係還是在變化中。人對同樣事情的體驗會隨時間而改變，老化就是這樣的一個過程。當生活世界的其他方面在轉變的時候，那些表面上不變的關係也會自然改變，例如生活中伴侶或配偶的角色和重要性，都會無可避免地隨時間而變。在這過程中，很多人體驗到的是「被轉變」，而非他們主導或掌控轉變。事實上，知行易徑介入的常見任務之一，是讓當事人了解自己在關係中的角色，這與我們的理念一致，即強調人的主動性和人與環境之間的相互影響。

　　前面曾提到，關係裏微不足道的轉變，不會引起人們太多的關注。因此，我們主要探討論關係裏較顯著或重要的轉化。這種轉化與人生發展階段有關，馬勒（Mahler, 1963; Mahler & Furer, 1968; Mahler, 1972; Mahler, Pine, & Bergman, 1975）所描述的分離個體化的過程，其中涉及母子關係要如何轉變以過渡每個階段。這一過程中，孩子發展對自我和人際關係的認知、情緒調節，並且變得更獨立自主。儘管發展心理學家對於甚麼是健康或正常的發展，都有不同的觀點，但「孩子與父母的關係必然經歷重大轉變」這事實，可能為所有發展心理學家所認同。當轉化危及成長和發展，或不能達到理想結果時，問題就會產生。

　　知行易徑協助當事人在人生不同階段更好地適應關係上的轉化。例如，一位長者需要入住老人院，以獲得照顧和關懷，但他的伴侶可能更適合在社區生活，這時候兩人的關係會有所轉化。在日益全球化的環境下，越來越多的人搬到遙遠的城市或國家，而伴侶或家人無法隨行。除了身體狀況或地域的變化，關係亦因著意外事

故、疾病、失業，或重大的社會或經濟處境變化等而發生改變。

　　關係轉化也可以為當事人的處境帶來改善，若轉化能更有效滿足需要時，這通常不會被視為問題。但當轉化威脅到至少一方的基本需要，就會成為問題。知行易徑的重點，是幫助雙方滿足需要和實現目標，一般情況下，如果雙方關係轉化後能達到這些目標，實務人員會努力協助當事人制訂新的策略與技巧，包括積極和開放的溝通，令關係能順利轉化。然而在某些情況下，可商量的餘地非常有限，例如，子女長大後找到新工作，並搬到另一個城市。如果關係轉化將無可避免地損害一方或再無法滿足雙方需要時，人們就要在其他地方、其他關係或新的關係中尋求滿足。這原則也可以應用在關係終結方面。

　　就轉化關係進行協商時，人們可學習如何更有效應付這個改變。互相理解對方的需要，包括對關係的看法和觀感，也許是最重要的第一步。發展有效溝通技巧，交流彼此的需要、觀點和情感會很有幫助。在關係轉化的協商中，如培養和維持關係，以互惠角度去考慮需要，令雙方的關係得到妥善安排，至為重要。關係轉化的協商會以不同形式出現：一次良好的交談，或長期的對話及調整過程皆有可能。很多組合技巧，如接收、表達、溝通、關係培養及維持等，都可以應用到這個過程中。一般來說，以下步驟有助於適應關係的轉化：

　　（1）了解轉變情況（例如，老年父母搬進療養院、成年的孩子離家、身邊重要人物移居到另一個城市或國家）及其影響；

　　（2）認識雙方必須經歷的轉變（例如，適應新的環境、失去某些機會或自由、學習新技巧、建立新的關係、增加或減少責任／角色）；

　　（3）意識到雙方的需要將受到影響（例如，聯繫／陪伴／親密

關係、獨立／依賴、自主性、身份、經濟安全、實現和自我實現等）；

（4）對於以上情況進行有效溝通，清楚表明自己需要的同時，亦尊重對方的立場；

（5）一起探索可能的選擇，對創新理念保持開放的態度；

（6）了解讓步或妥協的限度，包括何時放棄。

如能協商出雙贏的方案固然很好，但大部份情況下，難以避免至少一方的需要得不到滿足（例如，對你重要的人搬到另一城市或國家）。因此，可能要通過發展新的關係，或加強某些現有關係，去滿足這些需要。關係轉化或發展新的關係所要的策略與技巧，已經在以前的章節中討論過。在知行易徑實務中，我們認識到為了滿足需要，從一段關係轉移到另一段關係，並不是簡單的機械轉換過程，它涉及感情投入。第九章有關情緒的部份內容與此有關。面對處於成長期並日趨獨立的孩子，家長可能感到不被需要，或許他希望感到有用或重要。在這種情況下，如果他能從其他關係或活動中得到認同，例如參與義工服務、更多地投入工作或事業、開展一門生意、飼養寵物等，這些策略或會起一些作用。我們要小心處理關係轉變的過程，因為這通常涉及到關係裏的情感部份。

當關係轉化，人們有時會感到失望、被遺棄、被出賣、被拒絕，甚至覺得受到不公平的對待，涉及的情感範圍廣泛，包括怨恨、憤怒、悲傷、羞恥，甚至缺乏存在感或感到空虛。這些情感體驗往往有相應的潛在認知，而認識和承認這些情緒，是幫助當事人適應轉化的必要步驟。多年來，我曾幫助過很多人處理關係的轉化或終結關係，從中我學到重要的一點，就是維護當事人的自我價值或自我意識。很多時候，即使有些人的人際交往和社交能力很強，但他們也希望所投入的關係受到重視、承認和讚賞。如果我們對這

種額外、時常未能得到滿足的需要加以肯定，介入將會更有效，因為關係中的另一方，可能極少表現出這種欣賞或積極反應，甚至不會在短期內有所表示。

有時候我們也需認識到，雖然需要可從其他安排中得到滿足，但要得到同樣程度的滿足感並不容易。對某些人來說，在兒童住院照顧服務裏做義工，可得到孩子的讚賞和重視，也帶來與照顧自己孩子類似的滿足感；但對另一些人來說，這兩者可能有很大的不同。就像某些人可以接受健怡飲料和代糖，而其他人則渴望真正、無法被替代品滿足的飲品。在這種情況下，承認當事人的實際體驗是一個很好的起點。我們必須認識到，有些關係的品質有可能永遠無法被複製或替代，至少從當事人的角度看如是。直接的替代品可能被某些人認為對原有關係的褻瀆，因此我們需要探索另外的生活設計，而不是簡單的替代。總的來說，提高自我效能感，並同時擴充策略庫，以針對其他相關需要所帶來的快樂和滿足。

例如，孩子長大離家，這是世界各地無數嬰兒潮時期出生的人的共同經驗，而這種關係的轉變是非常顯著的。許多家長能順利過渡，學會享受自由和成長的新階段；有些人則經歷失落、混亂、驚惶失措，甚至患上抑鬱症。顯然，不同的人會對父母角色賦予不同的意義。對於一些人來說，為人父母要處理的瑣事繁多，在成功過渡最艱巨的親子階段後，他們會得到一種滿足感。然而，有些人卻仍會把自己的身份局限於家長角色，並用它去設計生活結構或秩序。這些不同需要，可以解釋人們對親子關係轉變的不同反應。

重要關係發生轉化時，生活世界中的平衡不可避免地受到干擾，有時是一種變相的祝福。如果充份把握機會，我們能過渡到豐盛的生活。有關老齡化和生命歷程的人類發展心理學家和研究人員，會用不同方式去幫助人們為這些轉變作好準備。知行易徑嘗試

提供有系統的步驟，來幫助人們發揮最大潛力去滿足需要，並通過對處理關係的轉化，實現目標和願望。再者，知行易徑的原則和程序，可應用於不同的人生過渡階段。不難想像，知行易徑介入可幫助人們經歷種種轉變過渡：兒童開始上學、年輕人上大學遠離家鄉、夫婦領養兒童並開始養育、新移民進入新國家、老年人搬到退休住宅等。

關係終結

在許多方面上，處理關係終結和關係轉化相類似。理論上，終結可以理解為一種轉化。因此，以上有關轉化的討論也可適用於關係終結，不過有些特定情況更多在關係終結時出現，例如，哀悼和悲痛，或是關係終結的不可逆轉性，不論是事實或只是當事人的主觀感受。關係終結會引起更波動的情緒，令很多人感到難過。我們在教育體系和社會化的過程中，很少處理關係終結。即使在專業心理諮詢師和心理治療師的培訓計劃裏，關係終結也不佔有重要的位置（Gelso & Woodhouse, 2002; Joyce, Piper, Ogrodniczuk, & Klein, 2007; Zuckerman & Mitchell, 2004）。在本節中，我們將著眼於具體的處境，如死亡、分手、分居和離婚，描述如何用知行易徑程序，來幫助當事人應付生活中這些挑戰。

我的同事霍華德·岳雲（Irving, 2002; Irving & Benjamin, 1995, 2002）建立了治療性家庭調解系統，協助夫妻處理離婚過程。他結合心理治療的原則和調解程序，幫助夫婦調解在分居和離婚過程中的張力和衝突，這些衝突往往極不理性，並具高度破壞性。這種方式的積極結果之一，是更理智的處理過程，讓雙方考慮各自的利益和孩子們的福祉，並就最佳安排進行協商。我曾與他一起培訓實務人員，將這一系統進行跨文化的應用。如希望進一步認識這系統，

可以直接參考他的著述，本節側重於如何應用知行易徑的原則，特別是在不可能給夫婦一起做輔導的情況下，因為身處分居、離婚過程中的夫婦，往往有不想一起接受輔導或治療的情況。

有些人將終止婚姻當作一種轉化經歷；有些人選擇繼續與前任做朋友。另有一些人的分居和離婚經驗，不僅僅是轉化或終止關係，而是感到整個生活世界的秩序被破壞、身份受威脅、喪失社會地位、經濟出現危機、感到嚴重挫敗、創傷等。如果涉及兒女，更要注意分居或離婚對親子關係的重大轉變，以及對兒女生活的破壞。

鑒於個案的多樣性，有待滿足的需要、相應的策略與技巧都會有所不同。雖然可參照處理關係轉化的步驟，但關係終結有時會涉及更多的介入程序。以分居和離婚為例，生活世界的多個方面都會受到影響，包括自我意識和身份。有些人的過渡較容易，很快就能在新的關係裏獲得滿足感，但有些人幾乎要完全重新設計自己的生活世界。至於所發展的策略與技巧的範圍，顯然是因人而異，沒有標準程序可循。按照應變原則，知行易徑的介入包括以下內容：

（1）評估關係終結的影響：很多人的生活中，伴侶關係佔了核心位置，所以必須小心檢視這主要領域所涉及的需要。伴侶關係，特別是以婚姻形式出現的，是受到社會廣泛支持，在人們獲取各類資源，如社會、文化和個人資源時發揮很大作用，這些資源對於滿足各種需要都非常重要，包括住屋和食物的生理需要，以及友誼、經濟穩定、情感支持、性滿足、社會地位、身份甚至個人的成長和發展等。人們越依賴伴侶或婚姻關係來滿足需要，終止這關係所帶來的影響就越廣、越深，要應對也就越加困難。如果涉及兒女，就要著重評估兒女的需要，因為他們很依賴父母來滿足需要，這方面往往被成年人忽視、誤解或低估。

（2）評估情感和個人影響：離婚處理，特別是處理高難度的案例時，我們經常會發現，相比物質和實際方面的需要，涉及感情和個人影響的需要佔據更中心的地位。憤怒、悲傷、背叛、怨恨、內疚、恐懼和許多其他強烈的情緒，有時看似過於強烈，卻往往是個人歷程裏最生動的反映，應要好好處理，下文會詳加論述。其實，這些情緒經常反映了對自我意識和生活世界秩序之損害或威脅，我們經常用**創傷**來描述這樣的經驗，它是指破壞生活世界基本秩序的重大事件。根據這個定義，分手、分居和離婚是創傷性的，對伴侶和孩子都是如此。無論是成人或孩子，受到創傷後都會經歷一個長時期的自我懷疑，並感覺自己的世界支離破碎。孤獨、脆弱和無奈的意識會逐漸增強，令人感到軟弱無力。所以，知行易徑將優先處理自我、秩序和生活世界的設計。了解關係終結對自己來說有些甚麼感情和個人意義，這是一項重要任務。在初始接觸和評估階段，須注重了解當事人所經歷的影響。在以後發展策略與技巧的階段，我們注重自我效能感，使當事人可以積極回應，採取主動，保持掌控感和自主性。對於分居和離婚，知行易徑介入成功的組合技巧，是對自己有良好的感覺，並有掌控感，這種掌控感表現在兩方面：對內部體驗，如感情、思想和行為的掌控，以及對外在生活世界的掌控，包括日常生活和角色的設計。

（3）情緒方面的工作：按照第九章中所描述的情緒介入，關鍵的任務是促進當事人對自我情緒的探索、覺知和接納。要促進當事人接受這些情緒，我們可以對之進行正常化，創建和維護安全的空間，以便當事人處理情感問題，而不必害怕受到批評或壓制。能夠感應和接觸到自己內心的情緒，是組合、表達和滿足情緒需要的先決條件。

（4）審視當前的策略：當感到自己和生活世界受到威脅時，所

採取的策略未必合乎自己的最大利益。經歷分手、分居、離婚或失去伴侶的人，常常感覺受到威脅，所採取的行為往往弄巧成拙，甚至造成很大的破壞。在極端情況下，這些行為包括暴力、濫用毒品、魯莽、性放縱、犯罪以及自殺等；有些人即使不採取這些極端手段，也可能會使用其他不能滿足需要的策略，如暴飲暴食、過度消費或社交退縮等。知行易徑介入過程的關鍵，是在於幫助當事人採取合乎最佳利益的、行之有效的策略，以解決個人和情感的需要，並且顧及孩子的福祉。

（5）重新設計生活世界：分手、分居或離婚會帶來廣泛的影響，而社會主流論述都傾向支持婚姻關係，許多人於是很難想像結束婚姻關係之後可如何生活。讓當事人根據自己的需要、目前的能力和資源，重新安排生活，對於重新設計滿意的、愉快的，甚至促進成長的生活，可發揮充權作用。

（6）策略與技巧：評估和審視終止關係後的生活，就可以確定當事人所需發展的策略與技巧。本書反覆強調，每個人須要學習的都會有所不同：從情緒管理和認知重構，到尋找新的樂趣或目標，自我提升，尋求社會和經濟上的獨立，回應其他人的負面反應，處理因受批評而產生的內疚感，承擔家長（單親或雙方）責任，維持或擴展社會網絡等。知行易徑的程序，按照當事人的需要、目標、應對方式、能力和可用資源等，量身裁衣。

（7）系統性的學習：一旦設計好當事人的學習項目，就可幫助當事人展開學習，按部就班，逐步掌握所需的策略與技巧，以達到目標，逐步建立新生活，滿足需要，甚至促進個人成長。

這些程序也適用於兒童的工作。正如上面所提到的，父母分手、分居或離婚，意味著雙方的親子關係亦會改變。在某些情況下，孩子與父母一方或雙方的關係也會終止，他對這個過程往往感

到無法控制。所以，介入時應注意要幫孩子獲取和解讀所需的信息，並在思維、情感和應變行為上，為他們做好準備，這是很重要的任務。成人常低估孩子對離婚及其過程的理解能力（Moxnes, 2003），而知行易徑程序採取有效的需要評估和問題重構，與孩子直接工作，或幫助父母增強相關能力，使他們與孩子溝通有關分手的事情，並幫助他們順利度過這一過程。

死亡

心愛的人去世，跟終止重要關係有著類似的過程，如經歷喪失[2]、生活世界受到不同程度的破壞等。死亡是最絕對的關係終止，因為我們不能避免經歷死亡，也不能逆轉死亡；我們可控制的範圍很少，亦是生活中極難應付的事件。這跟其他破裂的親密關係不同，對方的死亡是當事人無法控制的。知行易徑幫助當事人面對親人或心愛的人離世時，有下列的原則：

（1）大家對死亡的體驗各有不同：親人去世對各人的意義不同，與死者的關係是決定生者反應的關鍵因素，而其他要素包括雙方年齡、死亡原因、死亡是預期或突然發生的、生者所處的人生階段、以往有關死亡和喪失的經驗、自我效能感、支持系統、文化和宗教等。例如，家暴受害者在施暴人去世時，與成年子女對年長父母（並關係密切）的離世，大家的反應會很不同。因此，知行易徑不會假設人人的經歷都是一樣，而是相信大家的反應各不相同。所以不會採取統一、規範的處理方法，這是較為實際可行，可為當事人打開表達經驗、情感和思想的渠道，並允許採用創造性的策略去應變。

2　英文原文為 loss，可泛指喪失、損失、虧損和失敗。

（2）當關係所帶來的滿足感消失，尋找替代的功能：評估當事人的需要時，須審核已失去的關係所具有的功能。在離婚的情況下，這種關係在滿足孩子各方面需要上極為重要，包括資源、經濟、情感和社會性需要等。在某些情況下，這種關係的功能是有限制的，當事人並不是很依賴與死者的關係去滿足需要。當因為死亡而令原先的需要無法滿足，處理原則和程序可遵循前面章節中關係轉化和終結的內容。

（3）處理個人意義：一個重要人物的死亡所蘊含的意義，往往不限於滿足當前的需要。例如，獨立生活多年的成年人失去父母，可作為明顯的例子。從某種意義上說，這些人不依賴於與死者的關係，以滿足他們的需要，但他們仍會體驗對個人的重大影響。在臨床實踐中，人們往往經歷悲傷、內疚以及許多其他強烈的情緒。死亡也引發很多人去重新審視生命的意義，導致不同的反應和結果。正如上面提到的，知行易徑在實務中尊重個人的經驗，不會定出規範去界定甚麼是正常和健康的悲傷。相反，我們希望了解這段關係對當事人的意義，以及他希望怎樣應對，然後協助當事人實現他的願望。

（4）繼續生活：如何生活下去，這可能是各種幫助當事人應對身邊至親死亡的共同目標。知行易徑的特點之一是漸進。當事人需要學習構想下一階段的生活，有些人需要更多的時間來改變生活世界的時間結構。至親的死亡往往會為當事人帶來追溯性思索，除了重新審視生命的意義，也包括回憶、悲慟和悲傷。很多時候，要解決長期存在的衝突或累積的情緒問題，就須重新回想起逝者的生活，以理解其處境、經驗、決定和種種行為。逝者可能曾對當事人造成莫大的傷害和痛苦，而這一回顧過程，可以幫助當事人對生活世界有所領悟，隨後導向和解與寬恕。對大多數人來說，回顧是必

須的，因為這回顧過程有利於他們重新投入到現在和未來的生活中去。在知行易徑實務裏，可通過情感體驗和認知過程去理解當事人的動機，及照顧到他們未獲滿足的需要。這些需要包括和解、寬恕，以及處理對死者的不滿或矛盾。這些回顧過程，可以經時間重構，集中到需要和目標，如「你想減少對父親的內疚（回顧），這樣你可以恢復平和的心態（現在和將來）。」

（5）學習與發展：學習和發展本質上是面向未來的。當我們鼓勵當事人學習時，其實也在同時進行多項任務。舉個例子，當我們對一位當事人說：「你突然發現，在解決與她的情感緊張之前，就要面對她的死亡，這是一件很難的事。你沒有準備好。你可能需要學習如何處理它，以及它對你目前和未來生活的意義。」首先，我們認識到當事人的需要和願望。學習範式展示了變化和改進的可能性，從而產生希望。與當事人一起進行明確和以未來為導向的探討，可幫助他們走出不斷回望過去的框架。知行易徑方法總是包含著正面重構。學習的需要不會被視為匱乏或病態，而這種觀點有時隱含在其他臨床治療裏。一旦當事人開始學習程序，就會進入積極狀態，而非充滿著孤獨、脆弱和無助感的被動模式。

轉化或終結

在上一節中，我們主要將死亡作為關係終結來處理，但在現實情況中，很多人仍與死者保持連繫，即死者仍然佔他們生活的一部份。許多當事人經歷了這樣的過程，有時會形容與死者和解，或建立了新的關係，或感到與他共存等。知行易徑將這些視為功能性的轉化，並評估它滿足當事人需要的價值。因此，我們能夠把死亡看作關係轉化的過程，而非當作終止來處理。將死亡作為轉化或終

結，主要取決於怎樣構建現實，這些在不同標題下已經討論過，主要是提供概念基礎，以便建立明確介入的方向和進程。在實務中，當事人對建立和維護、轉化或終止關係的次序，未必一致。他們的需要和願望、不斷擴大的策略與技巧庫，以及不斷增長的自我效能感，是實務中需關顧的重要事項。

總結

　　本章討論應用知行易徑原則到人類生活中最重要的一個範疇——人際關係。如前所述，建立和保持積極的關係，對身體、在社會中生存，以及個人成長和追尋好境，都至關重要。知行易徑正視當代生活中的多重挑戰，包括社會節奏急速、生活多變和關係不穩定等，而且致力於幫助人們根據需要和願望管理其關係與生活。本章強調知行易徑原則的靈活應用，這些原則基於人類經驗的應變性，倡導個性化或應變性的介入設計。

第十二章

工具性任務

工具性任務

我們的人生目標大部份都是透過人際關係和社會環境達成的。我們很多時會發現這些目標是帶有工具性的,即是我們只希望把事情辦妥,達到指定目標,就此結束,並不期望在完成目標後與對方繼續維持人際關係。這種人際關係只為一個實際目的而存在,因此是次要的及附帶的。在日常生活中,我們可能在各種情況下,只求達成工具性目標,例如,向警察求情免拿告票、找工作、在陌生的地方受一個可信的司機接載並享受最優惠的車資;又如申請成為某國移民或居民、購買或出售物業而建立的人際關係等。由於範圍廣泛,這一章顯然不能涵蓋全部的話題。事實上,在不同領域上已有大量相關的資訊,包括自助或自己動手做(DIY)手冊、指南和報刊專欄等。本章根據知行易徑的原則,針對一些較常見的情況,概述實現工具性目標的方法。

最重要的是臨場表現

自助指南通常是由熟悉該領域的專家撰寫,而所提供的信息大部份是非常有用的。我們相信知識是力量的來源,如果能善用這些

指南和手冊，可以從此得益。不過，使用這些指南和手冊的主要限制，不在於材料本身，而在於當事人學習的過程。首先，人們未必能完全貫徹地跟從這些文字去學習，購買手冊後能實際遵循指示的人實在不多（Clark et al., 2004; Curry, 1993）。

另一個關鍵問題在於知識和行動之間的差距，本書開首已提及，而且各人將文字轉化為行動的能力亦不盡相同。在知行易徑實務中，我們發現人們往往需要更多的體驗和互動學習，包括觀察學習、訓練、模擬、反饋、在現實生活中排練等。在大多數情況下，我們都需要遵循知行易徑程序來設計工具性策略與技巧的項目，亦即問題重構，然後才制訂目標和系統的學習策略與技巧。

知行易徑期望學員在現實生活中能有效執行工具性任務。在多項應變思維的基礎上，它是一個靈活開放的學習系統，能將種種指南和手冊的部份內容納入其中。試想某人只靠閱讀有關節食及運動的書去減肥，對比同一人在有教練的指導下，參與有規劃的小組學習，並有小組成員提供情感支援和有用的反饋、安排在家運動的時間表、一起討論障礙或挫折、分享類似的經驗和有用的資訊，例如購買推薦產品的地方等。如此一來，我們就不難看到精心設計的小組學習計劃有更大的優勢，因此成功機會也相對增加。雖然有些人可透過自學而成功，但是我們也不排除學習群體支持的重要。就監測個人飲食習慣而言，一個人很容易忽略一些重要的社會因素，例如選擇和準備食物的方法，以及外出和其他人一起用餐時的影響；在這些情況下，單憑閱讀有關資訊就未必能達到最大的成效。在知行易徑的健康教育項目中，我們重點幫助人們去了解自己的需要和行為、應對社交壓力，以免選擇不健康的食物。

在現實生活中，表現出來的結果才有價值。知行易徑以個人或小組形式介入，支持人們精心設計的項目和有系統的學習過程，去

實現工具性任務，並且達到預期結果。介入針對相關的具體問題和挑戰，幫助人們有效應對。

工具性及非個人化

完成工具性任務後，關鍵的策略是持續關注結果。工具性任務往往容易受到其他與原先目標無關的因素影響，例如人們感情用事，採取的應對方式是為了滿足情緒上的宣洩，而不是要把事情辦好。我自己在跟種種官僚系統的交涉過程中，就有許多令人沮喪的經驗。這些機構花了數百萬美元培訓員工，並設立自動回覆系統，以保障公司的利益，卻不是應對客戶的需要，這些員工只會激怒像你我一樣的普通客戶。很多時候，不管這任務是保險索償，或是更正收費過多的電話帳單，我們一旦感情用事，任務往往無法完成。

當我們過於情緒化，或把事情個人化時（歸因到自己或他人身上），往往無補於事，所以需要認識到這些互動並不是針對自己。我們必須體恤與我們交涉的人其實也處身於行政管理系統之內，只擁有非常有限的酌情權，必須按照標準程序處事。實際上，他們受訓練學習的應對技巧，只針對指定目標，卻忽略真正關心客戶或服務對象的需要和共情反應。我曾經接觸電話接待人員，他們可能要面對各種呼喝、譏諷和斥罵，甚至有人因為忠誠地遵循固有的指示，受過恐嚇。我也聽過在另一端的客戶們的感受，因為不能得到所需要的服務或資源，感到失望、沮喪、受到欺負，甚至感到受虐而非得到應有服務。

我在未有得到任何實證支持的情況下，建立了一個略帶刻薄的理論：對於那些傾向以惡劣的態度對待服務對象、並樂在其中的企業或政府低級僱員，我認為他們在小事上作弄別人的傾向，與

他們的實際權力和酌情權是成反比的；而跟我們打交道的員工，通常是行政系統中較沒有權力和裁決權的。實際上，實驗心理學家做過一個研究，證明地位較低的人更易於濫權（Fast, Halevy, & Galinsky, 2011）。我們明白到這個理論，就可以避免在面對對方濫用權力時，感到對方在針對自己。這理論的第二個假設是，在既定位置上，總是有態度好和差的人；而讓一個人傾向於態度惡劣的其中一個原因，就是這人生活中缺乏滿足感。理論由此推斷一個態度差的人，很可能也是個不快樂的人。試想像你專程駕了遙遙路程，打算和孩子參觀博物館；可是，你剛好在休館前一小時才抵達，因此遭受職員四處留難，不讓你進館。按照這個理論來分析，這個留難你的職員平時的生活應該是相對不愉快的；如果你能從這個角度去想，就知道他這種生活已經是一種懲罰，他把別人拒諸門外來確保自己能準時下班，可能已經是他這一天或一星期中僅有的興奮時刻。

有時，我們也會遇到有實質權力或酌情權的人，他們的權力確實可以大大影響我們的生活。他們可能是拘捕你超速駕駛的交通警察，或決定你在外地居留權以致影響你在未來三年與父母團聚的移民官，或有權裁定罰款或監禁的法官。在這種情況下，工具性態度就是對我們最有利的方式。我們需要學習區分工具性操作和以人際關係為導向的操作。一些人因為工作性質，例如政府官員、推銷員、廣告商和公共關係專業人士等，經常將溝通方式，甚至是經營模式，設計得具誘導性，想令我們將這兩種操作混而為一，以達致他們的利益。如果我們是要跟銷售人員或電話推銷員談好條件，且不讓他有不好的感覺，我們就是將關係導向和工具性思維攪雜一起，只會令我們更有機會買入了一些其實不需要的物品，也浪費了時間。我們可以做一個簡單的測試：當我們接到不請自來的電話，

企圖推銷一些我們從來不打算購買的東西時，看看我們是否會立即掛斷電話；如果不能杜絕這類電話，立即掛斷就是最好的回應。

在這些情況下，一旦我們心中萌生了做好人的念頭，不想令對方感到受傷害，就會把工具性關係的本質弄錯了，因為它是人際關係導向的。我們首先要理解工具性的思維，並了解雙方的觀點：電話彼方的推銷員領取支薪來打電話給我們，其實是侵犯了我們的私隱；如果我們使用的是按分鐘計收費的電話通訊，此人還給我們造成不必要的支出。即時掛斷電話，可能會使對方灰心甚至想辭職，但這並非我們的責任，不必歸咎於我們自身。電話營銷、垃圾信件和垃圾郵件，都佔用了我們可從事有效率或有意義的活動時間；此外，這也產生了更多不必要的廢棄物和消耗能源，浪費資源，對環境造成污染。在知行易徑中，反應取決於多項因素，因此單靠理性思維，往往不會導致相應的行動；而這正是廣告商、推銷商以及政府官員想加以利用的。許多人都不想對其他人說不；有些人覺得難以拒絕別人；有些人是害怕衝突或形成緊張的關係；有些人需要保持良好的自我形象。這些反應所包涵的情感需要，應在其他情境下得到滿足。我們需清楚知道，在特定的人際或社會背景下自己的需要，而這種思維也可以應用到其他適合工具性目標的情境中。例如，我們申請銀行貸款或抵押貸款，主要目的不是讓銀行職員感到高興，而是為自己找到最好的合約條款。這就引出了工具性思維的另一個重點：知識就是力量。

知識就是力量

在很多情況下，對一些陌生事情在事前充份了解是很重要的。網上研究是個很好的起點，更可以向有相關經驗的人請教，並在必

要時尋求專業諮詢。網上研究適用於各種情況，包括上文提到的申請貸款、買車、找工作，甚至網上約會。研究探索讓我們獲得更多知識和信息，以完成工具性任務，達到充權的目的。知行易徑協助當事人發展有效的策略，以獲取所需的資訊和知識，以及如何運用這些知識去完成工具性任務。這一原則已被廣泛應用到各種實務中，包括社群組織，幫助邊緣化和弱勢社群倡導他們的權益。當事人可獲得林林總總的知識，包括統計數據、政策分析、在媒體中對關注問題的報導等。在臨床實踐中，當事人掌握病情的知識、可提供的治療和服務、自助練習、替代治療和法律權利等，這些都可達到充權的目的。

在知行易徑項目中，信息和知識的有效傳播，通常關係到當事人的求知慾、動機水平、吸收和消化信息的能力，以及喜歡的學習方式。小組形式下的體驗式和互動學習，往往比傳統的直接教導更為有效。使用視聽資料和網上資源的效果也不錯，尤其對年輕的當事人而言。

保持清晰目標

在執行工具性任務時，我們需要不斷留意預期結果和應對的種種變化。上述提到的情緒化和個人化，只是其中一些干擾，而其他干擾可能與我們的目標無關，這正是廣告商經常誘導我們去聯想的。推銷人員竭力說服某產品能滿足我們的種種需要，而不是著眼於產品本身的功用。有時候廣告商會讓我們看到這樣的景象：推出新的汽車時，他們強調它可載我們到優雅的地方去，但現實中我們百分之八十的時間是處於交通堵塞的城市裏。眾所周知，許多廣告利用人們對親密關係的渴望，於是推銷相關的產品，包括空氣清新

221

劑、口香糖、啤酒、珠寶、旅行團、美容手術、速溶咖啡等，諸如此類的東西。我們這麼容易分心，是因為與未滿足的需要有關。我們執行工具性的任務時，可能會發現未滿足的需要；如果這些產品真的能有效滿足這些需要，購買這些產物也不是一件壞事。但是，如果要處理的特定需要或目標，被其他需要所吸引並受到干擾，原先的目標又受到耽誤而不能實現，那就是受誤導或受騙了。

我們保持清晰的思路和專注於所期望的結果，就可以幫助我們朝向目標進發。例如，如果計劃進行大型家居裝修，就需要明確知道目的何在：如果我們打算出售房子，期望的結果就是獲取最大的經濟利益，所以應當以付出裝修的每一塊錢能提高的房屋售價增長（邊際增長）為目的，這要從準買家的角度去考慮。如果裝修是出於自用的目的，重點就應放在主觀效用上。要出售房子而按自己的口味和偏好去裝修房子，這不是一個有效的策略，也不能對準目標。裝修自住的居所而考慮朋友、鄰居會否喜歡，而不是根據自己的喜好，也同樣有問題。其實，與裝修房子相比，如果我們需要朋友和鄰居的欣賞，接受輔導或諮詢知行易徑顧問可能更為有效和經濟。

考慮多項應變：在繁複項目中的工具性任務

裝修家居讓朋友、家人和鄰居留下好印象，是一個好例子，可以用來說明多項應變原則和工具性任務如何在比較大和複雜的項目中應用。在家居裝修項目中，我們需要協調一系列的變項。例如我們會考慮各家庭成員對空間的需求，根據各自的需要和處境而設計，這包括各人的年齡、健康狀況、與工作有關的因素等，我們也會考慮到未來家庭成員的變化，如嬰兒誕生、成年子女搬離家庭、

年長家人轉移到老人院等，而預算也是計劃的重要組成部份。在不同的地理環境中，可供的選擇也會影響到我們的計劃。例如亞洲比北美流行聘用承建商和設計師包辦家居裝修，這是因為亞洲受惠於廉價的勞動力和專業的服務，而且自己動手的傳統或文化相對薄弱；而大量市民住在多層大廈，而非獨立式住宅，這也影響家居裝修工程，以及與它相關的產業，例如亞洲城市的私家園林和庭院設計就沒有北美的普遍。

我們以家居裝修項目為例，來理解生活中的其他項目，尤其那些涉及多種內容的複雜項目。釐清成果是一個持續的過程，也就是說，開始時人們雖有預期結果，可是在過程中也會不斷修改。這看起來可能與目標為導向的原則相矛盾，然而在實踐中，我們需知道目標和結果是會改變的，而這正是保持目標導向的重要條件。在知行易徑中，主要是由與需要相關的明確目標入手。但是，我們也須隨時準備適應對需要和目標所做的修正，並且看到目標在修改前和後之間的連貫性。因此，我們須切合人們當前的需要和處境，以目標為導向的重點並進。

我們可以在生活中不同的計劃應用多項應變思維，因為我們往往要同時間處理許多變項。家居裝修工程是一個有用的比喻，幫助我們明白將複雜的項目分拆成可管理的任務，並遵循一定的邏輯次序。例如，我們可能需要逐一處理空間、水電、地板、油漆和傢具等問題。雖然在風格和品味方面要協調一致，但花園和庭院的工作是可以分開考慮的。具體任務可以按邏輯順序完成，例如，我們在確定管道的安裝之前，須明確掌握空間的安排，譬如知道在何處設置廚房和洗手間等，而鋪設水管要在鋪設地板之前完成。在大多數情況下，最好先完成地板工作，然後粉刷牆壁，並在稍後的階段才考慮安置傢具，因為擺放傢具的空間較大和較靈活。

每一任務都涉及很多變項，其中包括主觀因素，如偏好和品味，甚至眷戀房子的某些組件，以及較為客觀的因素，如預算、材料的供應以及相關服務等。決定每項任務的過程中，其工具性考慮將變得更為清晰。在知行易徑實務中，對問題或項目做類似的分類往往是必要的，能有助當事人逐一處理眾多的任務。我們也明白，這些所謂工具性的任務經常與一些有情感意義的任務緊密聯繫；但一般來說，我們可以將這兩種任務分開處理，並適當地使用工具性思維去處理實際問題。

我曾經接觸過一個案例，當事人是一個海洛因成癮的女人，她剛診斷出患有乳癌，而她的男友卻不想處理這個問題，並表現出否定和排斥的態度。她自覺處於一種危機狀態，感到不知所措，困惑無助，需同時面對諸多挑戰。跟她初始談話時，經過問題重構，她能夠制訂出一些工具性步驟；這些步驟不會解決所有問題，但增強了她的方向感和掌控感。

她給自己想到的即時可行辦法就是找一所臨時庇護中心，或回娘家與繼母同住。她同時也意識到自己對乳癌的恐懼，擔心割去乳房會失去吸引力；另一邊廂，她也在尋找能夠接受自己的伴侶，因為現任男友很可能不是她能夠長期共處的人。

她明白到，要跟現在的男友分手是很艱難的，因為這段關係仍可滿足她某些需要；然而，她能夠看到，另找住處是朝這個方向的必要一步，而且意識到需要找到一個新的居所，以審視她目前的關係和籌劃未來，包括治療癌症等。在完成問題重構和目標設定後，她感到更輕鬆、更有控制力，而尋找臨時庇護的任務，僅僅是整體解決方案的一小部份，現在她已經有了整體規劃。由此可見，在功能上，工具性任務與其他更重要的情感或個人問題可以是相關的。

回到家居裝修的比喻，我們前面提到，很多人設想的裝修工程

是參照其他人的意見，而不是按自己的喜好和用途，這和以上當事人一開始的想法相似——她的吸引力和作為女人的價值，與乳房的完整和身材密不可分。在第一次面談時，我沒有質疑這種觀點，而是和她回顧她生活中的種種關係，以及她渴求的那種愛情。在這個過程中，她舉出前男友對她無條件的接納（雖然他幾年前去世了），於是她慢慢意識到，自己重視的，是不以身體吸引力為條件的愛。

在那次對話中，這位當事人修正了對自己需要的理解，從要求身體的完整性，變成無條件的愛和接納。這種理解有助於她以後決定怎樣安排治療。這個例子很好的說明，需要和目標能夠改變，但仍要保持目標導向這種狀態。我們可以想像，從這時開始，關於治療乳癌的決定，會成為主要的工具性任務；但如能了解當事人的需要和處境的多項應變關係，會有助於整體的個案工作。

開發策略

再拿家居裝修做比喻，工具性任務可以是整體策略規劃的一部份，而每個任務都需要有自己的規劃。我們需要做不同層次的規劃，並制訂出行動路線圖。正如前面章節中幾次提到，知行易徑程序遵循漸進的原則，在較複雜的情況下，分類、訂定優次和邏輯順序都是必要的過程。策略規劃不僅考慮到客觀或外在因素，也要考慮當事人當前的能力、資源以及局限性。介入計劃應是從當事人較容易完成的任務開始。

當工具性任務不涉及大量情感的投入，且和重要的人際關係沒有直接聯繫時，當事人會更容易處理。在不少情況下，情緒和人際關係方面都是次要的，或並不一定與目標相關。例如，在工作環境中，任務可以有較純粹的工具性，雖然也會涉及自尊、成就感、得

到同事或上司認同的需要。而知行易徑的管理培訓、組織和人力資源開發的應用中，涉及的策略規劃很多時都會以工具性為主。

準備行動：學習具體技巧

依據上述原則，我們可以有系統地按知行易徑原則處理工具性任務。與學習其他任務一樣，我們總要加以練習，才能掌握有關技巧。而學習過程中，強調學員能夠執行工具性任務，並實現想要達到的目標。為工具性任務設計的學習項目，包括由接收、表達和溝通組成的綜合技巧，以及由知行易徑實務人員設計，或在具體情境下通過協作創新開發的內容。這學習過程包括模擬角色扮演、錄影輔助的回顧和反饋等，而家課練習和在現實生活中演練，也是經常採用的方法。

舉例來說，協助人們求職，是知行易徑實務人員在不同工作場所中經常參與的工具性任務，服務對象包括有嚴重心理健康問題的人、做了長時間的全職家庭主婦、被解僱的中年主管、新移民、大學畢業生等。這一過程涉及一系列的工具性任務，諸如了解就業信息、利用簡歷作有策略的自我介紹、設計網頁和其他網絡平台、準備面試和其他形式的表現評估等。

我在招聘和申請兩方面都有經驗。我訓練過獵頭人員，並幫助過不同行業中不同職位的求職者。根據我的經驗，涉及人際交往的任務時，知識與行動的差距會更大，如面試、在公眾場合講話或參與群體等活動，這些會導致更多的焦慮和自我懷疑。而對於不涉及面對面人際交往的任務，如網上研究、寫申請信或準備個人履歷，人們更有信心地按照有關指示和指導方針將知識化為行動。與此現象相關的是，許多人更適合非互動任務，他們在這方面所做的準

備，往往早於人際關係的準備。例如，很多人將簡歷早早準備好，並定期更新他們的臉書或個人網站，但只在時間接近時才準備面試、演講或作小組練習。

這種情況出現的原因，雖然有社會因素的影響，但也與我們所接受的教育有關。學校重視培養認知能力，例如我們從小學開始就接受上千次的閱讀和寫作訓練。學校的正規教育裏雖然涉及表達技巧，但很少注重人際交往能力的學習和發展，缺乏人際交往能力的系統培訓。知行易徑在很大程度上依賴於體驗式學習，這有利將所學到的轉移應用到現實生活中；它全面地涵蓋策略到技巧和微過程等各個方面，因此知行易徑能夠全面支持當事人在互動情況下達到更好的表現。

回到求職的例子，一個總體的策略規劃包括調動社會資本、使用顧問、有策略的表達自己，以及如何盡力發揮自己優勢以超越潛在的競爭對手等。在技巧方面，學員需要結合良好的聆聽和接收技巧，如理解未來僱主的立場。有效的講述、表達和溝通技巧，是包括正式演講、策略性的自我表露或小組合作等。

在學術就業市場，我曾經指導過將進入就業市場的博士生。他們的整體就業計劃包括研究就業市場、分析自己國家和國際趨勢，從中掌握現在和潛在的招聘職位。另外，他們還要考慮一個重要因素，進入研究型大學還是選擇以教學為重點的學院，這更會影響到博士生的研究項目。如果學生對世界一流的研究型大學教師職位有興趣，那麼要鼓勵他們在博士論文答辯之前，重點打造令人印象深刻的研究和出版記錄。有些學生會考慮自己、伴侶以及家人的需要和處境，這時候，要考慮是否移居到另一個城市。按照自己的背景及對特定領域的研究興趣，學生必須有策略地參加會議、通信、科研合作等，以此與論文委員會的成員以及相關研究人員建立聯繫。

除了良好的計劃，學生必須對實際求職過程有所準備。例如，聘用的學術儀式的一部份，是候選人與遴選委員會共進午餐或晚餐，這比正式的面試程序輕鬆一些。半正式會餐期間，遴選委員會成員試圖評估候選人各方面的表現。例如，在面試時，詢問候選人的階級背景、特定的宗教或政治觀點、社會資源，或籌款能力等會顯得政治不正確，但在午餐或晚餐時，大家可以更自由地討論休閒活動和社交生活，以及各式各樣的話題，這實際上也是在評估候選人的社交技巧。有些候選人會利用這樣的機會來展示自己的社交風度、人際交往能力，或有策略地表露對自己有利的信息，如與該領域有影響力的人物的私人聯繫。他們還可以利用廣泛的話題，從葡萄酒、滑雪、皮膚護理到藝術收集等，建立與遴選委員會成員的親和關係。

我在上面提到的其中一個原則，可以和這個特殊過程相整合：知識和信息可達到充權的效果。我經常鼓勵申請學術工作的學生去研究所申請的學術部門的狀況，包括各教師的背景。人們會樂於看到自己的工作得到了解和欣賞，即使知道這是候選人的例行功課。同樣地，能了解這院校和類似院校的工作量、薪酬待遇和福利等，可以使候選人在談判時更有信心。

企業招聘時，會使用小組互動形式去評估應徵者多方面的個性和交際能力。大多數帶領小組的技巧是可以通過知行易徑來學習和掌握，包括小組動力分析、聆聽、提煉主題和總結、及時和適當的回應、處理討論的議題、協商不同議程、使用免費信息和跟隨話題、處理衝突和緊張的情緒等。當然，這些技巧不是一下子就可掌握，而是要經過不斷練習，包括模擬小組互動、錄像和回顧、反饋，才可逐步改善。這些學習任務，有些需要注意微過程，如輪流發言、打斷別人的講話、在適當的時候提及自己的能力和經驗，對

其他參與者的內容進行連結和重構等。迄今為止，只有極少數人意識到發展這些小組技巧的重要性和優勢，有此意識的人很可能成為未來的大贏家。

求職被視作一個工具性任務，除了涉及策略與技巧，以及相關微過程的學習，也包含較複雜的項目，以及相關或平行的過程，如在個人生活、家庭責任和社會需求之間保持平衡。在全球化的就業市場中，再就業日益普遍，它影響到人際關係、兒童（如有孩子的話）的成長和發展、適應不同的社會文化和環境、醫療安排、財務策劃，以及生活的許多其他方面。在如此複雜的背景下，要維持個人和身邊重要人物的生活質素，就需執行與求職相關的種種工具性任務，這些都可以在知行易徑的規劃中有效完成。在知行易徑的實踐中，求職者可受益於有關訓練，如釐清個人目標、處理重要的人際關係、處理壓力，以及處理整體情緒和人際交往能力等。

或許，很多人認為這些介入對求職能起決定性作用，但我們必須認識到有些環境的力量是更加強大的。例如重大市場變化、經濟衰退、公共或企業政策的變更、某個特定行業的結構調整、地區性或季節性的波動、管理文化的變化等，這些都超出我們可控制的範圍，但對當事人找工作有重要影響。遇到挫折或沒有得到理想的工作時，也需再次強調另一重要原則——對工具性任務不要個人化。重要的是要維護當事人的自我效能感。在知行易徑實踐中，實務人員應該幫助他們相信自己的價值，即使僱主最終沒有聘用他們。在第九章，我曾提及正面重構練習，它在這種情況下會有幫助。自我效能感沒有受到嚴重損害時，我們更容易實踐整體計劃，也更靈活和有創造性，並且能以開放的心態去接受更多的選擇，以滿足自己的需要。

總結

　　有效地完成工具性的任務和處理人際關係，對於實現良好生活狀態和整體滿足程度至關重要。實際表現、目標取向、多項應變思維、知識和信息的靈活運用、系統的體驗學習，皆是知行易徑強調的原則，把它們結合到不同項目中，能應對具體的特殊需要和處境。工具性任務和個人需要之間的平衡，與知行易徑的價值觀和實踐的基本原則一致。對生活的整全觀點和綜合看法，總是有利於建立對事情的正確視角。

第四部份

知行易徑實務及相關議題

以知行易徑作介入模型時，我們可以靈活地應用和結合上一部份已談及的建設組件，以配合當事人特定的需要和處境。

　　從我過去三十多年的實務經驗中，我在廣泛範疇應用過知行易徑這個系統及其前身「社交技巧訓練」；而我在其中除了進行直接實務外，也擔當過項目設計師、顧問、督導員、教練和培訓師的身份。而分散於亞洲和北美的知行易徑同事和研究生亦形成了一個網絡，和我緊密地合作發展出許多為有不同需要的當事人而設的服務計劃。按服務領域來說，知行易徑曾經處理過思覺失調、自閉症譜系失調、情侶關係、約會、親密行為、失眠及與睡眠質素相關的問題、社交恐懼、人際關係、濫用藥物、網絡成癮、邊緣青年、親職、跨文化溝通、前檯接待、管理訓練、人力資源、社群／社區組織及發展、領袖培訓、健康推廣、體重管理、新移民服務和護理培訓等。不少的社區中心、醫院、醫療保健系統、大學校園服務、私人服務及企業都引進過知行易徑的計劃。我們也在不同的國際城市舉辦過各式的從業員培訓計劃。近年，知行易徑的應用已經穩定地拓展到不同的範疇和領域。

　　在本書成書時，知行易徑所涉及的範疇仍然在漸漸擴大，我難以完整地列出所有知行易徑的應用項目。讀者可以登入知行易徑的網站（http://ssld.kktsang.com）查詢最新的資訊。本部份將會探討與知行易徑實務相關的議題，提供學習和應用知行易徑程序的具體方法和指引。

第十三章

學習和應用知行易徑

　　本章旨在討論知行易徑作為實務系統的應用。對實務人員來說，第一個問題顯然是，為甚麼選擇知行易徑？如果確定了知行易徑作為專業方法的益處，那麼接下來的問題，便是應該如何去學習和掌握這系統，然後就是應用範圍、流程安排、技術支援和資源等相關主題。

為甚麼選擇知行易徑？

　　對實務人員來說，據稱有用的實務系統實在很多，所以當考慮採用新的系統時，他們可能要考慮羅傑斯（Rogers, 1995）所提出的五個變項，這些關鍵因素包括：

　　1. 相容性：新系統與現有的系統，在價值觀、目標或規範等方面是否一致？

　　知行易徑在人本服務的範疇內開發，著重以人為本的信念，相信正面變化的可能性、當事人的主動性和自主性，旨在提高當事人的自我效能感，並通過能力建設和擴充生活機會，以達到充權的目的。它遵循教育和學習的範式，而不是疾病或病理範式。它與相關專業的價值觀、目標和專業規範高度相容，如社會工作、輔導、臨床心理學、大部份的健康和心理健康學科。

　　2. 相對優勢：它如何改善現行的實務和方法？

建基於多項應變思維，知行易徑提供通用的概念框架，實務人員可藉此了解當事人的需要、處境、特性和力量。這種全面的了解，可促進親和關係，並加強協作聯盟，還包括設計和實施具體的介入。在知行易徑系統中，實務人員透過累積實務經驗，發展多式多樣的介入程序，這使他們能更有效應對不同的實務情況。

3. 複雜性：學習和使用的難易程度？

知行易徑系統的關鍵過程，包括建立親和關係與問題重構、制訂和設計策略及技巧、學習和發展策略與技巧，以及最後階段的回顧、評價和完成。每一階段的程序都清楚列明，並附有具體的指導。豐富的實務經驗提供了大量案例資源。以上所述皆有助於學習和掌握這實務體系。不過，在這裏必須強調，要掌握任何技能，都需要廣泛的實務練習和自我監測；知行易徑實務人員須要觀察和檢討自己的專業表現，最好是通過電子記錄和反饋。

4. 可試驗性：可否在有限的基礎上進行試驗？

知行易徑鼓勵實務人員將每次應用視為實驗。鑒於這系統的預期結果具體而明確，與可觀察甚至可衡量的行為標記為改變指標，實務人員很容易看出它是否有效。將實務過程作仔細記錄，這有助促進實務人員回顧過程，以確定需細化或改善的具體介入。

5. 觀測：結果可見度如何？

如前所述，知行易徑介入的程序與結果，大多基於可觀察的具體行為和成果。知行易徑的許多程序涉及可觀察的行為，如第 96 頁的行為日記。人們行動和經驗的變化，除了當事人和實務人員可即時觀察到，有時亦可通過自我報告進行評估。知行易徑可採用現有量表，如目標達成量表（Kiresuk & Sherman, 1968; Kiresuk, Smith, & Cardillo, 1994）和三項主要課題評估（3 KIE）（Tsang, George, & Bogo, 1997）。

很多實務人員在決定是否採取新的實務方法時，會比較新體系和其他現有系統，考慮何者較優。大部份心理治療系統會吸納其他理論，知行易徑亦不例外，而它的兼容性很高，本身更有獨特之處，不少社工會將它與其他實務系統互相比較，包括認知行為療法（Cognitive-Behavioral Therapies, CBT）、尋解治療（Solution Focused Therapy, SFT）[1] 和動機式面談（Motivational Interviewing, MI）等，探討彼此之間的異同。本文將總結知行易徑與這些系統區分的主要特點，希望讓同工對知行易徑系統有更深刻的認識。

認知行為療法

顧名思義，認知行為療法結合了思維和行為的介入，可算是多個介入模型的結合，它涵蓋的理論體系範圍很廣泛，從經典條件訓練和操作條件訓練（classical and operant conditioning）到社會學習理論和社會認知理論（Leahy, 1997）、理情行為療法（Rational Emotive Behavioral Therapy, REBT）（Ellis, 1957）、認知療法（Cognitive Therapy, CT）（Beck, 1970; Beck, Rush, Shaw, & Emery, 1979; Leahy, 1996）、辯證行為療法（Dialectic Behavioral Therapy, DBT）（Dimeff & Linehan, 2001）、社交技巧訓練（Argyle, 1967, 1972, 1983; Liberman, DeRisi, & Mueser, 1989）、認知行為治療（Meichenbaum, 1986）和接納與承諾療法（Acceptance and Commitment Therapy, ACT）等。

認知行為療法已經歷了三個階段的發展（Hayes, 2004a,

1　Solution Focused Therapy 有不同的中文翻譯，包括焦點療法、精要治療和焦點解決治療等。我們基於它受後現代思潮影響和非醫療模式的取向，所以採用「尋解治療」。

2004b）。在第一階段，心理學家按照經典條件訓練和操作條件訓練，發展了以實證為基礎的治療程序／方法，專注行為的改變。在第二階段，治療師更注重思維過程，並採納社會學習理論和社會認知理論。第三階段更加關注當事人的背景和體驗，介入更具包容性和靈活性，因而使實務人員可處理範圍更廣泛的問題。知行易徑與第三階段認知行為治療的一些特點相近，並與其主要的重點和方向相容。

　　兩個系統都是建基於學習原則和社會認知理論，而它們的重要區別包括：（1）知行易徑的多項應變分析，將當事人多個變項放到當下情境作分析，沒有預先假設那個變項（例如思維或情緒）必然有決定性的影響，這要看當事人的特性和處境而定；（2）認知治療針對當事人所面對的問題，藉此尋求有效的解決或應付方法，而知行易徑著重了解當事人的需要，從而推動當事人的改變，並以此化為期望轉變的目標，重點是滿足需要；（3）與認知行為治療相比，知行易徑更加著重學習過程，而非訓練；（4）知行易徑用新務實視角進行實務研究，並非以隨機對照測試（randomized controlled trials, RCT）的研究為最高標準（Tsang, 2013）。

尋解治療

　　不少社工常常拿知行易徑與尋解治療（de Shazer & Berg, 1995; Miller, Hubble, & Duncan, 1996）作比較。尋解治療在很大程度上依賴思維過程，由討論困擾、問題，逐漸轉向尋找出路而非解決問題，它有特定的問句，引領面談朝向有用的方向，包括奇蹟問句、刻度問句和探討例外情境等。知行易徑與尋解治療兩者有不少共通處，兩者都對當事人期望的改變極之重視。這是引導介入方向的重

要指標，目標既是當事人力所能及，亦可由當事人逐步努力而達成；此外，兩者都非常關注細小的改變，藉此推擴至更大的轉變（漣漪效應、遇難細化），並且會將焦點放到當事人的生活上，不斷推動當事人改變，以達到理想境況的目標。

對於促進改變的路徑，兩者有較明顯的分別。尋解治療會努力發掘當事人的強項和例外情況，重點是在於當事人已有的能力和有效方法，從微小轉變開始，逐步推動改變，但不認為當事人需要學習新的策略與技巧。知行易徑並不認為思維上的轉變必然會引起日常生活中的行為變化，某些行動表現，比如對待批評、調解家庭成員之間的衝突議程，往往需要學習、實踐和試驗，不斷修訂，才能達到真正的行為轉變，並帶來理想的改變和美滿的人際關係。

知行易徑的多項應變思維，分析當事人的情緒、行為、思維、身體和動機等領域之間的互動，這些都可成為介入點。但是，尋解治療以促進當事人的行為改變為主要的介入點，沒有對其他領域作深刻探討，情緒就是其中一個明顯例子。按尋解治療的理解，當事人的「情緒」，只是社工與當事人的談話間所建構出來，只要談論「情緒」的內容變了，情緒就隨之改變，所以無需刻意介入當事人的「情緒」。因此，尋解治療不會煞有介事地介入情緒領域，甚至不認為非如此般輔導便不會有進展。了解問題的實相，確立應怎樣去解決，這些都不是尋解治療的理路，他們更認為搞動強烈的情緒，尤其是負面的，並不是最具建設性的進路（Berg, 1992）。尋解治療的焦點在於當事人的個人改變，而知行易徑會同時關顧當事人與外在環境的互為影響；例如，當事人在惡劣環境下生活，當然會大大降低他們的生活質素，知行易徑除了幫助當事人努力適應這些生活環境外，亦明白不容易單憑個人力量就可改變這些生活條件，而知行易徑實務人員認為通過組織當地居民，發掘共同面對的問

題，透過集體力量可改善生活環境，這些介入焦點和策略，很明顯不是尋解治療所關心的。

「需要」是知行易徑的另一個關注點，但未受到尋解治療同等重視。知行易徑中，目標和預期成果是建立在對當事人的需要有透徹了解的基礎上，這也是目標設定的連續步驟之一；在尋解治療中，會鼓勵當事人去想像當問題解決後，或沒有問題／問題消失後的情境，以此引出目標或理想狀況，但不涉及對需要的理解或掌握。此外，從我們的實務經驗所見，與當事人探索和確認需要的過程，非常有助於建立協作聯盟。

從廣義的政治層面上，知行易徑比尋解治療更具政治潛力，因為知行易徑鼓勵當事人對自己困境的反思，而反思層次可涉及宏觀的社會結構和主流論述，甚至可結合集體力量去推動環境或制度的改變，這對尋解治療來說，是不可能做到的，也不是這介入所關注的改變。

動機式會談

在某些立場上，知行易徑和動機式會談是一致的。動機式會談是「以當事人為中心的方法，通過探索和解決矛盾而提高內在動機」（Miller & Rollnick, 2002, p. 25），並且側重於當事人的需要和願望，小心避免與當事人有對立或對抗性的互動，這原則與知行易徑的精神很相符。知行易徑亦著重與當事人建立契合關係，以探索他的需要為基礎，並由此化為改變目標。動機式會談重視介入的開始階段，調動當事人積極的動機力量，採用非判斷和共情方法來跟當事人建立關係，並了解當事人不願或抵抗改變是很自然的，而非病態。這些原則與知行易徑完全相容，知行易徑亦強調當事人的動

機、自主性和自我效能。

兩者都關注提升當事人改變的動機,但它們採取不同的策略。動機式會談會將當事人的內在矛盾逐漸放大(rolling with resistance, double-sided reflection),以促使當事人有更大動力去做決定和改變;而知行易徑則著重探索當事人的需要,當他接觸自己心底的需要後,改變的動力便會提升。

此外,動機式會談不強調對技巧的系統學習和發展(Miller, 2000; Miller, Zweben, DiClemente, & Rychtarik, 1995),它將發展改變的責任留給當事人,因此他們不使用技巧培訓、示範或練習過程。動機式會談假設「持續改變的關鍵元素,是動機的轉變和對改變的承諾」(Miller et al. 1995, p. 10)。只要當事人作了決定或承諾轉變,他便可以從所處的環境取得所需要的資源,改變亦會逐步出現。從知行易徑的角度看,我們不排除一些動機強烈的當事人承諾去改變時,他們可以掌握必要的技巧,並實現目標;然而,我們相信許多當事人可以受益於策略與技巧的系統學習與發展。遵循多項應變的思維,我們相信每個當事人都不會跟從完全相同的變化軌跡。雖然在知行易徑中很多當事人學到的策略與技巧,都屬行為範疇,但他們也可學習到思維和情感方面的內容。如果準備得宜,當事人是可學習到所需的策略與技巧,並起到積極作用。

知行易徑:與其他系統結合

從以上的比較和分析,我們無意表示知行易徑比其他實務系統更加有效或優越,只是藉此凸顯它的特性:方便實務人員學習和應用。其實,要比較哪個實務系統更為有效,這些討論沒有多大意思。從過往心理治療的成效研究,我們發現當事人的積極參與、協

作聯盟等可令治療發揮重大功效，遠比個別實務系統的功能更重要。而知行易徑發展至今，介入成效的實證研究並不多，這亦是今後發展的重點之一。

知行易徑可以看成一個實務系統，有其特有功能，也有些部份與其他系統類似。知行易徑系統最重要的特徵是多項應變思維，這將實務人員從固定類別思維中解放出來，避免對所有情況都應用簡單的線性假設。思維並不總是能決定情感，反之亦然。技巧學習對許多當事人有益，有些當事人也許能夠在自己的環境中自然會掌握到；而有些當事人則需要更多的來自實務人員的指導和支援；有些人與他們的實務人員合作發展技巧；有的甚至可能教他們的實務人員新的策略、技巧。多項應變模式允許更大的靈活性，同時在實務中提供了概念框架，讓實務人員了解當下的位置以及與當事人一起前進的方向。生活世界的六個領域，包括環境、身體、動機、思維、情感和行為，讓知行易徑實務人員在任何特定階段，都用來繪製出問題所在，以及介入任務，而實務人員可以和當事人合作，一起確定哪些領域應是下一步的介入重點。

由於具有多項應變思維和等效性原則，知行易徑與其他實務系統有互相滲透的靈活性。知行易徑可以用作獨立的實務系統，也可以與其他介入模式和策略結合使用。例如，在醫療保健業，知行易徑的項目可用來改善醫療實務，也稱為健行新方略（Proactive Health Strategies, PHS）；這些項目通常與其他衛生服務相結合，包括藥物治療、營養諮詢、運動學和替代治療等。已開發的項目可用於慢性疾病，如糖尿病或腎臟問題的管理、主要照顧者的教育和支持、失眠和睡眠相關的問題、體重管理、癌症護理、臨終關懷等等。知行易徑以教育範式為框架，因此它可以兼及心理教育或健康教育活動，同時也可擴展至處理複雜的問題。特定的知行易徑介入

程序已經與其他認知行為治療一起使用。如上所述，動機式會談與知行易徑的原則有相當程度的相容，實務人員可以在開始階段使用動機式會談的介入策略，並與當事人建立積極的協作聯盟；當對臨床目標和任務達成共識後，就可引入系統式的學習程序。在多項應變框架內，這樣的組合不是隨意的，而是有目的的，並可通過累積實務經驗而整理出應用原則，這些指導原則包括：（1）選擇的程序可完成臨床或學習任務，並切合當前臨床變化過程；（2）實務人員有能力執行這程序；（3）實務人員清晰了解每一步和未來連接的邏輯順序；（4）選擇的介入與當事人的具體需要、處境、特性和力量（N3C）相匹配；（5）當事人能夠明白和接受，而不會認為不符合介入目標，或覺得不明白或不相關。

知行易徑實務範圍：潛力和局限

知行易徑已得到廣泛的應用，它很容易與其他介入系統接合。從理論上來說，它可以用於任何未滿足的需要，以及學習發展與生活目標有關的新策略與技巧，可由個人或集體開展。它可能是唯一能有如此廣泛應用的實務體系，適用範圍包括治療患嚴重精神疾病的人、為弱勢群體充權和能力建設、在社交技巧和個人發展方面作為補充教育，也可用於高級行政人員的管理培訓。隨著越來越多的實務人員把它帶到不同領域，我們累積了更多寶貴的經驗和反饋。雖然知行易徑的應用範圍正不斷擴大，但我們也應該了解它潛在和可能的限制。

知行易徑與其他現有的介入系統同樣要面對一個事實，即介入系統對當事人變化所起的作用只佔很小的比例，這一點已被綜合研究反覆證實。更重要的因素是當事人和實務人員之間的關係或協作

聯盟,以及實務人員和當事人的特性(Duncan, Miller, Wampold, & Hubble, 2010; Hubble, Duncan, & Miller, 1999)。儘管某些實務系統或介入方案的支持者常常強調其介入的有效性,並提供研究證據作為支持;其實,介入系統只能解釋部份的成效。這種以實證為基礎的實務系統有許多問題,它的基本概念和研究問題在下面「知行易徑實務與研究」會有詳細探討。

繼此推理,實務人員要注意那些能令當事人產生正面變化的因素,以及相關的進程;如果該系統能支援當事人有效參與、發展和維護功能性的協作聯盟,那麼它便是有價值的。系統亦應該支援實務人員的工作,提供理解個案的框架,與專業的行動方向一致。對於具體進程的指導方針和說明,應通過加強專業效能感,以此為實務人員充權。實務人員可從開放和積極的學習態度中獲益,而不是盲目堅持任何既定的系統。對於當事人而言,良好的系統能幫助他理解自己的處境或情況,並對現況重構,包括新的思考和行動。知行易徑正致力於此,不過,其他途徑也可以產生這種正面的變化。我們認識到,產生正面的改變和期望的結果,是要靠彼此的協作、當事人的決心定和行動。

與評價實務體系相關的另一個層面,是系統在改變過程中所起的作用。Wolberg(1986)將心理治療劃分成三類:支援、再教育、重構。知行易徑主要從教育性範式進行,如果需要重構性的心理治療,它也許不是治療的首選。知行易徑也不是以洞見取向,儘管它幫助當事人更好地了解自己的需要、處境、特性和力量。知行易徑的教育範式,把臨床問題轉換到對需要的理解,以及學習相應的策略與技巧去滿足需要,這個過程中模糊了臨床和非臨床問題之間的邊界,從而使這系統超越了治療的空間和框架。知行易徑這一特性,可以看作是它的局限或優勢,這視乎個人對方法和過程的偏好

而定。

　　實務人員如果從事健康、心理健康、社會工作和人本服務等領域，他都可以看到知行易徑與自己工作的相關性。從某種意義上說，這些專業同工與當事人的工作，都是在處理未被滿足的需要。大多數專業的介入形式，都要求當事人接收新信息，並採取新行動，知行易徑亦屬這個範疇之內。下面的章節，會探討有關學習知行易徑原則和實務方法的問題。

學習成為知行易徑的實務人員

　　實務人員可參加特別的專業培訓學習知行易徑。由於我們認識到知識—行動的差距，並強調要將知識應用到日常的生活中，讀者可能會想到，可否只憑閱讀有關策略與技巧的書，就開始應用所學；基於知行易徑的思想和實踐經驗，我必須說很少人能夠做到這一點。如果實務人員經驗豐富，特別是那些已有較強自學能力的，他可能已開始獨立應用本書的內容，但許多讀者還是要參加為實務人員設計的知行易徑培訓計劃，並接受進一步的指導、諮詢或督導，才能有效應用有關方法和程序。這本書主要是作為知行易徑實務課程的教材。

　　在本節中，我們會探討成為優秀知行易徑實務人員的一些要素，並為此作好準備，這包括個人質素、專業培訓、以前的學習經驗和當前學習風格，以及具體的知行易徑培訓。

　　每個人在各方面的差異可以很大，如人際關係敏感度、對社交情況的評估、策略思維，以及多項應變管理能力等。像智商、遺傳等因素，亦可起到一定的作用（Rushton, Bons, & Hur, 2008; Vernon, Bratko, Petrides, & Schermer, 2008）。有些人，如患有自閉症或亞氏

保加綜合症的人，較為缺乏人際關係敏感度和技巧。這些人可能在生活的其他領域有著驚人的能力，例如，大約二十年前，我就在工作中遇到一位中西曆對算專家（Ho, Tsang, & Ho, 2001）。在知行易徑中，認識到人們的天資、能力和傾向各有不同，是非常重要的。不論當事人初始的稟賦如何，我們都致力幫助他去學習適當的策略與技巧，以達到生活中的目標。同樣，希望成為知行易徑實務人員的同工，也有著非常不同的天資、能力、傾向、經驗，以及個人和職業目標。

數百名同工和研究生曾跟我學習知行易徑，而許多人是學習了社交技巧訓練的早期版本。在這三十多年的實踐、培訓、諮詢、指導、督導和項目設計的經驗中，我遇到過的實務人員有著各種各樣的天賦、專業培訓經驗、個人能力和背景。在工作中，我注意到他們的人際交往能力會令他們更容易掌握和應用知行易徑。基本的接收技巧能力，如傾聽和理解別人的感受和需要，親和力與表達技巧，則對任何涉及人際關係的專業工作，包括知行易徑實務，都是非常重要的。

如果實務人員能認識到自己的個人特長和局限，他可通過注意需要改善或支援的地方，從而受益於知行易徑。在實際的知行易徑計劃中，我注意到學員間相互學習，以及善用各人的優勢和才能，是學習中最寶貴的資源。由於注重學習技巧和強調臨場表現，知行易徑項目可以全方位提高實務人員的個人、人際交往和專業能力。但是，當同工發現有些特定領域尤具挑戰性，例如處理情緒敏感的當事人，那麼他們可能需要更多時間和空間才可掌握相關技巧，在這種情況下，同工應去尋求更多的學習和發展機會，以補充專業的實務。

除了天賦、傾向和能力，另一項重要的個人質素是，實務人員

能否對學習保持興趣和開放的心態，這個因素不同於其他天賦的個人質素。一個相對天賦有限的人，仍可以有極強的動力去改善自己的人際關係和社交能力，而另一個天賦更佳的人，卻未必願意投入更多時間去學習和發展。根據我的經驗，有學習動力並不斷努力的人，最終他的實務水平會有顯著進步。另一個重要因素，是個人在思想或行動上能否在採用新的或不同的東西時，作好充份準備。要想擴充策略與技巧，必須克服思維或行為上的刻板印象。因為要發展和實現新的思考和行事方式，知行易徑往往需要開放性、創造性和靈活性。

　　因此，為學習和探索創建一個安全而開放的空間，是知行易徑實務計劃裏的重要特徵。由於同工工作繁忙，加上可投放在正規教育或專業培訓的時間有限，我們不可能涵蓋所有內容。專業同工為實務作準備時，除了要掌握特定內容，我們還關注兩個關鍵：一、是不斷加強學習和發展的動機；二、是學會如何學習。我相信，只要實務人員持續學習的動機，並且懂得如何發展和改善，長遠而言，他們更易取得重大進展。學會如何學習比學習具體的策略與技巧更加重要，因為我們將不斷面對新的形勢、新的挑戰。不管我們當前的技巧庫多麼豐富，除非我們不斷更新，否則它總是在某些時候顯得不足。知行易徑學習原則總是強調自主學習和為學員增權。我們鼓勵和支援同工與當事人，成為主動的學員和知識的生產者，而不是被動地接受知識。為了支持這種持續的發展，提供諮詢、案例研討會、督導或培訓機會是非常重要的，在這方面，朋輩學習團隊和研究小組也極有價值。例如，我的一些學生畢業後保持了二十多年的學習小組，該小組成員到現在都成為知行易徑的核心團隊。

　　經常有人問我，參加知行易徑實務課程時，除了個人質素，還需要具備甚麼專業資格或學歷。在我看來，要成為一個知行易徑實

務人員,開放的態度、學習和發展動機、人際關係和社會功能方面的天資和能力,這些都比正規教育更為重要。曾接受知行易徑實務訓練的人包括社工、心理學家、精神科實務人員、其他醫學專科實務人員、諮詢師、護士、職業治療師、各類精神衛生專業人員、營養師和營養顧問、經理、人力資源專家、移民及安居顧問、社區組織中的義工、團體的領導人、家長等等。雖然我認為擁有一定社會科學領域的專上教育背景是很有幫助的,尤其是社會工作、心理學和諮詢方面,但我亦見過不少沒有這類背景的人,他們也能有效學習知行易徑。而小組工作的經驗亦是另一項有用的資歷,許多知行易徑項目亦是為小組工作設計的,所以不論是參與者或帶領者,如果他們具有豐富的小組工作經驗,這都會有所助益。

另一個相關的問題,是實務人員希望達到的複雜或精細程度。一般來說,如果該項目已發展得較為完善,並配有手冊和具體指引,如處理失眠或社交恐懼症,學習這類知行易徑的項目會較為容易。當在比較非結構化場景中工作,或面對新的實務問題、新的服務群體,而又沒有既定的程序或手冊時,實務人員需要做好應變的準備,應用知行易徑原則時須更加靈活和具創意。設計知行易徑實務項目是最複雜和富挑戰性的,它涉及到實踐累積的經驗,並且提煉實務智慧,有系統地闡明一個計劃,包括撰寫實務手冊,提供完整的練習、作業、工作表、講義和筆記等,所需要的知識和技能並不局限於某一特定的範疇內。事實上,即使是人文專業的學科和正規教育課程,大都沒有針對這些範疇提供有關知識和技能。

在某種意義上,我認為知行易徑系統使實務人員可為後職業時代做好準備。傳統的專業學科,試圖將人類的經驗和生活世界分割為不同的領域,例如身體、心理、人際關係等,並在各個領域傳授專業知識。我們逐漸發現,現實生活中需要解決的事情,大多涉

及多個而非單一領域。跨學科合作往往是人們所追求的，但實際上跨學科的工作效率囿於學科間對於權力、資源和地位的競爭，另外還有互不相容的認識論、價值承諾、傾向使用的方法等。我的看法是，個人、組織和社群在尋求專業定位時越來越傾向於務實；重要的是為當事人的關注點和問題提供有效而全面的解決方法，而非維持自己的專業領域。我們在大學和專業培訓課程所學的東西，可以說明這一點。這包括在多框架下評估問題並進行概念化，找出它們之間有意義的聯繫、人際關係和情感敏感度、戰略思維、務實取向，以及將抽象概念轉化為行動設計的能力。另外，邏輯推理、分析思維、研究技能、對資訊和知識進行批判性評價、從不同來源綜合或集成知識，這些都是有益的知性能力。知行易徑專業項目在學員或參與者現有的才能、經驗、知識和技巧上，協助他們獲取所需要的知識和技能，以面對工作中的挑戰。如前所述，我們通過給他們提供自我導向的學習策略和資源，以提高他們不斷學習和發展的動機，並幫助他們學會如何學習。

在學習知行易徑的實務中，除了個人質素、專業及學術準備，個人在生活中學習策略與技巧的經驗是另一重要因素。某程度上，我們都須學習和發展一定的策略與技巧，以管理目前的生活。如果所掌握的策略與技巧已經足以應對生活中的需要和挑戰，並成功達成我們的目標，也許就不需要知行易徑了。知行易徑可以被看成協助個人或集體強化學習的過程，更好地實現生活中的目標。理論上，從觀察中學習，是自然地在日常生活中發生的（Bandura, 1977a, 1986）。不過，選擇性地從身邊人模仿學習，以提升人際交往和社會功能，這方面每個人的學習能力相差很大。顯然，在類似的接觸中進行觀察學習，不同人的學習成果各有不同；這取決於動機因素、榜樣表現的形式、與榜樣的關係等。在知行易徑中，我們

不僅關注人們所學的內容，也重視他們學習的方式，並努力開發更
有效的學習策略和方法。

在回顧人們以前的學習經驗時，我們常常發現出於種種原因，
人們有時會錯過了從模仿中學習的寶貴機會。比如，有些人不知道
自己需要甚麼，如在滿意的親密關係中，需要掌握一定的技巧，如
自我介紹、主動聯絡、培養關係等。他們可能將生活領域的失敗，
歸因於個人因素，無論是愛情或事業方面。比如，我沒有吸引力，
或我不夠聰明，而不是還沒有掌握適當的技巧。在某些情況下，人
們知道他們需要甚麼，也有良好的榜樣，但情感因素妨礙了他們從
這些機會中獲益。例如，有些當事人的中學同學在社交方面非常成
功，但他可能對這些同學懷有強烈的妒忌和怨恨。這種「我不希望
像他」的想法，會妨礙他模仿對方的表現，而這種模仿本來極有幫
助。遺憾的是，這種內化想法，往往不會表達出來，並為了維護個
人自尊，常常希望在心裏維持與其他人相比毫不遜色的表現。很多
時候，人們得不到生活中所渴望的，會有這樣的解釋性框架：例
如，我沒有像他那樣追求金錢和物質成就，或者我有自己的價值
觀，但這些想法不是向實現目標的方向努力，只是減輕了匱乏和挫
折所帶來的痛苦。

在學習知行易徑實務時，回顧自己的學習經驗，可幫助我們應
付生活的要求和挑戰時怎樣應對。如果我們注意到這策略模式不利
於實踐目標，或忽視學習和發展機會的傾向，我們就須調整對生活
的總體態度和方法。知行易徑思想和行動的主要特點是，從悔恨、
抱怨、內疚或羞恥的被動態度，轉化為積極主動的態度，以增強目
的感、主動性和自主感。

除了正向的態度，回顧過去的學習方式，也可以為我們提供指
引。我們可以觀察別人的人際和社交表現，並在類似情況下複製同

樣行為。有些人很難理解事情的發展過程，或某些特定因素，如非語言交流、情感表達或適當的語言表示。有些人善於觀察和分析，而非模仿複製；有些長於將抽象的實務原則直接轉化為行動；有些人需要更多的影像錄製和重播、輔導和演習。理解自己的學習方式，能使我們在知行易徑項目中獲得最大的益處。與老師交流自己的學習需要和喜好，是實現自我導向學習和發展的極佳起點。相應地，好的知行易徑項目，應該回應不同的學習需要和學習方式。所以，多項應變思維是設計知行易徑項目的核心，我們並不鼓勵嚴格遵守預先設計的項目。

在考慮個人質素、專業準備、學習經驗及學習方式之後，我們還須考慮個人所尋求特定的知行易徑訓練。同工們對於實踐中需要運用的知識和技能可能有不同的需求。有些同工為著非常具體的問題而學習知行易徑，如培訓失智老人的照顧者、幫助人們應對失眠和睡眠有關的問題、協助家長與子女建立更好的關係等等。有些同工希望了解知行易徑的基本原則和程序，以便他們能夠採納並應用於各種具體的服務情況；有些同工計劃發展一種更高階的能力，使他們可以成為知行易徑的督導、教練或培訓師；也有同工在專業培訓或學術界就職，希望將知行易徑納為其專業教育或學術研究的一部份。顯然，不同類型的知行易徑學習項目，都必須針對他們各自的學習需要。

認識到個人能力、傾向或質素、專業或學術能力、以往的學習經驗和目前的學習方式，以及具體知行易徑學習目的的種種個體差異，知行易徑專業課程的設計必須涉及多項應變，並允許各種學習方式。因此，大多數知行易徑實務課程具備一定程度的開放性和靈活性，能夠跟參與者維持互動為基礎，並以動態的形式，設法回應他們的需求和學習方式。在最近的項目中，重點放在通過各種方式

如案例研討會、朋輩支持或學習小組、定期諮詢和／或督導活動，進行持續學習和發展，另有個性化輔導、推進課程及對自學項目的支持作為補充。

知行易徑的應用

知行易徑的應用範圍之廣，有時令一些同工難以想像，但它實際上反映了這體系應對多種需要及各種事件的能力。預計知行易徑的應用將繼續增長，而這本書的目的之一，即為闡明此共同基礎，以便於溝通、分享經驗，以及累積經驗、知識和技巧。在本節中，我會提出幾個座標，以幫助同工在廣泛的知行易徑領域裏為自己的工作定位，並明確和他人工作的關係。第一方面是實務的實質性領域，第二方面是介入模式，而另外一方面是服務場所。

實質性領域

說知行易徑幾乎可適用於任何服務範圍，這聽起來好像誇張了一點，但過往三十多年的實踐經驗，可證明它廣泛的適用性。1970年代後期，我便開始使用社交技巧訓練，為有精神健康問題的人士提供心理治療。同時，我以學生的身份，參與社區組織的工作，為社會學習原則進行探索性實踐。一些社區成員曾被剝奪了不少權利，我為他們提供有系統的培訓，幫助他們學習與其他成員交談，鼓勵他們積極參與、組織、分析問題，闡明自己的議程、召開會議、向新聞界發表講話、與政府官員進行談判等等。1980年，我展開自閉症兒童的工作，發現當時的介入模式以操作性條件訓練為主，局限性很大，於是我為這些兒童建立以模仿學習能力為目標，同時間促進家長學會在家中應用社交技巧訓練；最終，它得到了非

常令人鼓舞的結果。短短數年，社交技巧訓練模式被推廣應用於解決廣泛的領域上，包括有精神健康和社交問題的人士。

在以後幾十年的持續發展裏，同工和學生們累積了寶貴的實踐經驗，為我提供了非常有益的反饋。這系統靈活多變，對學習和改變持開放態度，使我們不斷作出修正，提煉實務原則，發展具體的介入程序，不斷拓展日益增長的技巧庫。最令人興奮的，是它能夠對應種種新的服務需要，有效回應多種多樣處境的挑戰。在每一種情況下，我們的介入項目都會針對同工和當事人的需要，為他們提供新的解決方法，致力在問題重構，以及如何為當事人帶來正面的變化。

我對知行易徑系統抱非常樂觀的態度，認為它可應用在大多數涉及人際交往的情況，無論是作為主要的介入模式，或作為一種輔助或補充的程序。在健康和精神健康方面，知行易徑已應用於心理治療、輔導、自助小組、社區康復、照顧者教育和預防介入等，服務使用者包括兒童、青少年、成年人、老年人、父母、夫妻、家庭和照顧者。它已用於患有嚴重精神疾病，如精神分裂症，其他疾病如抑鬱症、焦慮症與社交恐懼症，以及失眠等等具體問題。最近，我們正研發一些項目，以預防和管理慢性病為目標，如纖維肌痛、腎病、中風和糖尿病。目前「健行新方略」，或簡稱為 PHS（Proactive Health Strategies）的新項目，正在開發和測試中。

知行易徑的項目裏，移民安居服務是一個新的發展領域。新移民與當地社會融合的過程中，他必須學習和掌握全面的社會和文化知識與技能，在跨文化溝通、求職、兩代文化身份和文化習俗的交流，或跟主流市民在日常交往的社交技巧方面，都需要具體指導和有系統的學習。一些成員在移民社區生活，他們也可以學習領導技巧，並進行組織和宣傳。

除了健康、精神健康和社會問題，知行易徑還可應用到人力資源管理、組織發展、團隊建設、國際跨文化工作等。在日益全球化的大環境裏，知行易徑系統初始開發於亞洲，較受西方影響，並在國際和多元文化的背景下得到充份發展。因此，這系統非常適合與不同背景的個人和團體合作。知行易徑在人本服務領域外的應用，也值得推廣和開發，因為它有利於發展一種人文方法，可提高業績、實現目標、關心個人需要，並且將組織內部人際關係的發展健康地結合在一起。

應用模式——應用層面

知行易徑系統的應用涵蓋了數個不同的層面。首先，它提供服務的方式，可以是一對一的個人諮詢，包括心理治療、輔導、訓練、生涯規劃[2]，也可以是用於伴侶、親子、家庭和小組上。事實上，小組介入是知行易徑涉及面最多的介入方式，亦非常符合成本效益。許多實務人員初次接觸知行易徑時，就是在小組環境裏學習。在機構和社區環境中，不論參加者是經理、員工、社區成員或領袖，知行易徑的訓練項目往往是以小組形式出現。

知行易徑應用的另一層面是在整體服務中的作用。雖然知行易徑系統非常強大，應用範圍非常廣泛，但它並不是能解決所有問題的靈丹妙藥。在一些情況下，知行易徑只是總體方案的一個組成部份。例如，在最近一個纖維肌痛個人項目的發展中，我們發現知行易徑的問題重構和實務原則（如漸進主義和充權）等都很重要，同時，這項目還需要納入身體意識、健身方法、瑜伽技術，以及魁

2　過去幾年，知行易徑在生涯規劃領域有了新的發展，稱為「生活世界設計」（Life-world Design）。

根斯（Feldenkrais）方法等。在疼痛管理這一廣泛的領域中，知行易徑有助於進行壓力管理，推動人際關係和社會支持，並設計正面的健康策略，而其他介入程序，包括鍛煉身體、使用藥物、替代藥物，甚至手術等，都可以是整體治療項目的一部份。知行易徑的作用是主是次，視具體情況而定。而最重要的一點，是知行易徑的宗旨是為當事人獲取最大效益，從他的需要、處境、特性和力量出發，不像有些執業者幾乎無視當事人的獨特需要和情況，就先驗地選定某種介入方法。

服務場所

知行易徑可應用於傳統的社會服務機構、醫院和保健中心、住宿照顧院舍、社區和外展服務單位、公司、學校、教會或以信仰為基礎的組織。它可以是收費項目，也可以受資助而免費提供；可由專業實務人員，或義工、自助團體成員和社區領袖等推廣有關項目，但他們都須受過有系統的訓練，以確保服務的質素。知行易徑可視為管理生活不同方面的實用方法，將生活中的挑戰和問題重構為學習需要，它靈活多變，可廣泛應用。目前，越來越多的服務場所已經採用知行易徑作為主要的實務介入模式。另外，很多機構有興趣應用知行易徑去設計相關項目，以滿足特定的服務需要。知行易徑的實務經驗在不同社會文化背景的服務場所中不斷累積，有望進一步創新和完善，從而為人本服務的各個領域提供更多的選擇。

特殊應用：社群工作

社群[3]工作是知行易徑一個非常特殊的應用，突出實務體系在許多方面的特點。早期的社交技巧訓練主要是在臨床場景中進行，協助處理健康、心理健康和身心發展方面的問題（如 Gresham, 1997, 1998; Heinssen, Liberman, & Kopelowicz, 2000; Kopelowicz, Liberman, & Zarate, 2006; Mathur & Rutherford, 1996; Smith & Travis, 2001; Strain, 2001）。在社區中應用知行易徑，這既非臨床場景，也沒有醫療特性。知行易徑的應用不限於個人、家庭和小組，已超過了大多數形式的心理治療所涵蓋的應用範圍。與個人、團體或家庭工作相比，社群工作需要更加注重系統性和組織性，例如，權力就是一個很突出的面向。社區問題需要實務人員能夠在臨床醫療框架之外反思專業價值觀和道德觀，而實務場景往往不是在諮詢室裏，實務人員所能掌控的很低。社群成員和實務人員之間的專業關係，也跟臨床或治療關係有很大分別。

因著社群工作的這些特殊功能，探討如何應用知行易徑的原則和程序就很有意思。社群，就是一群人處於類似的情況，或有共同特徵，他們結集一起，這些情況和特徵包括：地理位置、歷史、文化、性取向、收入水準、居住環境、醫療條件、特殊音樂天賦、年齡、移民經驗等等，因此他們可能有共同的需要或需求。當共同的需要得不到滿足，社群會形成動力去解決這些問題，這是知行易徑社群工作的基礎模型。

按照知行易徑這種理解，社群工作的第一步工作，實際上與個

---

3 「社群」是 community 的翻譯，它有兩個意思：一個是地理的概念，一般稱作「社區」；另一個是指一群人處於類似的情況，有共同特性或需要，我們稱之為「社群」。

人、家庭、團體或組織的實務沒有甚麼不同。實務人員必須先熟悉社群，建立協作關係。在這個過程中，知行易徑要評估社群的需要，尤其是未滿足的需要。與個人或小組的工作相近，問題重構可把當前問題轉化為未滿足的需要，然後列出要達到的目標。當目標明確之後，社群成員要制訂需掌握的策略與技巧，以實現目標。

圖 13.1：知行易徑在社群發展及反壓迫實務中的應用

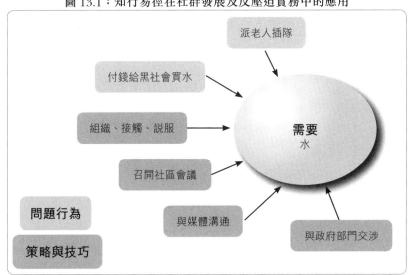

社群組織實例

　　圖 13.1 總結了亞洲某低收入社區缺水的問題，以及知行易徑的回應。社群組織者介入之前，這個 100 戶以上居民的社區只有一個公用水龍頭。多數居民不得不帶著水桶排隊，擔水回家使用，可想而知，日間輪候的時間實在很長。居民使用不同的策略，如一些居民重新安排睡眠時間，凌晨三點起床擔水，這時候就不用花時間排隊輪候；有年邁父母走到水龍頭擔水，出於文化上對長者的尊重，

他們可插隊而不招致非議，不過這會增加長者的日常負擔，亦招來鄰居們的批評。另一種策略，是購買當地供水幫會的服務，但那只有少數家庭能夠負擔得起。

在這種特殊情況下，社區變革就涉及一些社群成員學習和發展新的策略與技巧。在實務人員的幫助下，社群成員組織起來，有些人掌握特殊的技巧，聯絡並說服其他鄰居加入宣傳聯繫。領導人學到其他技巧，包括主持居民大會，向新聞界發表講話，並與當地政府官員進行談判。隨著成功的宣傳和製造輿論壓力，政府同意在區內建造輸水管道，為每個家庭供水。

這個例子說明了知行易徑如何在社區範圍內以類似個案的方式，通過建立協作關係，評估和問題重構，設計和掌握新的策略與技巧，進一步預期目標的實現，並藉此滿足需要。下面會簡要描述一些具體的實務問題、原則和程序。

1. 初步連接及建立工作關係

初步連接是建立工作關係的第一步。實務人員還未進入社群時，必須與他們建立互信的關係。協作聯盟的組成部份（Bordin, 1979），即對目標和任務建立共同理解，對實現目標的方法達成共識，和建立正面的情感關係，可以說在社群工作中跟個案工作同樣重要。實務人員必須以理解、關懷和尊重的態度，跟社群成員溝通，以建立聯盟。接收和非批判、共情、認真傾聽，這些在個案工作中非常重要，亦適用於社群實務工作。

2. 問題重構

在知行易徑框架內理解社區成員的問題或要求。「需境特量」（N3C）（需要、處境、特性和力量）的評估，把社群問題重構為未獲滿足的需要（如住屋、金融安全、食品安全、交通運輸、醫療保健、公民身份），考慮到社群的處境（如自然災害、戰爭、削減公

共資金），他們的特性（如年老、移民、患有慢性病）、力量（如資源、意識、對問題的了解、準備發言就緒、現有網絡、人才、知識、經驗和技能）。這種評估關注需要、主動性、自主和能力建設，並著重制訂切實可行的目標，避免從疾病、匱乏或異常等角度看待社群的問題。需再三強調的是，評估不是實務人員單方面分析和推斷，這過程必須與社群成員合作進行，並為社群所接納。這種共同理解就是良好協作聯盟的重要基礎。

知行易徑社群實務中，問題重構的關鍵是整合系統性和結構性視角。社群「需境特量」（N3C）評估必須考慮社會結構背景，這包括論述、政策、政治經濟資源和生活機會。這經常涉及批判性分析。知行易徑實務的關鍵重點是，實務人員不是以專家身份去分析、評估和總結，而是盡量讓社區成員參與這一過程。最終目標是令社區成員發展能力，在未來自行分析。問題重構和目標設定通過合作的過程去完成。

3. 設計與實踐：策略和技巧的學習與發展

問題重構完成後，社會各界和知行易徑實務人員將建立對社群「需境特量」N3C 的共同理解，並協商努力目標。N3C 的評估方法包括社群能力的調查，這涵蓋資源、知識和技能等各方面。社群還要確定實現社區目標的策略性行動。下一步是與當前內部成員檢視已有的技巧，確定還需學習甚麼策略與技巧。對社群力量的評估，可以明確展示社群必須發展的策略與技巧。這種力量、知識和技巧通常在社群內不平均地分佈，某些成員擁有較多某些技能和知識。社群工作成功的關鍵條件，是發展本地的領導力，也就是建設、動員和協調社群的能力。

框 13.1 是社群能力評估量表，以測量成員的參與和領導的行為級別。這量表讓實務人員或社群領袖找出社群成員在參與和領導的

水平，而知行易徑實務介入，就是促進他們從較低層次的參與水平
到更高的層次，並提升他們的領導力。該量表展示成員在社群或社
區參與中每一步的發展，讓實務人員或社區領袖可以在過渡階段，
設計和實施具體程序去提高成員們的參與。

框 13.1：社區參與量表（Tsang, 1979, 2011a）

-1 級 負面回應：包括對實務人員、程序或組織的敵意和攻擊

0 級 無回應，對實務人員的接觸沒有反應，拒絕參與

1 級 被動回應實務人員的邀請或所提供信息：願意收到有關社區活動的
資訊和回答問題

2 級 主動回應：積極回應，對小組或活動表現興趣，並提出與社區或其
他成員相關的問題

3 級 被動參與：包括出席會議或活動，當被邀請時願意作出貢獻，如分
享資訊和資源

4 級 主動參與：積極參與，包括定期參加活動或會議，有作出貢獻的意
願，經常提供義工服務

5 級 任務領袖：某些形式的領導功能；負責具體任務，如分發傳單、準
備食品；教授特定技能；打電話邀請成員參加活動

6 級 組織領袖：提供願景、方向感；領導團隊建設；分派任務與分工：
教練、指導、管理危機和衝突

在上面的供水例子中，社區[4]成員最初並沒有足夠的知識和技
巧去影響政府的政策措施。當實務人員首次進入社區，並試圖和
成員建立關係時，大多數居民處於第一級的水平（不信任、負面
或預計失敗）或 0 級（沒有回應）。某些居民願意和實務人員交談
（1 級，被動回應），有少數積極的居民則表達了希望參與的意願（2

4　在這個案例中涉及一個清楚的地理空間，所以 community 一詞都譯作「社區」。

級，主動回應）。實務人員邀請所有社區成員開會，討論可能的行動。任何出席者都至少是被動參與者（3級）；在會議中，少數居民顯示出第4級（積極參與者）的行為。這些積極的參與者通常被招募承擔不同的領導任務（5級），包括跟較少參與的居民談話，並爭取他們對未來活動的支持或同意。具體領導能力的系統培訓在這個階段開始。主要的學習過程是模擬各類情況，進行角色扮演，並輔以仔細的觀察和反饋，以作補充。這些學習通常是在輕鬆愉快的氣氛中進行，強調分享和互相支持。

通過這個過程，社區成員學習領導技巧，並成為領袖。他們學習如何分析現狀，並在社區匯報分析結果，了解社區行動的可能性，開會討論策略、擔當不同的角色和分工等。在這個階段，有組織領導潛質的居民（6級）會有突出表現。實務人員專注於和這些有發展潛力的領導小組一起工作，即使人數不多，仍幫助他們掌握必要的技巧，讓他們擔當任務領袖和組織領袖的角色。

領導力

在大多數社群發展情境中，組織領袖的人只有少數。即便如此，這個領袖團隊須注意分享權力和責任，而不是只有一個或幾個領袖長期佔據主導地位。有魅力的領袖往往能吸引追隨者，但會把其他有良好領導潛力的成員邊緣化。如果引入民主的權力分配、妥善分配領導職責，可以防止社群組織裏陷入爭權遊戲，以及減少人際關係的磨擦或衝突。

當內部出現土生土長的領導團隊時，這意味著社群越來越有能力處理自己的事務，從而減少對實務人員的依賴。作為一個集體，相比實務人員，社群可能擁有更多的知識和技能。隨著社群中領導能力的發展，對實務人員的角色會不斷重新界定，包括知識、技

能、權力、責任、資源和角色等方面，並逐步邁向由社群或社區領袖接棒，脫離對實務人員的依賴。

組織發展

這種領導力的發展取決於社群倡議的性質。根據我的經驗，社群工作可以是臨時性的，也可以是長期的。一次性的特別行動，一般要動員社會各界，組織群眾；一旦目標實現，這組織可能就會解散。例如，臨時房屋區經常有鼠群出沒，居民希望搬遷到固定的公共房屋單位，當居民組織集體行動，爭取到每個人都獲妥善安置後，他們可能分散到全市各地，此時就不再有集體行動或組織的需要。而在其他情況下，社群的倡議可能要依賴持久的工作，那時就需成立組織，為成員提供持續服務和策劃倡議行動。當組織有長期發展的需要時，比如房屋政策委員會、精神分裂症患者的互助小組、社區經濟合作社、性小眾（Lesbian, Gay, Bisexual, Trans and Queer, LGBTQ）群體，或反家庭暴力婦女小組，組織的發展就成為重要關注，這要求有效的管理，包括建立願景和方向，培訓領袖，謀劃機構的成長、更新和可持續發展等。實務人員需發揮顧問的角色，並提供教練和培訓。知行易徑介入的一個主要特點，是通過能力建設為對方充權。社群是一個整體，最終能得到持續發展，包括成長與轉型所必要的知識和技能。理想的情況下，社群可以完全自主和獨立，不再需要外來實務人員的介入。

社群需要學習的策略與技巧，通常會超出實務人員所掌握的，而第六章描述的「協作創作」就是針對這方面的一個有用工具。當組織不斷壯大，它可能需要其他的顧問和資源。實務人員需了解自己的角色、能力和限制，為了提供合適的服務，實務人員可能要改變與社群或組織的關係，包括淡出，特別是當社群已經發展出管理

自己事務的能力時。實務人員不願意放手，或只想維持自己重要的角色，這往往會阻礙社區團體或組織的自然發展。在知行易徑裏，我們明確地界定社群發展能力、自治和自給自足作為介入成功的標準。實務人員角色的最終轉換，包括退出，都包括在介入的設計中。

小結

　　知行易徑的社群工作方法注重充權。關鍵的介入在於使社群能夠更好地了解自身的需要、處境、特性和力量，這種理解被重構為具體目標。該方法鼓勵社群成員積極參與，即社區參與量表中的第 4 級。開發當地領導力以鼓勵自主性和獨立性。這種以行動為導向的方法，關注社區的需要和自主性，不會接受「只說不做」的狀況，即把大部份的精力放在分析和批評現存狀況。某些實務人員追求的 AOP（Anti-Oppressive Practice，反壓迫實務），只是對受壓迫的情況進行意識形態的批判，而不是制訂有效策略，並採取行動以促進改變。

　　知行易徑的介入是要促進社群對自身需要和處境的了解，加強社群的自主性，協助他們設定目標。它為社群充權，協助成員和領導人掌握必要的社區知識、策略與技巧，為他們帶來期望的改變。社群能獨立自主與實務人員的退出，這是社群工作的明確目標。

知行易徑的實務和研究

　　知行易徑是從實務中開發的系統，其概念、方案、框架、方法和程序等，大多來自實際的案例。它是實務經驗的產物，在持續學

習、反思和回顧的過程中得以完善。它也是許多同工大力支持、協作努力的成果。知行易徑所研究的問題總是與實務人員密切相關。我們關注研究可怎樣完善系統，從而為實務人員所用，這種興趣超出了只專注於介入系統功效的成效研究，雖然它也是研究計劃的重要組成部份，但這範疇相對狹窄，我們需要留意的是實務人員的介入程序和當事人的具體轉化過程，以及它們與預期成果的關係。

知行易徑的應用範圍廣泛，須要當事人在界定介入目標的過程中積極參與，所以期望的結果不是固定的，而是隨具體因素和情況而改變。在某些情況下，期望的結果可能是問題得到解決或紓緩，如抑鬱症、吸毒成癮、疼痛或失眠等；在其他情況下，人們可能期望得到較為長遠或穩定的結果，例如變成更加獨立，或增強享受親密關係的能力，甚至掌握領導或管理技巧。我們在實務的基礎上，建立對專業實務的理解，然後指導我們如何進行實務研究。

證據為本實務與藥物比喻

證據為本實務（evidence-based practice, EBP）廣泛應用於健康、精神健康和人本服務中，決定了所選擇介入系統的價值。它的基本理念是：實務人員使用的方法獲實證研究確認為有療效的，而驗證方法最好是用隨機對照測試，這樣它們才是有用和符合專業倫理。隨機對照測試是檢驗藥物臨床效果的標準程序，它是根據西方物理科學的範式去開發，基本原理包括：（1）因果關係原則可用於預測；（2）建立這些因果關係的原則需要標準化的實驗方法，以避免其他混雜因素的影響；（3）數學或統計學用於對實驗觀察所得推論的測量，以確定其概率（Bolton, 2002）。這個程序使研究人員能夠確定一種藥物的特定治療成份，這是引起治療變化的原因，而不

是其他隨機變項，如安慰劑、偶然機會、病人的個人特性等作用。

很多健康、心理健康和社會服務的實務研究都受到這個概念框架影響，以至於有時被誤認為它是唯一的醫學模式。醫學所涵蓋的遠不止於醫藥處方。例如，外科手術中的規範步驟提供的只是基礎框架，更多的是專家臨床的個人技能。遺憾的是，內科醫藥框架被當作心理健康和社會服務的主要模式，但這框架內有很多假設，並不能為精神健康和社會服務領域的臨床經驗與科研實證所支持。下一節會探討藥物模式及其假設。

CAIRO 假設

我用 CAIRO 作為這些假設的總結，即臨床實務人員（Clinician）應用或施予（Applies or Administers）一項介入或成份（Intervention or Ingredient）於接受者（Recipient），從而達成期望的結果（Outcome）。這種思維是線性的、類別明確的、及物[5]的（transitive），它有以下的假設：實務人員是公式中的主體，而當事人是客體；實務人員是主動和自主的，而當事人就是被動的病人或接受者；變化是由介入或治療中的一些活性（藥物）成份（active ingredient）所造成。此外，在大多數情況下，預期結果由實務人員決定。CAIRO 的假設忽略了在現實中治療改變的主要事實：多種因素的相互作用和治療進程，如當事人的積極角色和治療關係的作用，而介入或治療方案只能解釋很小比例的變量（percentage of variance），而標準化量表對於主動使用服務的當事人來說意義往往不大。

5　「及物」一詞是指主體施予客體的行動，例如「我愛你」中的「愛」就是及物動詞，而「小鳥在飛」中的「飛」則是非及物動詞。

活性成份作為治療變化的原因

藥物比喻的一個核心概念是「活性成份」，這概念是指治療中，一些活性成份導致正面的治療變化。在心理治療的歷史上，許多系統都聲稱含有比其他系統更有效的成份，不管是理性認知、心理動力學派的洞察力導向療法或情緒焦點療法。然而，這種主張並沒有獲實證支持。從心理治療成效研究的綜合分析來看，沒有證據表明任何形式的心理治療比其他系統更加有效（Robinson, Berman, & Neimeyer, 1990; Shapiro & Shapiro, 1982; Wampold, Minami, Baskin, & Callen Tierney, 2002）。回顧過往的研究證據，我們了解到治療變化的實際進程之若干重要問題，明白到不可以採用簡單的線性模型，以此假設臨床實務人員的介入將導致預期結果。心理介入的結果是由許多相互作用的因素和過程所決定的。

線性因果思維和多項應變模式

放下簡單的線性思維，我們可建立綜合的模型，將關鍵因素和流程都包括在內。如前所述，多項應變思維認識到人類生活的複雜性，並支持可容納多種因素和過程的概念模型。心理治療文獻讓我們認識到，許多因素和過程都對治療變化起著重要作用（Duncan, Miller, Wampold, & Hubble, 2010; Hubble, Duncan, & Miller, 1999）。較現實的想法是，將當事人的正面變化視為涉及多種因素和進程的複雜過程。種種因素在具體個案中要分別對待，而不是假設每個人都經歷相同的過程，於是以統一而標準化的方法處理。

關係

治療關係，有時也被稱為治療聯盟或協作聯盟，它一直被認為是成功心理治療的核心因素（Grencavage & Norcross, 1990; Lambert

& Barley, 2002; Norcross, 2010），對變化的影響比治療系統本身更大（Lambert, 1992）。治療關係的「突出作用」顯示了治療變化的非及物性（non-transitive），它是指改變並非由實務人員帶給當事人，而是當事人和實務人員合作產生的。在知行易徑中，我們強調的是預期結果是經由協作過程產生的。

當事人是主動者，而非被動病人

在合作的過程中，當事人是積極參與者、主動者。英語是我的第二語言。我小的時候常練習反義詞和同義詞。我記得，patient（病人）的反義詞是 agent（主動者），聯繫到我在社會服務界多年的工作，這組反義詞顯得很有啟發意義。在藥物模式裏，病人是被動的對象，字面意義上是接受診斷、處方或治療時要有耐性（patience）。治療時，病人除了遵從醫囑之外，他不能發揮甚麼作用，但這種觀點忽略了臨床經驗和實證研究的結果。研究指出，當事人在治療過程中發揮重要的作用（Bohart & Tallman, 2010）。在心理治療、輔導、教育、專業培訓和發展中，當事人或學員是積極的合作夥伴，他們可以理解治療過程（Busseri & Tyler, 2004; Philips, Werbart, Wennberg, & Schubert, 2007）、規劃（Levitt & Rennie, 2004; Rennie, 2000），以及積極參與治療議程（Greaves, 2006），並把治療期間所學應用到日常生活中（Dreier, 2000），這對治療成效產生正面的效果。將當事人定位成治療的被動接受者，並否認他們對於成功治療所起的作用，這在科學上和倫理上都是不可接受的。

隨機對照測試（RCT）：黃金標準？

如上所述，隨機對照測試是建立證據為本實務的關鍵步驟，而

它主要是來自內科醫學的藥物模式。上節已經指出，心理治療介入和藥物治療的方式不同。在心理和社會服務介入中，我們所需要的證據不能依賴這種假定：含有治療成份的特定療法是當事人生活中正面變化的因素。我們需要更多資訊，來了解多種因素和進程中它們如何互相影響，並使當事人的正面改變成為可能。

即使在醫療領域，現在對於像 RCT 和系統綜述（systematic review）這些實證方法的依賴也有越來越多的不同意見（如 Burns & Catty, 2002; Cooper, 2003; Marshall, 2002）。古爾德（Gould, 2006）總結了對 RCT 的常見批評：（1）RCT 可以對不同的人口組別提供有關療效的統計機率，但對特定的服務使用者來說，這不能保證可以提供肯定有效的介入；（2）RCT 假設所有診斷相同的人都處於類似的狀態，但實況並不是這樣；（3）排除研究標準以外的情況，以避免研究的複雜性；（4）RCT 的外在效度（external validity）較低；（5）RCT 假設不同的實務人員在不同機構中進行的介入沒有差異，但這假設並不成立；（6）RCT 不重視有經驗人士的專門知識；（7）RCT 很少顧及權力和不平等因素，而這些因素可以左右研究的傾向。

傳統上，系統綜述方法是綜覽並總結已發表的研究結果，以支持證據為本的實務；方法論方面，它也存在一些問題，包括：（1）過份依賴電子資料庫、缺乏對資料庫外的研究總結；（2）發表的報告偏重正面結果；（3）偏重英文文獻；（4）不適當地搜集性質不同的研究，以增加統計力量（statistical power）（Burns & Catty, 2002; Cooper, 2003; Marshall, 2002）。RCT 和系統綜述注重介入的類型，而不質疑藥物模式，這會引致概念性偏差，就是選擇性地把所研究的介入歸因為有效的治療，而往往忽視了治療變化其實是通過當事人和實務人員之間的協作關係而獲致。

實務人員與研究證據

　　當研究人員設法把複雜的臨床情況簡化成 CAIRO 序列的程序時，實務人員對研究結果缺乏熱情也就不足為奇。臨床實務人員通常不閱讀有關文獻，或很少在實踐中應用臨床研究結果（Hardcastle & Bisman, 2003; Morrow-Bradley & Elliott, 1986; Rosen, 1994），也很少參與研究（Bednar & Shapiro, 1970; Lynch, Zhang & Korr, 2009; Orme & Powell, 2008; Norcross, Prochaska, & Gallagher, 1989; Vachon et al., 1995; Wakefield & Kirk, 1996）。研究和實踐之間的差距，特別是實務人員忽視研究成果，已由許多作者展示出來（例如： Green, 2001; Haines & Jones, 1994; Tanenbaum, 2003, Tsang, 2000）。許多研究人員對自己在研究和知識生產過程中的角色，持有相當狹隘的觀念，令他們不能夠處理實務人員所面對的複雜現實，他們執著於科學研究的嚴謹標準，珍而重之，這是他們不加批判地從物理科學傳統繼承過來的。一些研究人員拒絕承認實務知識的重要性，將它稱為「軼事證據[6]」或「意見」（Tanenbaum, 2003），實務知識被視為低一等的知識，只能作為在沒有其他知識來源時的最後選擇。

　　根據海恩斯和鍾斯（Haines & Jones, 1994）的觀察，研究和實踐可以看作是對同一事物不同卻互補的世界觀：研究人員關注數據，而實務人員關注人和處境。研究數據須還原成現實生活的情況，實務人員才可以認識到其相關性。肖內西、斯蘭森和班內特（Shaugnessy, Slanson, & Bennett, 1994）認為實務人員對證據效用的看法，取決於該證據與特定服務情境的相關性和其有效度。

6　Anecdote 可翻譯為軼事；「軼事證據」（anecdotal evidence）即個別實務人員根據自己工作經驗中的案例所獲取的實務原則和知識。

許多學者呼籲研究人員和實務人員須共同努力，以彌補這一差距（如 Fox, 2003; Grimshaw & Russell, 1993; Haines & Jones, 1994），具體的建議包括兼容不同性質的知識或事實，以及關注研究與實務的相關性。十多年前，我有類似的觀察，並提出以實踐為導向的綜合研究方法，這可能會縮小這一差距（Tsang, 2000）。我的建議沒有得到很多同工採納，現實仍然是，研究人員和實務人員雖然對改善介入方法有共同興趣，但大家還是處於兩個不同的世界裏，各自的運作模式和激勵機制迥異。科研經費和匿名審稿出版的數量依然是衡量研究成果的重點，而研究項目對於實務的相關性則由控制研究方向和資源的人決定，所以很難期望縮小科研與實務之間差距的提議，會自動為研究人員和實務人員採納。

研究和實務有自己的政治經濟背景，好的想法也必須在當中找到有利位置才有機會實現。在下面的章節中，我會繼續描述更合情理的實務研究方法的發展。

證據為本實務：從第一到第二代

當年，我曾提出以實務為導向的研究方法（Tsang, 2000），自那時起，不少同工開始探討以實務為基礎的研究（Fox, 2003）和證據（Barkham et al., 2001; Hubble, Duncan, Miller, & Wampold, 2010）。我們都發現以證據為本實務的不足之處，並試圖提出一項與實務人員和當事人的生活經驗更相關的替代方案（Anker, Duncan, & Sparks, 2009; Duncan, Miller, & Sparks, 2004; Duncan, Miller, & Hubble, 2005）。尋求更好的研究方法通常涉及認識論（有關知識的性質）、本體論及方法論方面的問題。更確切地說，我們必須對「甚麼是知識、知識是如何產生或習得的」這些假設加以反思。我們對

於心理社會介入往往有不同的理解，例如是否認為實務人員採用的理論和方法導致了期望的結果，還是過程和結果均經由協作關係達成。這些不同的理解，通常反映在我們選擇的方法當中，例如選擇旨在提供客觀數據的實驗，或運用以發現為導向的研究方法，即從當事人和實務人員之間的互動過程中學習實際的經驗。

為了試圖解決這些問題，奧托、普羅塔和齊格勒（Otto, Polutta, & Ziegler, 2009）提出了 EBP 的第二代版本。根據現象學的見解，他們觀察到證據為本實務的初始或第一代模型被圍在技術範式的框架內，有明確的因果公式去指導標準化行動。他們建議超越這種技術範式，去建立社會工作的人文基礎，而我相信這個基礎為大多數的心理健康和人本服務行業共用。他們提出的模型結合了因果關係的解釋（德語：Erklären）和共情或詮釋理解（德語：Verstehen），作為補充知識的方法。該模型認識到人類情況的複雜性，並強調當事人的主體性，也注意到當事人與背景的獨特之處。他們贊成用更兼容的方法，將基於不同的認識論立場的研究方法結合起來。

這種第二代證據為本實務，我稱為 EBP 2.0，和我十多年前所建議的實務為導向的綜合方法（Tsang, 2000）頗為相容。這兩種方法都沒有遵循硬性單一的認識論立場，而是以務實的態度，接受兼容認識論以處理人類情況的複雜性。鑒於重點放在發現實務人員的寶貴經驗，變化過程是主要關注點。方法論的性質多元，讓我們能以不同卻互補的方法處理實務中出現的各種情況。在我的研究項目中，採用發展的角度，於不同階段的研究，針對該階段須要實現的目標，去指導研究方法的選擇（Tsang, Bogo, & George, 2003）。

第三代證據為本實務

我第一次產生第三代證據為本實務的想法,是我受邀在會議上做主題演講(Tsang, 2009)時。這個版本,我稱之為第三代證據為本實務(EBP3.0),是我對解決實務研究相關的各種問題的一個嘗試,這些問題包括認識論、變化過程概念化、方法論、價值觀和意識形態等問題,以及知識生產的政治經濟。我目前正在開發一種更全面的模型(Tsang, 2011b),這已超出本書的範疇,不再贅述。在下面的章節中,我會簡要説明 EBP3.0 的特點。

認識論的兼容主義

第三代證據為本實務(EBP3.0)認識到人類現實的複雜性。儘管人類現實的許多方面是社會建構的,但不是所有方面都有同樣程度的可塑性。人類現實的有些方面可以用類似物理定律的公式去理解,如車禍導致骨折這種機械性現實。而有些方面則受到社會論述或實務的條件化,如何謂意外事故或醉酒駕駛。現實的某些方面由個人建構,而這是非常個別和主觀,如車禍經歷是否會被建構成為創傷性事件。單一認為認識論可應用到所有情境,是一種偏執的信念,並不是對人類現實的務實理解。EBP3.0 裏,我們不會局限於個別認識論的立場,而是以多項應變的方式,從多方立場,考慮具體情況、現實的關鍵環節,以及要完成的實際目標。

務實主義:建基於現實生活

認識論的多元性的含意就是我們並不認為自己對現實的表達,可以絕對反映其確定性和真實性。物理科學中的經驗主義也承認有犯錯的機率。我們對知識的追求始終伴隨著不確定性和懷疑精神。

現實生活中，當我們作許多重大決定時，都是未能掌握全部所需的資訊。第一代證據為本實務（EBP1.0）通常用分組資料精確估計機率。遺憾的是，這種機率公式有時被過度熱心的倡議者理解為同時具有事實、真理和實效的霸權式宣稱，而沒有充份照顧個別情況的特殊性。

如果我們重新審視隨機對照測試（RCT）就不難發現，要有效使用它，實驗中要小心選擇樣本。通常被排除在樣本之外的，往往包括那些有合併病症或多項診斷、有額外的健康風險、不會使用研究人員所需的語言，甚至不熟悉本地文化習俗或不習慣參與研究項目的人士。RCT 的外部效度較低，這方面的研究報告甚多（Epstein, 1993; Howard, Krause, & Orlinsky, 1986; Roth & Fonagy, 1996; Rothwell, 2005）。當已經測試或確立的治療方法應用到現實生活時，它就不再局限於原來的樣本。研究設計會帶來系統性的偏差，使它將注意力放在普遍現象之上，而相對忽略少數未能產生正面成效的個案。在現實生活中，當事人往往重複接受同樣的所謂首選治療方案，而未能從中受益。

第一代證據為本實務（EBP1.0）還假定在大多數情況下，以可靠的知識支持專業決策。而在第三代證據為本實務（EBP3.0）中，我們承認所知的限制及其應變性質。健康、心理健康和人本服務實務人員通常需要面對新的、陌生的和具有挑戰性的情況，沒有可參照的經驗或模式。在這樣的情況下，我們靠的是知識生產過程，而不是一些已有的知識。因此從新探索是 EBP3.0 的關鍵態度和實踐方式。

現實生活中，人們因為實際的需要而向人本服務的專業人員求助。因此，實務人員的專業行動是有目的性的，我們對專業情況的理解，是由我們的角色和功能所決定。我們希望完成的任務，如盡

快安排更多病人出院，或盡量令當事人須承擔的費用不超出保險限額等，會影響我們構建的現實。在醫療保健和社會服務資源有限，而管理資源者對於方法和成果有特別的偏好時，會促成一種知識生產的政治經濟狀態，這對於專業的論述和實務會有很大影響（Singer, 2007; Warner, 2004）。

主體間性（Inter-subjectivity）與專業實務

如上所述，涉及當事人的心理和社會介入應更好地理解為互動和協作過程，而非主體傳遞到客體的及物過程，將實務人員執行的介入看成原因，而當事人的變化視為結果，也就是我所稱的CAIRO 假設。第三代證據為本實務（EBP3.0）認識到互動和合作關係是關鍵的因素和程序，脫離了傳統的及物觀點，認為改變是主體間性的過程，把當事人和實務人員都定性為主體。越來越多的研究報告指出如果我們肯定當事人的主體性投入，並容許他們參與指導和監察治療過程的話，可以顯著提高治療效果（Anker, Duncan, & Sparks, 2009; Duncan, Miller, & Sparks, 2004; Duncan, Miller, & Hubble, 2005）。

1. 協作知識生產

在第三代證據為本實務（EBP3.0）裏，我們不只強調當事人在治療變化過程中的協作角色，也承認他們對知識生產的可能角色。當我們假設專業實務人員和研究人員的聲音是具有權威性的時候，會否定了當事人或服務使用者在知識生產過程的角色，這便會增加專業霸權的風險，並剝奪我們了解有潛在價值的資訊、觀點和見解的機會。早在 1980 年代，瑞森和羅恩（Reason and Rowan, 1981）就倡導協作方式的研究。社會科學和人文科學的研究人員已經越來越意識到知識生產中的各種可能性，而引入服務使用者的嘗試在研

究界逐漸得到接受（例如，Bray, Lee, Smith, & Yorks, 2000; Duncan, Miller, & Sparks, 2004; Israel, Eng, Schulz, & Parker, 2005）。

2. 方法論的多元性

採用兼容主義認識論、建基於現實生活、承認在研發心理和社會介入時的協作過程，和當事人在知識生產過程中的作用，都是多元化方法論所涵括的，並為第三代證據為本實務（EBP3.0）所支持。我們認識到研究方法是有目的性的，其功能和價值取決於要回答的研究問題。許多研究人員自我定位為定量或定性研究員，就是在未有考慮要回答的問題前就**先驗地**決定了研究方法。

值得更多研究關注的方法之一，是以實務為本的程序。實際上，當事人和實務人員之間，存在著豐富的知識和經驗，只是這尚未納入實務研究的主流。不尋常的個案、關鍵時刻的獨特經驗、反直覺或違反常理的，又或者是非常規的程序、深思熟慮而合理地偏離既定或標準化的介入等，往往被排除在研究和知識生產過程之外。所謂實務智慧（Goldstein, 1990; Klein & Bloom, 1995）可能值得更多的研究關注。許多實務人員有興趣了解經驗豐富的同工在面對類似的情況時怎樣作出即時的決定，以及他們在實際輔導中如何表現。我們認為邀請當事人對介入過程做觀察和評論，提出可以改善效果的建議是有益的。正如前面提到，當事人參與監測介入過程已產生了一些令人鼓舞的結果（Anker, Duncan, & Sparks, 2009; Duncan, Miller, & Sparks, 2004; Duncan, Miller, & Hubble, 2005）。好像人際交往回顧（interpersonal process recall）這種程序（Clarke, 1997; Crews et al., 2005; Kagan, Schauble, Resnikoff, Danish, & Krathwohl, 1969; Wiseman, 1992），可為實務人員和當事人用來提取他們的意見、反思和見解。

第三代證據為本實務（EBP3.0）建議對具體情況和階段採用針

對性方法，所選方法須對每個研究目標和所需要的資訊有清楚的了解。實驗和準實驗設計可能有助於確立介入行動的有效性，尤其是當有關變項被充份涵蓋或測量時。但如果我們想弄清楚哪些實務人員的説話能促進當事人間的自我展現，以發現為導向的敘事過程可能是必要的。RCT 可能有更好的內部效度，但自然式的研究設計可有更好的外部效度。實務人員、當事人和觀察員可以觀察同一現象，但可得出相同或不同的觀察，而根據研究目的，我們可以選擇性地多關注它們的相似性（建立所測量的概念的效度）或差異性（例如，對比當事人和實務人員對治療議程控制的權力和控制的看法）。

3. 等效性（Equifinality）

等效性是系統理論（Bertalanffy, 1968）裏的一個概念，它指的是可以通過不同途徑達到同一目的，亦即中文「殊途同歸」的意思。第三代證據為本實務（EBP3.0）的概念可應用於實務和知識生產兩個方面：在實務中，等效性的概念指相同的預期效果，可以通過不同的方法和程序達成。我們有許多證據表明，不同的心理治療系統可導致類似的正面成果（Duncan, Miller, Wampold, & Hubble, 2010）；在研究中，類似的研究問題往往可以通過不同的方法進行研究。例如，知行易徑是否一種有效的介入？這問題可用以下幾種方式去探索：客觀的標準化量表、當事人的主觀量表、一起觀察會談的電子記錄，或實務人員對成果的評估等。我們也可以考慮使用自然式研究設計、與當事人交談的回顧、實驗或準實驗設計等。哪種是最好的方法要考慮很多因素，包括具體需要的資訊、研究成果的使用目的（例如，改善制度、申請撥款）、背景（資源、設施、限制）、不同持份者（出資者、當事人、實務人員、服務單位 / 機構、研究人員）關注的事項、時間表、要處理的問題（例如，預防自殺、為人父母的技巧、救災、社區健康教育）等等。

4. 從線性類別思維到多項應變模式

等效性與知行易徑的多項應變思維非常相容，它同時考慮多種因素和過程，不僅增強了我們應付複雜現實的能力，也讓我們不再局限於線性類別思維，這種思維方式在許多實務領域中仍佔主導地位，例如，認知療法或選擇性血清素再攝取抑制劑（Selective Serotonin Reuptake Inhibitor, SSRI），是治療抑鬱症的方式，無論在實務還是研究當中，這種概念只能在我們相信有一個現象可以歸類為抑鬱症，並且它跟非抑鬱症和無抑鬱症狀有明顯區別的情況下，才有意義。認知療法或 SSRI 是可想到的治療類別，這些類別的實體被放入這樣運作的線性公式裏：如果一個人被歸類為抑鬱症，與認知治療或 SSRI 藥物定義相匹配的治療，就會給病人帶來正面的治療變化。

多項應變思維不排除類別，但把它視為組合概念結構，分類的概念有時可以重構為非類別性的，例如我們可以將硬性的類別二分（有或沒有抑鬱症），重構為連續體（不同的抑鬱程度）。事實上，被分別為兩類的現象往往是不是固定或非線性的，兩者之間的關係取決於許多相互影響的因素和過程。回到抑鬱症的例子，顯然有人不能從認知治療或 SSRI 藥物得到幫助，可能兩者都起不了治療作用。按照多項應變模型，我們希望了解人們在治療過程中的實際表現。例如，我們可以仔細檢視他們在每一節治療期間的行為，與那些有好轉的人有何不同（例如，Tsang, Bogo, & Lee, 2010）。第三代證據為本實務（EBP3.0）考慮到小組和個人資料的互補性，並通過定量和定性分析處理多種因素與進程。

有些研究者只在整體現象中選擇某特定方面進行探索，多項應變模型對他們提出挑戰，讓他們考慮如何進行更全面的調查和研究。研究資源和機會往往限制我們可以研究的範圍和內容，因此選

擇重點是不可避免的。但對專業實務的複雜現象進行研究時，我們要警惕採用簡單線性公式的傾向。我們可能需要問更多相關問題，如誰更可能從甚麼治療方案中獲益、療效在介入的哪一個階段產生，以及在甚麼情況下出現等等。知行易徑是建立在多項應變思維基礎上的實務體系，並且可按照第三代證據為本實務（EBP3.0）原則進行以實務為本的研究。

5. 處理交錯多元性

多項應變思維的另一個優點是可順利銜接實務研究中的多元性或差異性問題。在過去的幾十年，越來越多的研究關注專業實務中的多元性問題；性別、年齡、種族、文化、宗教、社會經濟地位、能力差異等相關的交錯多元性，已經成為重要的研究議程。多項應變思維能把複雜的現實連結起來，例如當涉及跨文化工作時，要避免落入線性類別思維的陷阱，這種思維有時以文化認知能力（cultural literacy）的形式出現（Dyche & Zayas, 1995; Tsang & George, 1998）。文化認知能力取向會導致同質性假設，即當一群人都屬於某文化群體或類別，便假設他們有共同的特點。例如，如果當事人是亞洲人，實務人員會假設當事人重視家庭完整性多於個人自主權。這種「如果—那麼」（if A，then B[7]）的線性類別思維忽略了多項應變性，如個人歷史、家庭動態、年齡、性別、教育程度、接觸多元文化的程度、內化的文化、階級、區域差異（例如，農村或城市）、涉及的問題（例如，在金融、醫療、教育等方面作出決定）等等。

知行易徑實務體系和第三代證據為本實務（EBP 3.0）的研究方

7　If A, then B 可直譯為如「甲」，則「乙」。這是一種邏輯思維，即如果見到濃煙，那麼便可推斷有火。

法，都是建立在多項應變思維的基礎上，它同時考慮多種因素互相影響的過程。多元性的問題不局限於簡單的分類，而是通過靈活應用概念性工具去理解所探討的關鍵問題。這種開放和靈活的做法，使我們能夠超越那些來自歐美角度和類別的世界觀，即是一些想當然的觀念。多元性視角不僅使研究更緊貼生活實況，它更是社會現實的其中一個面向，影響著我們如何看待世界，包括知識是甚麼、知識怎樣通過研究生產，以及知識在實踐中應怎樣加以使用。

研究與實務

在目前的發展階段，知行易徑主要是建立在實務經驗和其他介入或實務方法的研究成果上。日後，我們可能需要大量的研究去支持知行易徑實務體系的發展。知行易徑研究將遵循第三代證據為本實務（EBP3.0）的原則，把重點放在實務上。由於我們不同意CAIRO假設，所以不會斷言是知行易徑的有效性導致當事人的正面變化。我們要認識到協作關係、當事人的投入程度，以及其他治療因素和過程的重要性。理想的研究計劃應該讓我們探索所有相關的因素和過程，相關的人士應包括知行易徑實務人員、當事人，以及並未有接納及認同知行易徑系統的研究人員。

按照多項應變思維，知行易徑的介入考慮當前的研究結果，但也注意到把集體資料應用到個人情況時的限制。應變性介入建立在以實務為本的證據之上，這表示我們須仔細注意當事人的反應和表現，並在明確的目標導向下，容納種種差異。基於應變思維，介入並不依賴和嚴格遵循標準化手冊的規定。在知行易徑中，手冊只用來提供指導方針和有益的參考，不會要求實務人員嚴格遵循。相反，我們鼓勵他們在實際情況下不斷調整，以切合當事人的反應和

不斷變化的現實狀況。

在掌握知行易徑的過程中，實務人員會經歷不同的學習階段。同樣，我們不認為每個人都會經歷完全相同的過程，或需要同樣長度的時間。有些學員覺得實用手冊和指南很有用，有些在早期學習階段需要更深入的輔導或督導；有些學員希望有更多的開放性和靈活性。我們要強調的是，知行易徑是有專業紀律的實務，實務人員要為自己的行為負責，並對每一步實務流程進行梳理論證。如前所述，我們關注個人質素、專業背景、學習歷史和學習方式的個別差異，以及各人期望掌握的具體知行易徑知識和技巧。

實際操作中，有些知行易徑應用項目較為成熟，並有較多文檔、實務指引和手冊、實踐經驗、項目資料方面等。這些項目通常針對已知的問題或病症，如人際關係問題、失眠、社交恐懼症或精神分裂症等。我也認識到知行易徑實務人員經常會碰到不熟悉的情況，我們通常對它們沒有充份的研究或認識；遇到這些情況，顯然須要回應實際處境，而無法依從手冊來介入。我相信，嚴守專業紀律，有系統地應用知行易徑原則和方法對這類處境會有幫助。雖然實務人員間存在個人差異，但隨著累積經驗和提高專業自我效能感，他們的應變能力亦會不斷增長，持續教育和專業發展是知行易徑所強調的，並可為此設計特別項目。

為了說明知行易徑實務的應變本質，以下列出一個包含多項問題及挑戰的案例，並總結介入和相關成果（框 13.2）。

流程安排：幾點建議

最後，我們希望在知行易徑的服務安排上提出幾點建議。第一點，是為當事人做的準備。由於知行易徑致力為當事人充權，我們

框 13.2：蘇納個案

蘇納四十出頭，看上去比她的真實年齡大很多。十二年前，她由丈夫擔保從亞洲非常貧困的村莊移民到加拿大。結婚前，丈夫在她的家鄉已經對她進行身體虐待和性虐待了，每次見面丈夫都會打她，並強迫她與自己進行性行為。她的家人都知情，但還是鼓勵她結婚，並搬去新的國家，因為他們希望從她的丈夫方面得到大量禮金。她的哥哥甚至向她表示，她一直是家庭的經濟負擔，希望她盡快離開家鄉。移民後虐待持續不斷，包括性侵犯和身體攻擊；她生下三個孩子，她接受服務時這些孩子的年齡分別是 4、6、9 歲。最大和最小的是女孩。她懷疑她的丈夫對女孩子做了一些「不尋常」的事。她的英語能力有限，朋友很少，對法律制度了解甚少，幾乎不知道服務的存在。她也不明白所遇到的專業人士的角色。她離開了家，在街上住了兩個星期，發現自己難以生存。她曾去過幾次急症室，但她很小心，不想引起執法者的注意。她感到力不從心，相信不管怎樣，她的丈夫最終會找到她。在急症室，社工和警務人員懷疑她遭到家庭暴力，建議她尋求幫助，最終她去見了家庭服務的社工，然後被轉介到婦女庇護中心。

初次面談與建立關係

蘇納在初次面談時，有受創傷表現。她明顯是受到驚嚇，身體緊張，與人沒有目光接觸，包括與接待員和社工。社工為她提供安全的空間，讓她講述自己的故事，她的聲音非常柔弱和壓抑。在敘述中她強調自己的無助和無力感。她還報告了以前接觸的轉介社工，一直令自己感到壓力，因為社工總是問她，她打算做甚麼，以及她想像的解決方案是甚麼。她也覺得家庭服務工作員批評她，不同意她先行照顧好自己，而不是把孩子帶出來的計劃。她的故事裏唯一正面的部份，是她對兼職護理員的工作感到滿意。社工對她的安全、個人空間和自主意識的需要很敏感，並很小心在溝通時不作批判，或提出可能被視為過高的期望。蘇納的敘事逐漸從強調無助被動感，轉化到表達需要和期望。蘇納喜歡談論她的經驗，尤其是當她感到被理解和支持時。在面談結束時，蘇納與社工協作處理即時的人身安全問題。

需境特量（N3C）評估

- 需要：安全、自尊、人際關係和獨立
- 處境：家庭暴力、移民、英語能力有限、沒有家庭支持、財力有限、沒有社會網絡、文化加強對家暴的恥辱感、抗拒接觸司法系統
- 特性：極低的自我形象、深度無力感、難以建立對別人的信任
- 力量：抗逆力、執行功能強，情緒調節能力良好，有表達自己的經歷、需要和期望的能力

策略與技巧的學習和發展

- 在思維層面重構她的經驗,強調她的自主性和有效性
- 解決當事人擔心的問題,不管它們的「真實」程度有多高,例如,模擬練習被丈夫在街上或在工作場合騷擾時所需要的策略與技巧(這在現實生活中從來沒有發生過,但當事人擔心它可能會發生)
- 了解及學習行使她的法律權利,包括用自己的語言緊急求救
- 學習如何有效地使用相關的社會服務,包括以她的語言提供服務的機構
- 通過模擬練習,學習與孩子溝通的技巧
- 練習伸張訓練,跟丈夫在電話中通話,而不須透露自己的資訊,處理自己對恐懼和怨恨的情緒反應,以及調整逆來順受的傾向
- 學習跟熟人建立關係(例如,兼職的同事),建立支援網絡
- 發展與另一名庇護所中同住的女子的信任關係(這女子後來成為她生命中最有用的伙伴)

結果(3 個月中 11 次個人面談後)

- 消除了自我打擊的無助感,以及丈夫對自己過大的權力和控制
- 考慮分居和離婚的選擇,包括實質的分居,以給自己足夠的考慮時間
- 離開住所,跟在庇護所認識的女友分租公寓,並視她為可信任的同伴
- 孩子得到兒童保護機構的照顧

希望令當事人更清楚知道知行易徑的實務情況;對此,知行易徑官方網站為當事人提供了有用的資訊。與知行易徑原則一致,當事人可以通過了解知行易徑學會如何更有效使用相關服務,並透過自我導向的學習,提高熟練程度。我們鼓勵實務人員為此準備材料,亦希望知行易徑網站可進一步發展,加強支援實務人員。

在網絡資源的使用率不斷提高的環境下,尤其是對年輕當事人,我們預計,更多的網絡元素會被納入到知行易徑計劃裏。隨著網絡通信技術不斷發展,可以預想,與網絡相關的知行易徑計劃的

設計與服務也會陸續付諸實行。我們期望有更多的知行易徑項目內容在網上發佈，例如最近開發的失眠及睡眠問題項目，並提供相關資訊，如失眠、睡眠神經生理學和知行易徑介入的基本原則等資訊。這樣可以節省介入時間，讓參加者在其他時間也可繼續參與計劃和自學。

在較為傳統的面對面實務中，活動準備方面可參考以下幾項建議。其一是為計劃參加者準備一套學習材料，以便他們保存相關的計劃材料，如講義、評估表格、作業、練習和作業指示、DVD 或 CD，並做筆記，記錄活動、表現和進步等。大多數知行易徑參加者都認為這樣的材料很有幫助。實務人員可在每次會議前，將相關的工作表或講義準備好；在以應變為基礎的計劃裏，我們會建議實務人員把相關材料以數碼形式儲存，以便在需要時列印出來。

錄製和播放視頻是另一個重要的問題，由於這些程序在知行易徑中廣泛使用，所以最好是把所需的設備事先準備好，並在使用前測試。一般的準則是，這些記錄以提供反饋為主要目的，我們不希望過多關注它的技術細節，如照明和視覺效果等，有清晰圖像和良好音質即可。在任何形式的電子記錄之前，實務人員必須得到當事人簽字同意，並向他們說明這些記錄會如何保存和使用。如果我們希望將記錄用於研究或專業教育上，必須為這些特定的目的取得明確知情同意。

有些實務情境中，我們須要同工與當事人進行模擬角色扮演，進行這過程前，實務人員必須獲得當事人的知情同意，並應當清楚地表明我們會遵守保密原則。一般來說，我們不鼓勵同工和當事人在項目活動以外有其他接觸，除非這是練習的一部份。對計劃參與者之間，或知行易徑小組成員間的活動和關係，也要作出類似的防範。這些原則和程序通常應用於臨床實務中，但在社群發展、教育

和培訓機構中的執行，則相對有較多彈性，然而，保護參加者的私隱和權利始終是十分重要的。

總結

　　這本書的目的是為那些希望成為知行易徑實務人員的同工提供有用的資源。很多讀者或許會參加知行易徑專業實務課程或計劃。知行易徑不只是概念性的公式和實務原則，它包括直接的實務技巧，通過反覆練習來掌握，這可能須要輔導、諮詢或有經驗的知行易徑實務人員的督導。我們在本章描述了知行易徑實務的不同水平，個別同工可以自己決定期望發展的能力水平，以及實務範圍和工作模式。我已經強調了應變式實務的優勢，但還要指出的是，知行易徑仍然需要遵循專業紀律的實務，實務人員要為他們的專業決定和行動負責。

　　根據知行易徑的原則和價值觀念，我們鼓勵並期望同工參加持續教育和專業發展。知行易徑不是一個封閉的系統，而是在不斷發展和改良中。我們歡迎同工保持聯繫，並分享大家的經驗、見解、意見、評論、批評、建議和創新等。知行易徑網站可以作為反饋、交流、互相支援和合作的平台。

第十四章

我看知行易徑

我一直將知行易徑介紹給來自各處的同工，包括任職院校、社會服務機構、社區組織、醫療機構、企業、專業聯會、義工組織、實務單位等，而所聽到的問題、意見、反饋、提議以及批評也相當豐富。有一次，一位資深的私人執業心理學家給我的反饋是：「知行易徑，對實務人員來說過於理論化。」他認為這可能與我長期從事學術工作有關。我同意這一點，過往也有不少同工向我提出非常具體的操作性問題。儘管我個人對知行易徑的理論興趣濃厚，我還是刻意地將本書的重點放在實務上，介紹概念時也聯繫到如何執行。畢竟，大多數同工對這系統的操作最感興趣。

不過，我會在本章稍為放縱地暢談知行易徑的概念部份，其中一些部份聽起來會像個人隨想。對於理論興趣不大的讀者，可以自由略過部份段落或單元，甚至是整個章節。在這一章，我會先介紹知行易徑與我其他工作的關聯，再討論知行易徑的價值基礎，特別是多元性，最後探討有關研究和知識生產方面的問題。讓我們一起放縱於理論探索吧！

知行易徑與我其他的工作

1984 年至今，我一直在學術界工作，而以北美學術傳統的標準來說，我是一個「非典型」的學者。我的興趣廣泛，包括心理治

療的實務與研究、認識論、論述分析、身份政治、跨文化工作、全球化議題、移民問題等等。我從事的工作範圍也很廣，包括性與情慾、長者的健康與好境、企業諮詢以及生育科技等。我也積極投身建設中國的社會工作、心理治療、心理及生理健康服務等領域。這些看似多元且分散的興趣，常常引起同工和學生的疑問；同工曾善意地提醒我，需要建立一個專注的學術領域，才能顯得紮實、突出。然而，我熱愛廣闊的工作方向，並不想困於學術界慣常和狹窄的知識生產與傳播。

記得第一次接受大學教職時，我本以為可以串連我對實務、教學和科研的興趣。然而，在過去近三十年的學術環境，實在經歷很多轉變；現時，我任職於一家研究型大學，主要工作是爭取研究項目和經費，並發表學術論文。我喜歡這類工作，亦尚算成功，但我鍾情的教學和實務工作卻受到忽視，甚至被剔出工作範圍。視教學工作為次等已是教授間知而不宣的現實，更甚的是，社工學院已不理會老師是否保持與所教科目的實務工作。

然而，我是一個擁有綜合思維的人，喜歡把看似各不相關的興趣串連一起。如果我的同事和研究生提問，我會告訴他們我的學術工作致力於建立一個適合全球化、跨學科的社會服務知識基礎。有別於競爭性的科研項目，我們從事實務和專業及學術教育的工作，必須關注廣闊的知識面。我們可以討論基因科學、探討抑鬱症的神經生理學的相關因素，更可以了解全球經濟發展正影響中國和印度的就業和全民醫療。我深信抱持一個包容、全面的角度處理問題，總比以專家身份聚焦於狹窄知識領域，卻不肯或不能與其他人有效地互通，這來得更有效、更有意義。若我們在意並希望為他人的福祉作出真正貢獻，就需要多元的知識系統。

當然，在我沉醉於某領域的探索時，我也會進行深入的研究。

以我的博士論文為例，我針對研究有邊緣性人格障礙的當事人過早放棄心理治療的現象，我小心地深入分析心理治理師和這些當事人如何商討治療議程，並開發一個分析治療過程的編碼系統。我目前的研究項目中，有一個是分析來自不同文化的治療師和當事人，如何在第一次見面時建立關係（Tsang, Bogo, & Lee, 2010）。同時，我也研究自願捐贈和接受卵子的女性，如何經驗輔助生殖服務，特別是她們如何作出決定的過程；在另一個項目中，我探討了社會資源如何影響移民青年的就業歷程。作為一名實務工作者，我能清楚地看到這些工作之間的關聯性。知行易徑的應用範圍在過去三十年當中的拓展，也反映了它的開放性和積極回應社會需要的特性，這也正是我希望它能繼續保持的。

　　無論是心理治療還是社群服務，多項應變思維貫串著我不同工作的主題。從 1973 年第一次上心理學的本科課程開始，我對常規的「真相」和知識的理解，有了翻天覆地的變化。我的啟蒙老師、已故香港大學的關愛睿（Erik Kvan）老師，一語道破了儘管天文學家哥白尼發表了日心說已有四百多年，我們仍然沿用地心說的論述，說太陽是從東方升起。如今我還是會用關教授精彩的解說，作為我社會理論碩士班及認識論博士班的開場白。另一開放我思想的功臣，是 Berger & Luckmann（1966）提出關於現實由社會建構的理論，這一理論讓我開始認識現象學的傳統，深刻影響了我對心理治療的認識。我認識到語言在現實建構中的作用，包括專業語言和科學語言，讓我體會到知識的不確定性，從而解放了我，讓我不再局限於實證經驗主義與建構主義認識論之間的爭辯。我認識到我們所體驗的現實的複雜性和多元性，並非單一知識論可以涵蓋。知識是多變的，相應地，知識論的定位也需多項應變。作為一個實務工作者，我採取了一個較務實的態度，即讓我們獲益最大的就是可以

285

在不同的情況下，採取不同的知識論定位。當我服務愛滋病患者時，我深深感受到他們的現實因情境而有別；他們處理 CD4 T 細胞數時會採用實證主義的態度，而討論宗教組織如何影響服務資源或安全性行為運動時，會採納建構主義的立場。以務實的態度處理知識並非創新；Polkinghorne（1992）已經提倡採取務實態度，處理多變的知識和現實。Rennie & Toukmanian（1992）也提倡以兼容的態度，處理知識和研究方式；這體現對心理治療實務與研究所面對的多元性和複雜性的肯定。

從事心理治療工作，我們除了要意識到現實和我們建構的知識都是應變性的，更要理解應變因素如何循不同維度變動，那我們才可以靈活地處理與別人的互動或交往。應變就是不穩定的意思，會隨時空而轉變；也受不同的變項和過程動態地相互影響。比如說，當事人會因他所在的文化或社會經驗中，對專業關係的建構有所不同，而對工作人員產生不同的反應。有時，應變性的現實會被簡化為「如果—那麼」（if A, then B）的單項線性思維，但在現實生活中，我們往往面臨著多個變項同時互動，產生多樣後果，而非只有一個變項。理論上，以多項應變思維處理世情非常合理，但實際上，我們受信息容量和注意力所限，同時處理多項資訊並不容易。因此，我設計了一個概念框架，協助同工在前線服務當中處理多個變項（Tsang, 2008）。簡單來說，服務當中面臨的事件，可以按該框架分類組織、分析和處理，包括：(1) 人類經歷的六大領域（生理、動機、思維、情感、行為及環境）；(2) 臨床轉變過程是如何發生、發展的；(3) 當事人的變項；(4) 工作人員的變項；以及 (5) 環境因素。

前文也提到，知行易徑採納多項應變思維，以更有效地處理不同當事人的獨特需要。這是一個成長的過程：我反思自己的學習與

發展歷程，從採用他人一套較系統化的工作方式開始，而非一開始就採納多項應變思維。對於初學者，依循一套系統化的工作模式，並採用實務手冊、指引及項目材料，可以增加實務的信心，甚至提升持續學習的動力。而資深工作人員常被知行易徑的靈活性和廣泛通用性所吸引，使他們更得心應手地融會本身的知識和實務經驗。知行易徑可以靈活地融入實際工作中，因它體現幾大原則：

(1) 我們需要採納多元化的資訊、知識、技巧及經驗，才能協助當事人發展有效的策略與技巧，處理日常生活的挑戰，以及滿足他們的需要及實踐人生目標。

(2) 實務並不是機械化地操作某種既定的系統，而是因時制宜地融合、應用專業知識和實務經驗，並配合工作人員的個人特點。

(3) 雖然我們經常追求一套共享的實務知識、原則及操作程序，但是我們每人都有自己獨特的學習歷程，逐步發展自己的實務能力。當然，我們都希望自己的實務水平能隨著時間而進步。

(4) 知行易徑系統持開放態度，不斷接受新的反饋和改良。同時，我們也知道，不能完全將所有當事人、工作人員及實務情況的不同需要同時標準化。

(5) 標準的實務操作手冊能提供具價值的指引、原則以及詳細的程序，但手冊的最大價值在於能協助當事人在面對不同需要和應付各種情況下，得到正面效果。

(6) 所謂嚴格、有紀律地執行實務工作，即是要求仔細注意工作過程的細節，才能及時掌握當事人的轉變。我們需要對實務工作負責，並能提供依據，以支持所作的決定。

(7) 多項應變思維能提升我們對當事人獨特而不斷轉變的需要

和狀況的敏感度，並做出合適的回應。

其實，我其他的工作項目也貫徹地體現這些原則。例如對整全性概念理解輔以辨別分析、兼容性知識論和多元方法論、整合與超越、動態的結構分析等，儘管呈現方式各異，這些原則都能在我不同的工作中展示出來。

知行易徑的價值基礎

以下，我想探討知行易徑的價值基礎。知識是多變的，其中的一個變項是價值。價值受我們所選的觀點和定位所影響，所以價值與知識的關係緊緊相扣；而知識的產生、組織及運用都是價值的體現。比如說，務實主義就是以「務實」作為它的核心價值。儘管社會服務的專業大都著重某些共通的核心價值，如尊重他人、個人權益及專業問責，有些價值會得到某些專業的特別重視，例如在學術和專業論述中，公平和社會公義在現代西方社會工作受到特別推崇。

務實主義、知識與價值觀

知行易徑開宗明義，就是要建立一個講求務實的系統；其實，追求務實就是一個價值定位，比如說，務實主義影響我們如何看待、生產以及運用知識。有些社會科學家純粹為追求知識而作研究，並沒興趣研究如何應用所生產的知識；有些學者更是將純知識與應用知識清楚劃分，甚而認為應用知識（如應用社會科學）不夠純粹，因而價值較低。我個人認為，人本服務的實務是一個最有利於知識的應用與開發的場所。因著種種難題，實務人員需認清複雜的實務情境和問題。我們經常在沒有足夠的資料和知識的情況下，

288

被迫採取行動，而我們對可能性的判斷，以及對風險和益處的評估，也不斷受到挑戰；無論後果如何，我們將對該情況的知識不斷增加。我常用的一個例子是，社工往往在沒有系統性的研究知識和正規理論的情況下，處理家庭暴力和一連串複雜的問題。心理治療也是這樣的一個例子，說明知識是從實務產生，心理治療師也必須在沒有充份資訊的情況下，處理當事人複雜的問題。可惜的是，即在沒有完整知識時也不懼怕處理人類問題，這份勇氣通常不被現今以證據為本實務主導的社會風氣接納。事實上，我們常常在缺乏足夠信息與知識的情況下採取行動，但這一事實經常被忽略；在這種情況下，我們應使用可獲取的最佳資訊和知識，將其與有關的實務經驗結合，並保持主動求知探究的心態。

當證據為本實務尚未發展到成熟前，我們可能需先開發以實務為本的證據（practice-based evidence）。我在 2008 年「五一二」四川大地震後所參與的救災工作，就是一個很好的例子。如果我們對知識的定義就限於那些透過跟從實務手冊、在與災民相似的人口樣本身上進行的隨機臨床實驗而產生的證據，那麼有關適合四川災民的創傷心理治療知識確實貧乏。當時，精神科醫生、心理學家以及其他精神健康服務人員，必須在沒有足夠證據支持的知識和技巧下，處理災民的急切需要。那時候，儘管也有不適當的介入，有價值的知識和經驗在不斷累積，而正規的研究行動亦未開始策劃。災後社群重建行動，是基於其獨特的地理、社會、文化、政治兼經濟實況，除了要小心處理，工作人員也要靈活地借鑒不同的知識、實務經驗或其他領域的證據。

在人本服務的領域，知識的產生與傳播並不是一個將證據轉化為實務的機械化、線性的過程，而是多個變項不斷地互動。以知行易徑為基礎的實務，著重需要與目標設定，而我們須知道任何將需

要轉為目標的過程，通常都受價值觀所影響。像處理家庭暴力個案時，保持家庭的完整性與保持個人權益和安全，有時是不兼容的價值取向，而該定位卻影響當事人和工作人員如何制訂個人目標。人本服務的專業人員，常要處理涉及價值和目標互不相容，甚至是有衝突的情況，這些可以通過學習適當的策略與技巧去應付。

人的主動性與轉變

知行易徑的基本價值是相信轉變的可能。其實，在大多數的人類狀況中，正面的轉變是可能的。人類是追求目標的主動者，而我們相信行為總是帶有目的性和功能性。簡單來說，知行易徑確認人的主動性，並給予支持；我們盡可能幫助其他人學習，以採取積極的行動去達到預期的結果，我們是要協助當事人實現轉變，而非為他們帶來轉變。我們重視人類主動性和轉變的可能，這提醒我們切勿將問題視為病態。知行易徑經常提出的問題重構，就是一個正面的系統，將問題轉化為策略與技巧的學習目標，這是對人性抱樂觀的態度，將焦點放在人類的潛能和正面發展，而不是負面情況。我們無法避免人生中的逆境，但我們如何面對、迎接這些挑戰，將大大改變我們的經歷。這種積極的取向，正正是相信希望的表現。知行易徑盡力發掘可能做的事情，以助當事人脫離困境。

充權、權力與公平

知行易徑的實務是要實踐充權，即通過擴大人們的策略與技巧庫，從而增加選擇。當面對人生起伏時，人們常會感到挫敗、無助和脆弱，繼而變得被動、自我懷疑、自責和感到羞恥。知行易徑系統中，自我效能感的操作化理解，就是協助人發展自我掌握、掌控，並對自己的能力抱正面的期望。在面對不公對待時，當中可能

涉及人際關係和社會互動，例如應付批評、貶低、拒絕、剝削、排斥、虐待或打壓，知行易徑的介入工作，就是協助受壓迫的當事人，學習使用有效的個人和集體行動，去捍衛自身權益，提高自我效能感，繼而糾正權力失衡。實務人員應鼓勵當事人堅持不懈，活用有效的行為，而且靈活地應變來實現目標，才能邁向充權境界。

當代對權力的分析，通常強調因社會地位和資源造成的結構性不平等，諸如貧窮和少數族裔身份等因素，被認為是穩定的個體特徵，其影響也相對固定。知行易徑系統的多項應變思維，則反對簡單的決定論思維，相信處於弱勢的人群，那怕在最惡劣的情況下，也能為自己作出一點改變。權力不單是因社會地位、身份或人口學特徵而形成，個人的主動性及正面行動，始終可以有所作為。當權力被理解為可以帶來影響和改變的能力時，知行易徑當然關注權力議題。從知行易徑的觀點，潛在權力和實際權力兩者之間有別，而展演[1]與看法之間也有動態的互動。擁有較少權力的人，通常不察覺自己的潛能，即他們擁有的潛在權力，其實比他們知道的或相信的更大。潛在權力是那些未被開發或實現，但卻是可以帶動預期轉變的能力。學習開發有效策略與技巧，能將潛在權力轉化為實際權力。

結構性權力的分析，經常忽略展演與看法之間動態的互動，而大多數社會建構的權力，都是建基於展演和看法。恐懼就是最好的例子：壓迫及虐待式的權力通常建立於恐懼。社會將恐懼建構成為人對權力的看法，從而產生強烈的驅動力，使人維持沉默和消極狀態。因此，知行易徑強調人的基本需要，並將此轉化為行動，以打

1　根據國家教育研究院雙語詞彙、學術名詞暨辭書資訊網，performantivity 譯作展演，我們將社會理論中 perform 與 performance 也譯為展演，以區別日常用語中的娛樂性表演或演出。

破壓迫的狀況。這價值觀體現在受壓迫的個案裏，包括遭受家暴的當事人、受僱主剝削的僱員，以至受社會排斥的弱勢社群。權力有三大來源：第一，機構、組織或地位，包括其相關的社會資源；第二，財產、物力以及財務資源；及第三，個人能力，包括知識、策略與技巧，而大家可以齊心協力，形成群體力量。如果對權力的分析只強調首兩項，就有可能造成權力虛化，因為個人力量被忽略。我在實踐知行易徑時，從來不會忽略個人力量。

多元性

知行易徑明確地表明人的生理、心理及社會的多元性是人類現實中的一個正面維度。多元性使人類生活更豐富，讓人們發掘不同的反應和行為，豐富了我們的策略與技巧庫。人類之間的差異與相似之處，像硬幣的兩面，缺一不可。在全球化迅速發展的世界，人本服務的專業人員需要對多元性有足夠準備，才能更有效地服務來自不同背景、與自己不同的人。儘管西方國家在學術和專業領域，仍對全球影響甚深，但人類龐大的跨國流動，使許多西方國家的人口結構出現翻天覆地的變化，這些變化當中，民族、原生地、文化和宗教的差異，只是生理、心理、社會多元差異圖譜的其中一部份。即使表面上最單一的社會，也很容易發現種種個體差異，如性別、年齡或人生階段、社會經濟地位、性取向、能力、自然傾向等等。

在心理和社會介入模式的研發方面，大家都重視標準化，期望為特定群體找出最好的治療方式，因此個體差異及非典型的經驗，通常都不被數據分析所採納。好像在跨文化心理治療開發的初期，很多學者仍然依賴一些過於籠統、而且效度不高的類別，如亞

洲人、西班牙裔、拉美裔、原住民、非洲人、黑人和白種人。許多學者忽視了最簡單而明顯的事實,人們不斷接觸不同文化,受到多方面的影響,並根據個人經驗吸收和內化不同文化系統(Ho, 1995)。在文化以外,很多人都偏愛用清晰的類別,硬性區分複雜的多元性,如男人或女人、異性戀或同性戀、小孩或成人、身體健全或傷健人士。

多項應變思維促進超越類別分野的想像,提高人們處理動態多元性的能力。按照這樣的思維方式,我們無須將差異性投射於別人身上,但卻可因此關注和欣賞彼此之間的相似和相異之處;而某種情況下,哪一方面的差異與共性較重要,也是因情況而異。以一位混血同性戀女士與一位非洲裔異性戀男士之間的交往為例,我們不可假設族裔、性別、性取向或任何這些因素的結合,對他倆之間互動的影響,因為這將取決於相遇的情形、相交的原因、哪人是主動者以及其他因素。在知行易徑的實務中,我們更注意人如何表現身份特色,而非社會對各種身份的界定。一般來說,人們透過外貌、衣著、語言、風度、表達社會身份的標誌、有策略地表現自己等,以展演自己的身份。如果我們只簡單地假設一個人來自異族,或有某種性取向,這一特徵就必成為要處理的關鍵差異,這種分析顯然不足以應對複雜多變的現實。

其實,缺乏靈活和開放的態度去處理差異的能力,可反映出一個人以自我為中心,當處理陌生現象時就會因缺乏自我效能感而產生不安。幸好,我們可以透過學習適當的策略與技巧,來處理人際和社會狀況的種種差異,解決上述的情況。我相信,我們將更需要為人們增強處理不同群眾特性的多元教育,而知行易徑亦可成為有用的工具。

研究與知識的建設

專業實務應建基於一套完整的知識和技巧。社會認可的專業實務，通常涉及一套被認可的知識。有趣的是，在人本服務中，實務與學術知識開發之間，卻有著動態的互動。許多專業，如社工和臨床心理學的學者，經常自稱他們為自己的專業開發了相關的知識，但在這些行業的大部份從業人員，卻沒有運用這些知識（如，Gonzales, Ringeisen, & Chambers, 2002; Rosen, 2003; Rosen, Proctor, Morrow-Howell, & Staudt, 1995）。我在過去三十多年的工作經驗中發現，某種治療或介入模式在實務人員中的受歡迎程度，並非取決於實證研究的多寡或質量。從 1970 年代至今，學者和研究員不斷地鼓勵實務人員在實證研究的基礎上建立實務模式（Bergin & Lambert, 1978; Fischer, 1973, 1981; Hanrahan & Reid, 1984; Lambert, Shapiro, & Bergin, 1986），而近年學界正大力推崇證據為本實務（Addis, 2002; Drake et al., 2001; Duncan, Miller, Wampold, & Hubble, 2010; Gambrill, 1999; Gibbs & Gambrill, 2002）。儘管關於實務的有效性證據總是有用的，但我們還是要面對當中一些關鍵問題：第一個問題是何謂好的證據；其次，如何更有效地收集證據；第三是一個實際的問題，實務人員如何使用這些證據。

有些同工對證據為本實務給予狹義的解讀，只選用通過研究測試（特別是隨機對照測試）的介入模式。其他人則有較彈性的定義，著重實務當中動態的決策過程，這一方式嘗試融合現有的研究治療、實務經驗，並顧及環境因素、實務情況，以及當事人獨特的個人特色、需要和情況等，它為當事人提供更積極參與的空間，如設定目標和對介入模式的好惡，而不持有權威的、命令的態度，這種取向與知行易徑的實務和多項應變思維較為兼容。

當我們在當事人身上使用來自他人的證據，而這些人的情況與當事人不同，或者跟我們的實務環境有異，這時候我們都需小心處理。通常，以過程研究的資料對成效數據作出補充，這會取得更大效益。深入分析實務人員和當事人之間的交流，能為實務決定過程提供非常有用的實務指引與資料（Tsang, 2000）。我們對證據為本實務採取彈性和靈活的態度，亦同時需要注意收集和累積實務為本的證據。由於學術和專業刊物重視隨機對照測試或類似的研究，它們並不太歡迎那些對個案和日常服務片段的仔細敘事分析。因此，很多實務人員會選擇接近實務的學習方式，如實務工作坊、個案討論和實務督導。我深信，累積實踐經驗、整理和表述實務智慧，製作基於實際個案的專業教育材料、提供同工之間分享和交流的機會，都應該在業界中得到各方面的支持，包括時間、資源和專業認可等。

發展知行易徑實務

沿著這個思路，我鼓勵對知行易徑實務有興趣的同工，養成反思自己實務的習慣，包括透過研究客觀的數據和當事人的報告，以檢視結果。我、身邊的同工、督導對象以及學生都發現，回顧實務過程的電子記錄對提升實務水平十分有用。有系統的研究也是可以很有貢獻的，尤其是這些著重過程與結果的關係，以及採納自然環境樣本的研究（如，Tsang, Bogo, & George, 2003; Tsang, Bogo, & Lee, 2010）。我相信詳細描述和記錄有關經驗與實務智慧，對實務人員來說更為有用，而且能更容易推廣。

我打算利用知行易徑的網站作為平台，讓感興趣的同工互相認識、分享、交流及合作。我想讓知行易徑成為一個開放式的系統，

持續地融匯不同當事人與專業人員的反饋和意見，回應當事人不斷
變化的需要和需求。有些讀者會在知行易徑培訓項目，或者是有關
的專業交流、個案研討會、學習小組及其他溝通平台中使用本書，
讓有志的實務人員互相學習，認識知行易徑；另一些讀者則會自行
獨立學習。無論如何，我歡迎大家能一起聯繫，共同使用知行易徑
的網上資料。

　　知行易徑網站：http://ssld.kttsang.com

第五部份

知行易徑的近年發展

第十五章

進一步發展

曾家達、游達裕

　　自從 2013 年《學習改變生活》英文版出版後，知行易徑的理論和實務有多方面的發展，在華人社會的應用尤其顯著，並且與全球化環境息息相關。其中最重要的發展有賴於同工在實踐經驗內給予我們的反饋和意見，讓我們可以在一些問題上重新思考。而在實務上，亦要感謝許多同工對我們的支持，知行易徑在應用的範疇和服務領域上才能夠不斷拓展。本章包括兩部份：第一部份會交代知行易徑在理論、實務原則、方法與步驟方面的最新發展，第二部份則會闡述知行易徑在全球化及後職業時代中的應用。

理論、實務原則、方法與步驟的最新發展

　　知行易徑在過去幾年的發展中，在理論和實務方面不斷修訂改良。我們的理論發展以實務為本，理論的主要功能在於方便同工在實務過程中可以了解現象的整體和不同部份，更可以從多維度掌握相關的意義。在理論與實踐結合時，我們設計出具體的實務原則，用以指導實際操作。我們更從同事在應用知行易徑時積累的豐富經驗中提煉實務智慧，不斷修訂理論和方法。此部份旨在介紹自從英文版出版以來，我們在理論、實務原則、方法與步驟各方面的重要發展。

評估與介入：N3C-6D

N3C-6D 所指的是「需境特量」及「生活世界六領域」，使用知行易徑的同工大多認為這兩個概念為理論與實務發展中最有幫助的工具。在英文版中已提及「需境特量」（N3C）這個概念，但未有詳細的使用步驟和例子說明。在過去幾年的實務經驗中，不少同工在使用知行易徑時感到這個分析工具有實際的幫助和用處，而將生活世界的六個領域靈活組合和應用，更是在近年知行易徑實踐中不斷改良的重要一環。因此，我們會詳細闡明及講解這兩個概念。

「需境特量」（N3C）

在近年知行易徑的實務發展期間，「需境特量」（N3C）是應用知行易徑時最重要的評估工具。當事人提出他們的問題後，實務人員透過「需境特量」評估，能從中找出當事人的需要，從而推進知行易徑中「問題重構」的步驟（參考第四章）。雖然同工贊同「3C」的評估對於問題重構的過程大有幫助，然而要區分「處境」（Circumstances）、「特性」（Characteristics）及「力量」（Capacity）這三個概念時，卻有時感到不肯定，甚至混淆。有見及此，以下會解釋三者的區別，並加以說明。

處境

一般來說，處境是指外在的情況，可以包括物質或物理層次，以及社會或符號層次，這個區分與我們在生活世界六領域中對環境的理解有相類似之處。外在的物理層次處境可以包括客觀條件，如空氣質量和居住環境等，也包括社會和人際關係情境，例如是初到步的新移民，或一個學生在學校受到欺凌等。處境亦可包括關係狀態（例如獨身、已婚、離異等）、就業情況、現時的身體或健康狀態，以及情緒狀態或心理健康情況等。處境一般是指現時的狀態，當狀態過去後，狀態對人的影響有可能會成為那個人的特性，例如

300

小時在家受虐待是一種處境，但因此而產生的不安全感和自卑心理就不是處境，而是特性。再舉一個例，一個人在監獄服刑時是他的處境，他出獄後，處境就改變了，變成是初出獄；而釋囚則成為身份的一部份，也是那個人的特性。

特性

特性就是關於一個人的特有性質，根據人口學角度可以包括性別、年齡、族裔、性向、身份、文化、宗教、教育水平等，也包括個人特徵如身形、膚色、性格、信念、價值觀、愛好／偏好、行為、思維、情緒等慣常反應、行為模式等。特性也包括長期身體或健康狀況如肢體殘障；長期病如老人失智、愛滋病、白化症等。一般來說，短期可痊癒的疾病和受傷狀況，如傷風感冒或輕微的扭傷等，我們將之歸為「處境」；而長期、難以改變的情況，我們一般稱為「特性」，例如紋身、整容、截肢手術等。

有時候，我們難以將情況清晰界定為「處境」或「特性」。在某些貧富懸殊的國家或地區，居住的區域可反映一個人的經濟能力。我們可以將當事人所居住地區，納入了評估此人「特性」的條件；然而，當這個人不過是當地的旅客，暫住親戚的家中，那麼，這樣的情況就會成為了評估一個人「處境」的條件。事實上，界定「特性」和「處境」常牽涉話語分析，因為語言往往不只涉及一個意思，而且有不同的解讀。例如一名女士在情人節收到了幾束花，這反映了「處境」；但當有人說：「她在情人節那天的而且確收到了很多花。」而這句話是來自這女士的一眾女同事，那麼她們說這話的意思，很可能是想指出她是公司裏最受歡迎的女同事，於是這句陳述就是為了強調她的「特性」（很受歡迎），多於「處境」（情人節收到花束）。在分析這陳述句的時候，就正正採用了「因應性解讀」進路。

力量

我們將 Capacity 翻譯為「力量」，結合了「能力」和「容量」
兩個概念，在國內較多人採用的翻譯是「能力」，而我們這個翻譯
是特別強調「量」的概念。原則上，力量只是個人特性的一部份，
但我們把它區分出來，主要是確保我們在實務過程中，不會掉進病
態—匱乏框架（pathology-deficiency framework），只注意當事人
的問題和困難，而漠視他們的能力、容量或強項。「力量」通常都
與當事人的長處、強項和資源相關。例如一個人身手敏捷、能言善
辯、有理財能力等，又如他擁有很多資源，包括廣泛的知名度、社
會影響力和人際關係網絡等。

然而，力量和特性之間的界線也是因應性的，例如一個人說烏
都語或是說英語，那可以是他特性的一部份，但一個只說烏都語的
人在香港會受到歧視或社會排斥，而一個只說英語的人卻被賦予正
面的社會價值，因為香港人內化了殖民情結而崇尚英語。所以我們
認為現在是「力量」的特性，都只是在既定的社會情境內界定的。
再舉一個例子，一位金融專才在現代城市中被視為很成功，但當他
被放逐到荒野求生的情境時，甚麼是特性和力量，就肯定要重新界
定了。

一般適應症候群（General Adaptation Syndrome）就最好用來說
明力量與特性之間的因應性。這個狀態是人的自然生理反應，在某
些緊張或危急情況之下啟動反應性機制，令到心跳加速、腎上腺素
上升、瞳孔放大。這原是人的自然反應，令到視野擴闊、手腳得到
更多血液供應，以備逃走或反擊（flight or fight），這是在野外求存
的機能，以求在物競天擇、適者生存的生態環境下求活求存；在那
種情況下，一般適應症候群當然應該算是「力量」了。可是，當物
換境移，到了當代的後工業社會，這種自然生理反應卻適得其反，

成為了某些「特性」，在我們考試、見工面試等情況下才啟動，這種「特性」大大妨礙我們去應付現今社會裏的種種挑戰。總的來說，一般適應症候群原是所有人的「力量」，可是切換了環境，這種狀態就會成為了人的「特性」，而且還會帶來許多問題，甚至有可能在長期啟動的情況下，轉化成為如高血壓或胃潰瘍等疾病。

如上所述，處境、特性和力量都有其因應性，實務人員有時候會覺得混淆、無所適從。因此我們綜合下表（表 15.1），概括了「需境特量」（N3C）的重點應用條件。

表 15.1：需境特量

需要	人類生存和生活的條件，一般包括： ● 生理和物質需要 ● 心理需要 ● 社會需要 ● 整全（holistic）需要，例如實存、靈性／精神、藝術／美感等
處境	● 外在環境：包括物理或物質層次，例如空氣質量、居住環境等 ● 社會和人際情境：社會制度、政策、社會位置（如新移民、留學生、外勞）、關係狀態（如已婚、獨身、離異等） ● 現時情況：就業和財務狀況、短期健康狀況（如感冒）、短期心理或情緒狀況
特性	● 人口學特徵（一般比較穩定及難以更改）：性別、年齡、族裔、性向身份、宗教等 ● 個人特徵：身形、性格、信念、價值觀、愛好／偏好、行為、思維、情緒等慣常反應、行為模式 ● 長期身體或健康狀況（肢體殘障；長期病如老人失智；紋身）
力量	● 能力、長處、強項（身手敏捷、高智能／情商、能言善辯、自我照顧、情緒管理、運動、理財等） ● 資源：包括財富、社會資本（人際關係網絡、地位、知名度、影響力等）

實務同工在進行「需境特量」（N3C）評估時，可以參考下列簡單指引：

1. 找出需要

我們無須找出一個人**所有**的需要。然而，我們卻要找出一個人最明顯的需要；這些「需要」多數聯繫著當事人常常經歷的煩惱、問題、困難和挑戰，嚴重地影響著他的生活。因此，我們的探索可以從這些問題開始：

- 這個人受到何事困擾和煩惱？
- 這個人欠缺甚麼，或想要甚麼？
- 這個人想改變甚麼？
- 有甚麼事情能讓這個人感覺更好？

然後，憑著以上問題的結果，我們可以推斷一個人的潛在需要。在過程中，我們亦需觀察及留意對方比較迫切的需要，這便能讓我們更容易找出當事人的驅動力來源，使過程更奏效。

2. 考察相關處境

要形容一個人的處境可以是一個無盡頭的過程；因此，我們在這個步驟中專注在找出與當事人「需要」相關的處境。關鍵的問題是，當事人**哪方面**的處境在影響他／她的需要？這些關鍵的因素，又**如何**在影響他／她的需要？同時，我們亦需留心當事人哪方面的處境是要我們致力協助改善的。

3. 有甚麼個人的特性正在影響當事人滿足需要及達成目的？

使用上表，評估當事人的身體、心理和社會方面的特性；期間應留意當事人的行為特性，例如行為模式、習慣、喜好、處理問題的手法等。

4. 評估力量

辨認及列出與當事人及其滿足需要相關的長處、專長和從前的

成就等等。在作評估的時候，也要分析當事人各方面的資源，當中包括社會資本和人際關係等。

知行易徑框架下的評估，本身就是一個問題重構的過程。鑑於處境、特性和力量的因應性，進行問題重構時會採取一個正面的取向。在處理當事人的獨特情境和特性中，我們不難發現經常包藏著潛在的力量。

變越理論：生活世界六領域（6D)

6D 是指 Six Domains（六領域），是知行易徑對世界的概念化工具，當中包括環境、身體、動機、思維、情緒／情感和行動／行為。在過去幾年間，通過實踐，我們對生活世界六領域的概念進行了一些修訂，並運用變越理論，兼容了社會科學主流的形而上三分（生理、心理、社會）觀點和整全構想（holistic formulation）。變越理論，英文是 metatheory，meta 包括了超越和轉化的意思，某種意義上來說，變越理論就是關於理論的理論。我們看到了形而上三分法和整全理論構想的特性，以及與他們產生的界面，把它們涉及的實質內容翻譯到知行易徑的六個領域中，並用「在世存有」來涵蓋，把個人存有的整全性和分析框架無縫地結合起來。

形而上三分法和整全構想的概念界面

大多人本服務的實務人員、研究人員和學者在形而上三分的概念上建立對人類現實的認知，分成生理、心理和社會三個維度。例如大家熟悉的世界衛生組織，把健康定義為「不僅為疾病或羸弱之消除，而係體格、精神與社會之完全健康狀態」（World Health Organization [WHO], 1946/ 2016）。此定義以「健康」來界定「健康」，顯然有其問題，我們大可將之詮釋為生理、心理及社會各方面之好境。大部份的實務和研究人員都已接受類似的形而上三分法，用來指導他們的專業活動。可是此三分法亦有其限制，於是有

些同工希望使用一套較整全的構想，來理解人類現實，並用來指導行為。

為了避免將人類經驗客體化或隔分化，當代的人本服務和我們日常生活的論述漸漸形成一種整全的構想，牽涉在世存有、主體性、精神靈性、美感、公民身份等整全概念，讓我們完整地包容每個個體的存在、位格（personhood）和身份。而且，整全語言有助人們清晰表達自主的、實存性的、精神性的和美感的人類經驗，讓服務使用者和人本服務的實務人員更容易明白需要。

我們可將人類經驗分為生理、心理和社會三個層面，或是以上提及的整全構想；這兩個概念有時候互相形成對立，令不少人經歷其中的張力，當然也有不少人能夠自如地使用及換用這兩個概念。

知行易徑是一個實務介入系統，也是能夠接連這兩個概念系統的界面。知行易徑認同海德格所提出的「在世存有」（德語：Dasein；英語或作 being-in-the-world）概念（Heidegger & Stambaugh, 1996; Moran, 2014），在社會工作文獻中亦被稱為人在情境中（person-in-environment）。以上提及的概念大多用於全面地了解人類個體，並識別構成個體的不同部份，例如體載（embodiment）、思想、感受、慾望和軀體性、決策和行動，以及這些部份與外在世界和其他人的關係。總的來說，知行易徑框架把形而上三分法和整全構想連接起來，從而整合各組成部份（見表 15.2）。

知行易徑是一個了解多維度人類現實和行為的概念框架，當中覆蓋生理、心理和社會層面，同時表述實存、精神或美感的方面（見圖 15.1）。

生活世界是指一個人的生活經驗的整體，可以透過六個領域來理解：環境、身體、動機、思維、情緒／情感和行動／行為。環境

表 15.2：形而上三分法和整全構想的概念界面

傳統的形而上框架	知行易徑	
	分析領域	整全構想
社會	環境	在世存有
生理	身體	生活世界
		位格
	動機	主體性
	思維	實存
心理	情緒 / 情感	精神 / 靈性
		美感 / 藝術
	行為 / 行動	政治 / 公民身份

圖 15.1：在世存有與生活世界

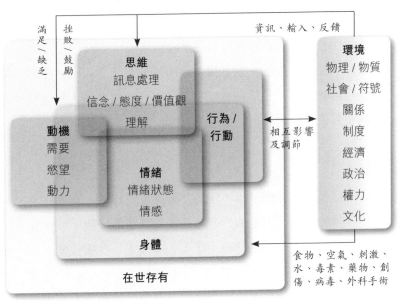

是指我們外在的世界；它包括有形的（地理、空氣質量、物質資源），以及符號性和社會性的（經濟、社會體系、文化、政治、人際關係）。身體則指生理方面的部份，乃是解剖學上的、生理學的及基因性的，這亦包括了身體的經歷，以及身體作為一個社會建構現實。不少哲學家都主張人的存在乃是以體載的方式呈現，因此我們必須認識用「體載」去理解人類經驗的重要性。我們的生理過程往往都以體載的方式呈現出來，例如思想、感受、慾望和奮鬥心，而身體就是把這些經驗表現出來的載體。

心理領域包含了思維、情感和動機。我們的思維包括了認知、思想、智慧活動、回憶、知識、價值觀和信仰。而情感領域則指感受和情緒。動機是指我們對於需要和慾望的經歷。行為可以被歸納為心理領域的其中一環，即是我們說的話、做的事和有關行為。我們雖然可以從心理學的角度來了解人類的行為及背後的動機、思維和情感，但行為同時也包含生理維度，並涉及社會意義。當然，外在環境和社會現實也是影響行為的重要因素。

知行易徑所強調的，就是這六個領域的互動交流。把任何一種人類經驗歸類到單一領域都是不可能的；當我們要深入和完整地理解任何一個領域裏的活動，都會無可避免地涉及到其他領域。

我們也可以透過以上提及的六個領域來理解這「整全經驗」，包括實存的、靈性的和美感的。首先，這些「整全經驗」往往出現在特定的環境裏，這種環境可能是物質或實質性的（例如在林中、廟宇中、博物館內、醫院裏），而且涉及特定的經濟、社會和文化現實（例如基督教、伊斯蘭教、華人、美國人、在獨裁體制內、在民主社會內，以及特定語言環境）。而且，這種整全經驗往往是透過身體感受和經驗體現而來；我們不可忽略思維如何讓我們明白和創造這個經驗的意義（例如了解詩詞的意思、意象、音樂結構），

當然情感狀態也與這經驗息息相關（興高采烈、狂喜、敬畏）。最後，動機性的過程反映了個人的需要和慾望，而這個經驗本身就與特定的行為環環相扣，好像舞蹈、繪畫、寫作和敬拜。如果我們把整全或超驗的經驗轉化到六大領域的框架內，就更容易得到較全面和具體的理解，如讀者有興趣進一步了解，可參考我們對轉變流程的討論（游達裕、曾家達，2017）。

小結

　　本節介紹了知行易徑在理論上的新發展，以變越理論整合並融合社會科學中的「形而上三分法」和「整全構想」兩種概念，建設出更完整和具有兼容性的概念框架。此外，我們亦重新修訂對六領域的理解，在已有的動態互動關係理論上，引入「在世存有」的概念，在傳統的「形而上三分法」和「整全構想」的兩種概念間產生有效的介面。對在世存有的認識和理解，讓我們在實務中更全面地處理人類世界中出現的複雜情況。本章亦具體描述了同工認為有用的「需境特量」（N3C）和「六領域」（6D）概念工具，並將心理社會介入的轉變流程，用已融合了在世存有概念的「六領域」進行分析，提供將流程概念化的路線圖，方便同工在六領域中更有效靈活地自由移動；因應當事人的需要、處境或情況，設計出適合的介入流程，實際地提供以人為本的個性化服務。

全球化及後職業時代

主體定位

理論上，人本服務行業中的同工都應該關注自己實務的社會情境，留意社會轉變的趨勢，這樣才可以作出適切的回應，有效處理服務對象所面臨的挑戰。歷史上，人本服務的理念、理論發展和實務系統的研發，基本上受歐美的學者和專業人員主導。絕大部份的實務系統都由歐美白人開創，其他族裔的同工較難擔當系統開發者和知識生產者的角色。知行易徑發展的早期主要由華裔同工推動，集中在華人社群的人本服務，與中國大陸社會工作的發展更有著密切關係。曾家達是出生在殖民地時代香港的華人，早年在香港接受教育和工作，1970年代開始在香港的社會服務有廣泛參與；1980年代中期參與和推動中國社會工作的發展；1989年移居加拿大，在開創知行易徑後不斷探索這系統在各地華人社會中的應用，並持續在全球化和後職業時代實務發展中開拓新領域。游達裕是土生土長的香港社工，1980年代在香港大學讀書時為曾家達的學生，畢業後一直支持和參與曾家達在香港的實務發展，他從事家庭和青少年服務二十多年，曾任教於香港理工大學，教授社工實務課，經過多年的實踐與教學，對許多社工實務範疇都感興趣，尤其在學習知行易徑之後，嘗試將它應用到個案輔導和不同類型的小組上，並研發多項實務介入，如個案會議、督導、危機介入等。

知行易徑發展場域：中國

自從知行易徑在2005年正名之後，一群香港同工採納知行易徑為實務框架，在實踐、培訓上累積了寶貴的經驗，並且逐步推廣

至中國。中國社會工作正處於急速發展和壯大的黃金時期，在借鑒以歐美為主體的社會工作理論與實務的同時，須定位在對自身情境的了解，建立本土的視角，並輔以批判性視野，這有助中國發展本土實務力量和實務模型。中港之間的互動和交流，也會從單向引進，逐漸轉為雙向交流，進而為世界社會工作的發展作出積極貢獻。隨著中國實務力量的壯大和後職業時代的來臨，會更有利於知行易徑發揮它的應變性和兼容性。

　　從中國崛起的過程中去想像中國社會工作的前景，大概也是應該從「需境特量」（N3C）開始：中國有自己特殊的需要、處境、特色、力量跟資源。社會工作在中國大概已經過了起步階段，中國政府在現階段積極投放大量資源去發展社會服務，所以社會工作正適逢難得的發展機遇和挑戰。中國民族多元化，社會服務的形式也相應多樣化。由於中國地廣人多，相比西方，我們可以在多樣的實踐中吸收經驗。另外，中國國土遼闊，各地的經濟條件分別很大，各種實務情境亦有巨大差異，本土開發的社會工作有獨特的環境優勢，例如中國有很多一千萬人口以上的城市，在西方卻不常見，加上中國的城鎮發展迅速，社會工作在中國將有獨特的發展。此外，中國的廣大農村也需要社會工作的支持，走出有中國特色的農村社會工作道路，這是相關工作員的願景和努力方向（毛剛強，2008）。因此，對國外的實務人員來說，中國可以提供很多有價值的經驗和知識，例如某些具有中國特色的挑戰，包括複雜的人文政治經濟環境，這些都是跟現時歐美主流有所不同，可以凸顯實務情境的多元差異性。在文化特色方面，中國也有很多獨特之處，例如，中國的某些集體取向（例如早上到公園晨運、小社區內的互訪等）對於群眾的身心健康是非常有利的，也會影響城市公共空間的建構。在力量方面，中國經濟力量的持續增強，國民儲蓄率高而負

債較輕，可以為發展社會服務提供龐大而充裕的資源。

從進口西方社工到參與打造全球人本服務的新模型

2016 年中國的國民生產總值位居世界第二（國際貨幣基金組織，2016）。中國的經濟持續發展，速度高但不平均，導致貧富差距不斷擴大，因此社會越趨不穩定。社會福利的體制，如醫療、房屋、教育、收入保障，可維持人民整體福祉、滿足社會和心理的需求，而對弱勢群體提供足夠的服務（農村和偏遠地區居民、老人、殘障人員、低收入人群等），更是保證社會穩定的基本條件。另外，隨著公民社會的發展，中產階層逐漸取得更大的話語權，如果能動員公民社會意識，積極提升社會的參與和貢獻（例如慈善捐獻和義工服務等），消減相對貧窮，也會起到促進社會和諧的作用。社會工作的發展將會得到政府更多的支持，包括直接資助或購買一線服務項目，提供各種研發經費及配套資源，這些大概會成為國際上惹人羨慕的條件。當然，與此同時存在的行政和社會操控，也會繼續成為社工須要不斷警惕和處理的現實。

中國社會工作專業教育的發展，早年受到香港方面較大的影響。首先，香港鄰接中國，往來交通便利，雙方交流頻繁。其次，香港的社會工作發展較早，積累了豐富的實務經驗。另外，香港雖然是殖民地，但畢竟是一個華人社會，有著比較接近的文化。香港一直從西方引進社會工作，因此使用香港的社會工作教育及實務模式，相當於引進了經過本土化實踐檢驗的社會工作實務、理論和方法，這些因素都令香港社會工作的模式在中國較易得到接受和推廣。但從批判的角度看，香港的社工實務受殖民地管治的影響，相對於歐美社工主流有更右傾的政治取向（強調個體責任、不批判結構性政治現實、不強調財富較平均分配、更接納右翼基督教立場等），是較易為中國政府所接受的。在香港的主導社工論述中，弱

勢群體的權益和需要較不受重視，這些弱勢群體包括殘疾人士、大陸移民、外來勞工、同性戀者以及少數族裔等社群。此外，在殖民地情境中，社會公義和社會改革也不是香港社會工作教育的重點。中國目前的社會工作還是推崇美國模式，視它為主流，當中當然涉及選擇性吸收，對於較易引起政治敏感的議題，如社會公義、對多元差異性的接納、社會共融、女性主義、對性小眾和弱勢群體的承擔、反殖民和後殖民論述、酷兒理論、反種族主義、反壓迫實務等內容，吸納程度就一般較西方為低。但從歐美近年政治氣候來看，右傾政客和民粹主義的受歡迎程度正在提高，懼外和排外心態與白人民族主義再度抬頭，我們不容易簡單斷言任何一個地區的人本實務人員整體在政治圖譜上的定位。一個可能更接近多項應變思維的看法，就是同時看到宏觀的集體取向和群體內的異質性，而群體的組成將會有越來越多的跨地域交錯。

再回到中國的發展，由於語言及歷史發展等因素，中國學者在社會工作的學術研究，還未廣泛得到國際上的認可，有關中國社會工作的英文論文，過去主要還是西方國家中具香港背景的學者為主，這種狀態近年隨著大陸社會工作學者的增加和水平的提高而有所改變。美國模式的優缺點，與是否適合中國的情況，還有待更多的學者和實務人員去探討和反思。比如，未加批判就接受了美國研究型大學，重科研輕教學／實務的價值取向，盲目追求海外論文發表和引用的指標，教學的重要性自然相應降低，實務和實務培訓就更可憐了。中國的人本服務專業的實務根底本來就薄弱，再加上把研究型大學定為樣板，對實務為主的專業如社會工作、心理治療、心理輔導、護理等有不少負面的影響。

中國高校出現的「非典型腐敗現象」（李楊，2007），就可以被理解為這個發展方向的不良後果之一。由於教師的晉升很受已發表

的學術文章數量所影響，而每年能夠在學術期刊發表的文章相對有限，因此很多學者為求發表文章，用盡種種辦法，如一稿多投、行賄發表和學術作假等手段也隨之出現（楊曾憲，2007）。另外一個發展方向，就是因應學者們的出版需求而產生的新出版產業，現在有越來越多以市場盈利為主要目標的學術出版平台，降低了匿名審稿的門檻來滿足學者們大量發表的需求，在科研文獻的灰色地帶間伸展了光譜，這種趨勢在社工界可能沒有那麼嚴重，但也應深入反思目前社會工作教育評估的系統。

知識與實務方法的發展，如同科學技術一樣，這些都與社會的經濟條件息息相關。如前文提到的英國皇家協會的報告（The Royal Society, 2011），中國在理工科目領域的學術成果，起碼在數量上已經引起世界的關注。雖然整個中國社會工作的科研理論和實務系統的建立，很大程度上還是依靠外來的資源，特別是香港進口的知識與方法，但我們預期隨著中國國力日漸增強，社會工作在本土研發、理論建設以及服務形態等方面，將有重要的突破和進展。由於中國人口眾多、地域廣闊，以及獨特的政治經濟環境，實務人員所面對的社會問題林林總總，極具挑戰性，本土方法開發過程中，實務同工在處理眾多複雜的社會問題，積累豐富而寶貴的實務經驗之後，可能對其他國家和地區起到借鑒作用，並成為可以出口的資源。

到目前為止，中國社工教育在實務及實務系統的開發方面較為薄弱，這跟缺乏有經驗的師資和實務訓練不足有關，當然也受到上文所提及到的學界的研究取向影響。國外的人本服務及教育起碼在發展早期是由實務主導和推動，而中國的社會工作到了 2000 年左右，基本上還沒有出現一個實務的群體，即使是十多年後的 2017 年，這類實務人員的人數雖然已有大幅增加，佔的比例還是相對

小，社會服務界還未建立系統來積累實務的知識和經驗，只是不同的實務人員在進行各種嘗試和探索。推廣實務，一般需要實務人員的行業組織，比如中國社會工作協會、中國社會工作教育協會，但目前這些協會的主要成員，都是民政部人員和高校老師。所以中國社工實務的發展，大概還是由高校與政府所主導，真正來自於非政府組織和民間團體的實務人員，目前確實不多，但我們推測下一步中國社會工作和人本服務的發展，將會出現更大的實務者群體，並且在公務員體制以外擴展。在中國特有的國情中，這個實務發展的過程會湧現很多本土創新的服務形式，進一步就是實務模型（practice model）和理論的建設，這些都是值得關注的趨勢。

　　我們注意到中國社會工作在實務培訓的缺乏，所以一直支持相關機構和單位的服務發展，並提供後續的諮詢交流，重點是培養具實務能力的團隊。中國在職業化的進程裏，可能會逐漸出現後職業化的演變因素，因此中國社會工作的發展也會受到後職業化發展的影響（曾家達、許認，2012）。當前中國社工職業化還未達到成熟階段，但在社會、經濟和文化的高速發展中，有可能會迅速而直接進入後職業狀態。所以，我們認為社會服務單位的組織管理，並不一定要參照西方的經驗，也不需要太受職業化這個論述所主導，而且可以在現有的基礎上，主動開發一些適合中國國情、立足本土的方法和系統。有關本土化發展，國內學者的論述也有類似觀點，如王思斌（2007，頁 61）提出以助人效果作為評價標準。從知行易徑角度，我們當然強調當事人的參與，包括實務體系的建立和管理、研發和知識生產，我們更鼓勵與當事人和社群協作，充分尊重並支持體現他們的主體性和主動性。

在政府與非政府之間：協商和運籌、職能和資源的轉移
　　中國政府對社會工作的取態正起著兩大方面的作用：一方面，

它看到社會工作能起到社會穩定的作用，所以給予支持、推動和鼓勵；另一方面，中國政府和社工對於社會發展的關懷和觀點不盡一致，因此它對社會工作也存在一定的控制和監管。我們認為這種關係在短期內不會有重大改變。由於中國政府的強大主導作用，社會工作發展在很大程度上需要配合政府政策。但是，隨著社會工作和相關職業的不斷發展，社會工作實務人員、服務機構管理層、人本實務專家和領袖等，將會形成在高校以外的專業群體，並以其實務經驗、科研成果和社會資本，對相關政策和實務操作產生越來越大的影響。另外，以學者為主要推手的情況將逐漸改變，相信會出現政府、高校和實務人員三股力量的平衡。此外，還可能存在第四股力量，就是隨著非政府組織、基金會和慈善團體的不斷湧現，它們將成為中國的公民社會力量，這很值得關注。總體上，非政府組織數目大幅增加，服務領域不斷擴大，這些趨勢將越加明顯。同時，由於社會上整體以市場邏輯當道（李路路，2012），社會工作商品化和服務產業化可能會向北美看齊，而很大部份的社會服務還得依賴政府財務支持，很有可能會繼續成為社會控制的工具，以確保社會和諧，但怎樣在行使政府賦予職能的同時，保存社會工作和人本服務的價值觀，這是值得實務人員和學者共同關注和探討的議題。

知行易徑在華人社會的持續發展

雖然知行易徑在 2005 年正式面世時，曾家達正在多倫多大學任教，但香港可以説是知行易徑的發源地。曾家達早年在香港長大和受教育，而知行易徑早期發展都是有賴一群熱心的香港社工同工，在曾家達於 1989 年移居加拿大之後，繼續發揚光大：張敏思在香港帶領著一個以曾家達在香港大學時的學生為主的學習小組，不斷探索新的實務方向和形式，並通過定期的專題研討和個案回

顧，包括詳細分析個案及小組工作的影音記錄，也不斷通過模擬個案練習來開發實務，期間曾家達每次回港，都會和小組成員一起學習交流，並一起試驗新的實務項目，例如 2010 年在香港中文大學舉行的夫婦關係工作坊（張敏思、張家弘，2013）。

在香港，一班熱心的同工積極推廣知行易徑的實務。隨著於 2011 年和 2013 年出版了兩本知行易徑實務叢書[1]，香港理工大學應用社會科學系專業實踐及評估中心在這兩年亦分別舉辦了「知行易徑：實務工作坊暨論壇」和「當社工實務遇上『知行易徑』實踐研討會」（這研討會與香港基督教服務處專業培訓及發展服務、仁愛堂社區服務部合辦），介紹知行易徑在香港和加拿大的應用情況，內容包括身心瑜伽、夫婦工作坊、戀愛與約會、長者與性、處理成癮行為、危機住宿服務和社區工作等。易思達行有限公司亦在 2015 年註冊成立，標誌著在香港將有專職單位推廣知行易徑的培訓、研究和專項發展的工作，同年易思達行舉辦了第一屆知行易徑基礎課程。現時，香港不少社工自發組織知行易徑實務研習小組，定期分享實務心得，一起鑽研實踐知行易徑的經驗，人數大概有四十多人。第三本知行易徑中文實務叢書《萬象》亦已於 2017 年年初出版。

知行易徑的發展和推廣與它的實務應用緊密相關，它在社會工作及跨行業的應用不斷展開，在心理治療、醫療衛生及企業培訓等方面都有新的進展。而在全球化的環境中，它的發展經常跨越族裔文化和地域界限，在香港、加拿大、中國以及其他國家和地區都不斷有新動態，本文既然以華人社會為主，以下就比較集中介紹在華人圈子的發展。

全球人口老化的大趨勢當中，知行易徑系統在老人服務開發了

1　這兩本實務叢書分別是《知行易徑：基礎與應用》、《知行易徑：應用與反思》。

多種應用項目，包括針對老人失智的遊戲介入「易徑玩樂」（Play Intervention for Dementia, PID）、處理老人性需要和親密關係的方案（Chu, Ip, Liu, Leung, Tsang, 2015; Tsang, Chu, Liu, Ip, & Mak, 2013）、護老者的技巧培訓和自我照顧、全人照顧的服務模型設計、培養新一代專職護老的專業課程、為老年服務機構提供義工培訓的實務及相應教材，以及結合社會科學和應用科技的研發項目等。這些項目很多都是先由曾家達在多倫多開發，大部份是和當地的華人機構合作。

　　例如針對老人性需要和親密關係的項目，是曾家達積累了十多年和加拿大頤康中心合作的背景下開發的。頤康中心社會服務行政總監廖廣源先生、社區支援服務主任朱陳麗嫦女士和他們的同事都給予很大的支持，這個項目在意念和實務上，都可以說是走在全球實務的前沿。項目原先在華人機構裏研發，但是在 2014 年底開始，就受到多倫多主流服務社群的認受，及後有定期的培訓項目和個案諮詢會議，不少華人圈子以外的實務同工亦有參與，此項目現已出版了實務手冊（Tsang et al., 2013），並將知行易徑在機構中的應用和產生的機構層面和工作文化的轉變寫成報告發表（Chu et al., 2015），此項目打破了華人在性方面特別保守的刻板印象，也在多倫多養老服務中，起了領導和倡導作用。

　　「易徑玩樂」（PID）項目，自 2013 年開始由曾家達和葉翠芬在多倫多開發，當時也是得到了加拿大頤康中心的廖廣源和他的同事們大力支持，在不同的服務點實驗，更與多倫多大學合作申請到延齡草基金會的發展經費。早期的實踐得到非常鼓舞的成果，尤其在密西沙加分部，社工主任梁釗榮和他的團隊發揮了專業精神、積極性和創意，除了讓參與的長者和家人都經驗到多方面的改善外，職員和義工組成的團隊也充滿了正能量，而且不介意承擔額外的任

務，積極參與到介入過程回顧、遊戲和活動設計、聯繫家人護老者、向到訪同業介紹項目，並且努力學習和進修有關知行易徑和易徑玩樂的知識和技巧。

　　曾家達於 2014 年把「易徑玩樂」引進到香港，在區結蓮協助安排下首先在仁愛堂的田家炳中心做實況示範，前線同工和主管同事對此反應極佳，後來曾家達和知行易徑團隊在香港中文大學社會工作系持續專業教育舉辦了兩期課程，並在機構裏進行一系列的示範和訓練項目；而仁愛堂、港澳信義會懷耆苑和聖雅各福群會亦相繼實踐這介入項目，香港理工大學的護理系助理教授張詩琪更獲得了經費，於聖雅各福群會的實踐項目進行評估研究。香港的培訓團隊初時由區結蓮、張敏思和李冰玉組成，在幾個服務單位的實踐中，我們看到很好的效果。香港與多倫多的同工亦曾就易徑玩樂的實踐經驗，在網上進行多次經驗交流。此外，來自香港不同學院的社工系老師和學生亦遠赴多倫多，學習「易徑玩樂」，作為他們的國際實習經驗。2015 年間，葉翠芬到了香港，跟仁愛堂的同事和義工進行了進一步的培訓和交流。2017 年初，頤康的梁釗榮亦到香港訪問了港澳信義會懷耆苑的「易徑玩樂」項目，與懷耆苑的院長劉婉芬及其團隊進行交流。

　　知行易徑在促進健康的大方向裏面有多項應用，統稱「健行新方略」（Proactive Health Strategies）。從 2007 年開始，我們開發了多種在不同長期病患群組的應用項目。曾家達和葉翠芬在 2007 年試驗了對腎病患者的支援小組，同年研發的優質睡眠（Sleep Well）項目，現在已進入第二代設計（Sleep Well 2.0），而優質睡眠小組亦逐步引入到香港，並應用到長者和婦女服務對象上。葉翠芬和胡曉韻於 2010 年為臨終病人設計了寧養服務手冊，並在 2012 年 3 月順利完成第一期體重控制項目。我們將在健康領域繼續研究與開發

新項目，估計未來會有新的設計。

　　區結蓮自 2010 年 8 月開始在山東為基愛社會服務中心提供顧問諮詢，主要針對社區發展的工作，現時已發展至七個團隊，並一直採用知行易徑框架。同工對需要評估、問題重構、多項應變思維、參與階梯等概念有深刻的體驗。2012 年 5 月 2 日在人民大會堂舉行的「民辦工作員服務機構發展推進會暨能力建設培訓班啟動儀式」上，基愛榮獲「全國先進民辦工作員服務機構」的榮譽。

　　自 2011 年 7 月開始，區結蓮用知行易徑介入模式在深圳的正陽社會工作服務中心做社區發展項目的顧問，其中一個工作案例報告在全深圳市 2012 年的社會工作界專業評選奪魁，這是社區發展工作首次得到肯定，這個成果令人鼓舞和振奮，反映了知行易徑應用的多元性。此外，中國亦有其他社工應用知行易徑到社區發展工作上，並取得頗理想的成果（楊艷秋、徐新年，2013）。

　　由 2011 至今，游達裕在深圳和廣州積極推廣知行易徑的培訓工作，為多間中國社福機構[2]提供聆聽及面談技巧和小組工作的訓練，更在中國出版聆聽及面談技巧的培訓手冊（游達裕，2013a，2013b），這介入系統開始為國內工作員所認識和採納。

　　過去十年，游達裕在香港理工大學社會工作碩士班教授實務課程（2006–2016），以知行易徑框架推行「聆聽及面談技巧」和小組工作的培訓，在香港亦為前線工作員提供相關的訓練，更為機構和服務單位[3]發展特定的介入項目，包括個案會議、兒童之家督導工

2　這些機構包括廣州增城市樂眾社會服務中心、深圳市福利現代工作員事務所、廣州家康社會工作服務中心、廣州中大社工服務中心、廣州市白雲恆福社會工作服務社和廣州市社會工作協會。

3　這些機構／服務單位分別是：香港基督教服務處青少年外展服務、香港聖公會聖基道兒童院和香港明愛向晴軒。

作和危機住宿服務的輔導等。

　　最新進展亦包括政策層面的應用。早前曾家達也開始用知行易徑的角度，探討尼日利亞的國家政治經濟改革，以及該國處理貪污腐敗的手法，並運用知行易徑框架分析政策層面的成功案例。曾家達亦與游達裕參與了政策分析的探討，利用知行易徑的基本概念，分析香港近年的社會問題和政策實施的情況（曾家達、游達裕，2013）。在 2014 年的佔領運動時，曾家達被邀請以知行易徑框架對運動進行分析（劉山青，2014），及後在 2015 年初應邀在香港立法會舉行了一個以知行易徑為基礎的運動回顧與檢討。

　　在 2014–2016 年期間，曾家達與仁愛堂合作，發展一項以知行易徑為介入模式的社會共融計劃，採取新務實主義取向，兼容仁愛堂的不同實務情境，同工按自己的理解、體會和演繹，實踐出不同的行動計劃，協助少數族裔婦女、新到港婦女、新到港青少年融入香港，亦組成小組，促進親職家長和中港家長的融合（曾家達，2016）。

　　知行易徑近年處於持續發展的勢頭，自 2013 年知行易徑英文專著 *Learning to Change Lives* 出版以來，它的應用有了多方面的新進展，在各界的影響和聲望也迅速擴大。曾家達曾受邀參加了 2012 年 10 月 2 日在加拿大溫哥華舉行的以「社工與華人社區：社工研究與專業實務在全球背景下的整合」為主題的國際研討會，向與會者介紹了知行易徑的理論和應用。同年，曾家達亦接受廣州中山大學及廣州市中大社工服務中心、台灣東海大學等的邀請，向社工和社工學生介紹知行易徑系統。2013 年 4 月，知行易徑實務人員許認、胡曉韻和張秋早為多倫多華人社區工作者及義工舉辦講座，介紹知行易徑及其應用。2015 年初，曾家達應邀在南開大學主辦的天津論壇中發表了知行易徑在城市發展中的應用；2016 年夏天，曾家

達帶同多倫多大學暑期國際課程師生再度於南開大學向社工系師生介紹知行易徑系統，並進行交流。

由 2014 年開始，曾家達、陳偉民及蒬英麗共同開發知行易徑財富項目（陳偉民，2017），對財富在生活世界中的位置以及個人理財策略提出了新的視角和實踐方向。2015 年 9 月，曾家達受香港財務策劃師學會之邀，在其年會上就「財務策劃的未來挑戰與知行易徑的回應」作出主題發言。

近年，最令人鼓舞的發展就是在國內凝聚更多對知行易徑有興趣的實務人員，於 2016 年，組合了在北京、天津、深圳與香港的實務人員，及多倫多大學的中國社工研究生，建立知行易徑的核心團隊，成員包括：趙嘉路、黃曉燕、呂大為、王偉、游琳玉、于飛、郭瀟萌、方青、蒬英麗、李冰玉、談唯佳、游可欣等。這團隊現正致力於在不同領域（包括高校學生心理諮詢和輔導、生活世界設計、戀愛和親密關係、領袖才能等）推廣知行易徑，並在不同的網絡平台上用多媒體形式介紹知行易徑理念和實務方法。

另外，自從曾家達在 2015 年將知行易徑介紹到山東省後，在山東大學高鑒國教授大力支持下，開發了在不同領域的應用。期間，多倫多的葉翠芬和香港的區結蓮先後為實務人員提供了定期的在線和實地督導，初步為基愛社會服務中心培養了實務團隊；2016 年底，曾家達親赴濟南與山東省團隊進行服務回顧，並規劃未來的發展。新建項目包括社工實務基礎技巧培訓、結合善終和寧養服務 / 殯儀社會工作和哀傷輔導的「後生命關懷」項目。

總的來說，知行易徑近年有了不同的創新發展，擴闊到新的領域和服務上；在華人社區中亦增建更多基地，凝聚各方對知行易徑實務有興趣的同工；而網絡發展亦將成為我們的核心項目。隨著全球化和後職業時代的發展，我們預計在華人社會的工作會與全球發

展產生有機互動，引發出更多項目的創新和改良。

發展與展望

實務的發展和推廣，其根本在於實務人員的培養。因此，對實務人員的培訓，將繼續會是重點，包括定期舉辦知行易徑的基礎課程，並提供相關的實務培訓，例如面談技巧和小組工作培訓項目。此外，隨著知行易徑的三級認證制度漸趨完善，我們預計將有更多工作員考取知行易徑實務的資格，他們日後將成為知行易徑的實務人員；我們亦會根據參加者的教育背景和實務經驗，提供不同級別的培訓：高級導師／實務單元設計師、導師、知行易徑基礎實務員。配合這發展方向，我們會繼續撰寫以知行易徑為框架的實務培訓教材，包括文字、多媒體及在線單元，便利使用不同語言的實務人員學習。第一個以「關係的科學與藝術」為題的知行易徑大規模在線開放課程（MOOC: massive open online course），在 2017 年由多倫多大學於 Coursera 平台上推出。

我們現正處於地域政治與國力板塊移動的關鍵時刻，知行易徑的發展配合著全球化以及後職業時代的發展。現階段的全球化重點包括了歐美霸權逐漸消解，亞洲、拉丁美洲、非洲國家及伊斯蘭世界相對強大。當中，東亞國家的發展及其在世界舞台上的角色將會更加明顯。全球華人社群的影響和貢獻會越來越受到肯定和重視，這為知行易徑的發展提供了有利的條件。與此同時，我們相信後職業實務的趨勢會為人本服務帶來不少挑戰，有幸，知行易徑在初始階段已預想到這些轉變和挑戰，在系統研發和實務模型的設計中考慮到相關的應變，所以我們對知行易徑的未來發展非常樂觀。

參考書目

英文文獻

Addis, M. E. (2002). Methods of disseminating research products and increasing evidence-based practice: Promises, obstacles, and future directions. *Clinical Psychology: Science and Practice*, *9*(4), 367–78. http://dx.doi.org/10.1093/ clipsy.9.4.367

Ainsworth, M.D.S. (1982). Attachment: Retrospect and prospect. In C. M. Parkes & J. Stevenson-Hinde (Eds.), *The place of attachment in human behaviour* (pp. 3–30). New York: Basic Books.

Ainsworth, M.D.S., Blehar, M. C., Waters, E., & Wall, S. (1978). *Patterns of attachment: A psychological study of the strange situation*. Hillsdale, NJ: Erlbau.

Ainsworth, M.D.S., & Bowlby, J. (1965). *Child care and the growth of love*. London: Penguin Books.

Alford, B. A., & Beck, A. T. (1997). *The integrative power of cognitive therapy*. New York: Guilford.

Allaz, A. F., Bernstein, M., Rouget, P., Archinard, M., & Morabia, A. (1998, Apr). Body weight preoccupation in middle-age and ageing women: A general population survey. *International Journal of Eating Disorders*, *23*(3), 287–294. http://dx.doi.org/10.1002/

(SICI)1098-108X(199804)23:3<287:: AID-EAT6>3.0.CO;2-F Medline:9547663

Anker, M. G., Duncan, B. L., & Sparks, J. A. (2009, Aug). Using client feedback to improve couple therapy outcomes: A randomized clinical trial in a naturalistic setting. *Journal of Consulting and Clinical Psychology, 77*(4), 693–704. http://dx.doi.org/10.1037/a0016062 Medline:19634962

American Psychiatric Association. (2004). *Practice guideline for the treatment of patients with schizophrenia* (2nd ed.). Retrieved 9 June 2011, from http:// psychiatryonline.org/content.aspx?bookid=28&sectionid=1665359

Applegate, J. S. (1989). The transitional object reconsidered: Some sociocultural variations and their implications. *Child and Adolescent Social Work, 6*(1), 38–51. http://dx.doi.org/10.1007/BF00755709

Argyle, M. (1967). *The psychology of interpersonal behaviour.* Middlesex, UK: Penguin.

Argyle, M. (1972). *The psychology of interpersonal behaviour* (2nd ed.). Middlesex, UK: Penguin.

Argyle, M. (1983). *The psychology of interpersonal behaviour* (4th ed.). Middlesex, UK: Penguin.

Argyle, M. (1988). *Bodily communication* (2nd ed.). Madison: International Universities Press.

Ayllon, T., Haughton, E., & Hughes, H. B. (1965, Aug). Interpretation of symptoms: Fact or fiction. *Behaviour Research and Therapy, 3*(1), 1–7. http://dx .doi.org/10.1016/0005-7967(65)90037-9 Medline:14340593

Bandura, A. (1969). *Principles of behavior modification*. Oxford: Holt, Rinehart, & Winston.

Bandura, A. (1977a). *Social learning theory*. Englewood Cliffs, NJ: Prentice-Hall.

Bandura, A. (1977b, Mar). Self-efficacy: Toward a unifying theory of behavioral change. *Psychological Review, 84*(2), 191–215. http://dx.doi.org/10.1037/0033-295X.84.2.191 Medline:847061

Bandura, A. (1986). *Social foundations of thought and action: A social cognitive theory*. Englewood Cliffs, NJ: Prentice Hall.

Bandura, A. (1989). Social cognitive theory. In R. Vasta (Ed.), *Annals of child development* (Vol. 6, pp. 1–60). Greenwich, CT: Jai Press.

Bandura, A. (1991). Social cognitive theory of moral thought and action. In W. M. Kurtines & J. L. Gerwitz (Eds.), *Handbook of moral behaviour and development* (Vol. 1, pp. 45–103). Hillsdale, NJ: Erlbaum.

Bandura, A. (1997). *Self-efficacy in changing societies*. New York: Cambridge University Press.

Bandura, A. (2001). Social cognitive theory: An agentive perspective. *Annual Review of Psychology, 52*(1), 1–26. http://dx.doi.org/10.1146/annurev.psych.52.1.1

Barkham, M., Margison, F., Leach, C., Lucock, M., Mellor-Clark, J., Evans, C., Benson, L., Connell, J., McGrath, G., & Clinical Outcomes in Routine Evaluation-Outcome Measures. (2001, Apr). Service profiling and outcomes benchmarking using the CORE-OM: Toward practice-based evidence in the psychological therapies. *Journal of Consulting and Clinical Psychology, 69*(2), 184–196.

http://dx.doi.org/10.1037/0022-006X.69.2.184 Medline:11393596

Barnett, O. W. (2001). Why battered women do not leave. Part 2: External inhibiting factors social support and internal inhibiting factors. *Trauma, Violence & Abuse*, *2*(1), 3–35. http://dx.doi.org/10.1177/1524838001002001001

Barrett-Lennard, G. T. (1962). Dimensions of therapist response as causal factors in therapeutic change. *Psychological Monographs*, *76*(43), 1–36. http://dx.doi.org/10.1037/h0093918

Bauer, M., McAuliffe, L., & Nay, R. (2007, Mar). Sexuality, health care and the older person: An overview of the literature. *International Journal of Older People Nursing*, *2*(1), 63–68. http://dx.doi.org/10.1111/j.1748-3743.2007.00051.x Medline:20925834

Beck, A. T. (1967). *Depression: Clinical, experimental and theoretical aspects*. New York: Harper & Row.

Beck, A. T. (1970). Cognitive therapy: Nature and relation to behavior therapy. *Behavior Therapy*, *1*(2), 184–200. http://dx.doi.org/10.1016/S0005-7894(70)80030-2

Beck, A. T. (1976). *Cognitive therapy and the emotional disorders*. New York: International Universities Press.

Beck, A. T. (1999). *Prisoners of hate: The cognitive basis of anger, hostility, and violence*. New York: Harper Collins Publishers.

Beck, A. T., Rush, A. J., Shaw, B. F., & Emery, G. (1979). *Cognitive therapy of depression*. New York: Guilford.

Beck, J. S. (1995). *Cognitive therapy: Basics and beyond*. New York: Guilford.

Bednar, R. L., & Shapiro, J. G. (1970, Jun). Professional research commitment: A symptom or a syndrome. *Journal of Consulting and Clinical Psychology*, *34*(3), 323–326. http://dx. doi.org/10.1037/ h0029339Medline:5523437

Berg, F. M. (1995). *Health risks of weight loss* (3rd ed.). Hettinger, ND: Healthy Living Institute.

Berg, I. K. (1992). *Family based services: A solution focused approach.* Milwaukee: BFTC.

Berger, P., & Luckmann, T. (1966). *The social construction of reality: A treatise in the sociology of knowledge*. New York: Random House.

Bergin, A. E., & Lambert, M. J. (1978). The evaluation of therapeutic outcomes. In S. L. Garfield & A. E. Bergin (Eds.), *Handbook of psychotherapy and behaviour change* (2nd ed., pp. 143–189). New York: Wiley.

Berlin, S. B., Mann, K. B., & Grossman, S. F. (1991). Task analysis of cognitive therapy for depression. *Social Work Research & Abstracts*, *27*(2), 3–11.

Bertalanffy, L. V. (1968). *General system theory: Foundations, development, applications*. New York: George Braziller.

Blau, P. M. (1964). *Exchange and power in social life*. New York: Wiley.

Bogo, M. (2006). *Social work practice: Concepts, processes, and interviewing*. New York: Columbia University Press.

Bohart, A. C., & Tallman, K. (2010). Clients: The neglected common factor in psychotherapy. In B. L. Duncan, S. D. Miller, B. E. Wampold, & M. A. Hubble (Eds.), *The heart & soul of change: Delivering what works in therapy* (2nd ed., pp. 83–111). Washington, DC: American Psychological Association. http://

dx.doi.org/10.1037/12075-003

Bolton, D. (2002). Knowledge in the human sciences. In S. Priebe & M. Slade (Eds.), *Evidence in mental health care* (pp. 3–10). Hove: Brunner-Routledge.

Bordin, E. S. (1979). The generalizability of the psychoanalytic concept of the working alliance. *Psychotherapy (Chicago, Ill.), 16*(3), 252–260. http://dx.doi.org/10.1037/h0085885

Bowlby, J. (1958, Sep–Oct). The nature of the child's tie to his mother. *International Journal of Psycho-Analysis, 39*(5), 350–373. Medline:13610508

Bowlby, J. (1969). *Attachment and loss: Vol. 1. Attachment.* New York: Basic Books.

Bowlby, J. (1988). *A secure base: Parent-child attachment and healthy human development.* London: Routledge.

Bowlby, J. (1999). *Attachment and loss: Vol. 1. Attachment.* (2nd ed.). New York: Basic Books.

Bray, J. N., Lee, J., Smith, L. L., & Yorks, L. (2000). *Collaborative inquiry in practice: Action, reflection, and making meaning.* Thousand Oaks, CA: Sage.

Buck, R. (1991). Temperament, social skills, and the communication of emotion: A developmental-interactionist perspective. In D. Gilbert & J. J. Conley (Eds.), *Personality, social skills, and psychopathology: An individual differences approach* (pp. 85–106). New York: Plenum.

Burns, T., & Catty, J. (2002). Mental health policy and evidence: Potentials and pitfalls. *Psychiatric Bulletin, 26*(9), 324–327. http://

dx.doi.org/10.1192/ pb.26.9.324

Burt, C. (1939). The factorial analysis of emotional traits. Part II. *Journal of Personality*, *7*(4), 285–99. http://dx.doi.org/10.1111/j.1467-6494.1939.tb02151.x

Busseri, M. A., & Tyler, J. D. (2004, Mar). Client-therapist agreement on target problems, working alliance, and counseling outcome. *Psychotherapy Research*, *14*(1), 77–88. http://www.ncbi.nlm. nih.gov/entrez /query .fcgi?cmd=Retrieve&db=PubMed&list_ uids=22011118&dopt= AbstractMedline:22011118

Capuzzi, D., & Gross, D. R. (1995). *Counselling and psychotherapy: Theories and interventions*. Englewood Cliffs, NJ: Merrill.

Cash, T. F., & Henry, P. E. (1995). Women's body images: The results of a national survey in the USA. *Sex Roles*, *33*(1–2), 19–28. http:// dx.doi.org/10.1007/ BF01547933

Cassidy, J., & Shaver, P. (Eds.). (1999). *Handbook of attachment: Theory, research, and clinical applications*. New York: Guilford.

Chambless, D. L., & Ollendick, T. H. (Annual 2001). Empirically supported psychological interventions: Controversies and evidence. *Annual Review of Psychology* (pp. 685–716). Retrieved 28 September 2009, from http://doi:10.1146/annurev.psych.52.1.685.

Chambon, A. S., Tsang, A.K.T., & Marziali, E. (2000). Three complementary coding systems for coding the process of therapeutic dialogue. In A. P. Beck & C. M. Lewis (Eds.), *The process of group psychotherapy: Systems for analyzing change* (pp. 311–356). Washington, DC: American Psychological Association. http://dx.doi.org/10.1037/10378-012

Chee, M., & Conger, J. C. (1989). The relationship between hetersocial and homosocial competence. *Journal of Clinical Psychology, 45*(2), 214–222. http:// dx.doi.org/10.1002/1097-4679(198903)45:2<214::AID-JCLP2270450207> 3.0.CO;2-Z

Chu, S. H. (1999). Multicultural counselling: An Asian American perspective. In D. S. Sandhu (Ed.), *Asian and Pacific Islander Americans: Issues and concerns for counselling and psychotherapy* (pp. 21–30). New York: Nova Science.

Chu, M.L.S.C., Liu, K. Y., Ip, C. F., Leung, E., & Tsang, A.K.T. (2015). Transforming organizational culture using the SSLD system to address the taboo of sexuality and intimacy needs of seniors. *Journal of Contemporary Management, 4*(4): 15–23.

Clark, M. M., Cox, L. S., Jett, J. R., Patten, C. A., Schroeder, D. R., Nirelli, L. M., Vickers, K., Hurt, R. D., & Swensen, S. J. (2004, Apr). Effectiveness of smoking cessation self-help materials in a lung cancer screening population. *Lung Cancer (Amsterdam, Netherlands), 44*(1), 13–21. http://dx.doi.org/10.1016/j.lungcan.2003.10.001 Medline:15013579

Clarke, P. (1997). Interpersonal process recall in supervision. In G. Shipton (Ed.), *Supervision of psychotherapy and counseling: Making a place to think* (pp. 93–104). Buckingham, UK: Open University Press.

Colvin, G. (2008). *Talent is overrated: What really separates world class performers from everybody else.* New York: Penguin.

Cook, K. S. (Ed.). (1986). *Social exchange theory.* Beverly Hills, CA: Sage.

Cooper, B. (2003, Aug). Evidence-based mental health policy: A critical appraisal. *British Journal of Psychiatry, 183*(2), 105–113. http://dx.doi.org/10.1192/bjp.183.2.105 Medline:12893663

Cooper, M. (2008). *Essential research findings in counselling and psychotherapy: The facts are friendly*. London, UK: Sage Publications Ltd.

Correctional Services Canada. (August 2008). Aboriginal offenders and incarceration. Aborignal sex offenders: Melding spiritual healing with cognitive-behavioural therapy. Retrieved 10 April 2009, from http://www.csc-scc .gc.ca/text/pblct/so/aboriginal/toce-eng.shtml.

Crews, J., Smith, M. R., Smaby, M. H., Maddux, C. D., Torres-Rivera, E., Casey, J. A., & Urbani, S. (2005). Self-monitoring and counseling skills: Skills-based versus interpersonal recall training. *Journal of Counseling and Development, 83*(1), 78–85. http://dx.doi.org/10.1002/j.1556-6678.2005.tb00582.x

Curran, J. P. & Monti, P. M. (Eds.). (1982). *Social skills training: A practical handbook for assessment and treatment*. New York: Guilford.

Curry, S. (October 1993). Self-help interventions for smoking cessation. *Journal of Consulting and Clinical Psychology, 61*(5), 790–804. http://dx.doi .org/10.1037/0022-006X.59.2.318 Medline:2030194

Datamonitor. (2008, January 31). Anti-aging and beauty attitudes and behaviours. Retrieved 10 April 2009, from http://www.marketresearch.com/ map/prod/1684374.html

de Shazer, S., & Berg, I. K. (1995). The brief therapy tradition. In J. Weakland & W. Ray (Eds.), *Propagations: Thirty years of influence from the mental research institute* (pp. 249–252). Binghamton, NY: The Haworth Press.

Deffenbacher, J. L., Dahlen, E. R., Lynch, R. S., Morris, C. D., & Gowensmith, W. N. (2000). An application of Becks cognitive therapy to general anger reduction. *Cognitive Therapy and Research*, *24*(6), 689–697. http://dx.doi.org/10.1023/A:1005539428336

Derrida, J. (1973). *Speech and phenomena* (D. B. Allison, Trans.). Evanston: Northwestern University Press.

Derrida, J. (1978). *Of grammatology* (G. C. Spivak, Trans.). Baltimore: Johns Hopkins University Press.

DiGennaro Reed, F. D., Hyman, S. R., & Hirst, J. M. (2011). Applications of technology to each social skills to children with autism. *Research in Autism Spectrum Disorders*, *5*(3), 1003–1010. http://dx.doi.org/10.1016/ j.rasd.2011.01.022

Dimeff, L., & Linehan, M. M. (2001). Dialectical behavior therapy in a nutshell. *California Psychologist*, *34*(3), 10–13.

Drake, R. E., Goldman, H. H., Leff, H. S., Lehman, A. F., Dixon, L., Mueser, K. T., & Torrey, W. C. (2001, Feb). Implementing evidence-based practices in routine mental health service settings. *Psychiatric Services*, *52*(2), 179–182. http://dx.doi.org/10.1176/ appi.ps.52.2.179 Medline:11157115

Dreier, O. (2000). Psychotherapy in clients' trajectories across contexts. In C. Mattingly & L. Garro (Eds.), *Narrative and the cultural construction of illness and healing* (pp. 237–258). Berkeley: University of California Press.

Duncan, B. L., Miller, S. D., & Sparks, J. (2004). *The heroic client: A revolutionary way to improve effectiveness through client directed outcome informed therapy* (Rev. ed.). San Francisco: Jossey-Bass.

Duncan, B. L., Miller, S. D., Wampold, B. E., & Hubble, M. A. (Eds.). (2010). *The heart & soul of change: Delivering what works in therapy* (2nd ed.). Washington, DC: American Psychological Association. http://dx.doi.org/10.1037/ 12075-000

Dutton, D. G., & Aron, A. P. (1974, Oct). Some evidence for heightened sexual attraction under conditions of high anxiety. *Journal of Personality and Social Psychology*, *30*(4), 510–517. http://dx.doi. org/10.1037/h0037031 Medline:4455773

Dyche, L., & Zayas, L. H. (1995, Dec). The value of curiosity and naiveté for the cross-cultural psychotherapist. *Family Process*, *34*(4), 389–399. http://dx.doi .org/10.1111/j.1545-5300.1995.00389. x Medline:8674520

Ellis, A. (1957). Rational psychotherapy and individual psychology. *Journal of Individual Psychology*, *13*(1), 38–44.

Ellis, A. (1987). The evolution of rational-emotive therapy (RET) and cognitive behaviour therapy (CBT). In J. K. Zeig (Ed.), *The evolution of psychotherapy* (pp. 107–132). New York: Brunner/ hazel.

Epstein, W. M. (1993). Randomized controlled trials in the human services. *Social Work Research and Abstracts*, *29*(3), 3–10.

Erikson, E. H. (1950). *Childhood and society*. New York: Norton.

Erikson, E. H. (1959). *Identity and the life cycle*. New York: International Universities Press.

Emerson, R. M. (1981). Social exchange theory. In M. Rosenberg & R.

H. Turner (Eds.), *Social psychology: Sociological perspectives* (pp. 30–65). New York: Basic Books.

Exum, H. A., & Lau, E. Y. (1988). Counseling style preference of Chinese college students. *Journal of Multicultural Counseling and Development*, *16*(2), 84–92. http://dx.doi.org/10.1002/j.2161-1912.1988.tb00644.x

Farmer, T. W., Van Acker, R. M., Pearl, R., & Rodkin, P. C. (1999). Social networks and peer-assessed problem behaviour in elementary classrooms: Students with and without disabilities. *Remedial and Special Education*, *20*(4), 244–256. http://dx.doi.org/10.1177/074193259902000408

Fast, N. J., Halevy, N., & Galinsky, A. D. (2011). The destructive nature of power without status. *Journal of Experimental Social Psychology*. doi:10.1016/ j.jesp.2011.07.013. Retrieved 13 December, 2011, from http://www-bcf .usc.edu/~nathanaf/power_without_status.pdf

Feeney, B. C., & Collins, N. L. (2001, Jun). Predictors of caregiving in adult intimate relationships: An attachment theoretical perspective. *Journal of Personality and Social Psychology*, *80*(6), 972–994. http://dx.doi.org/10.1037/ 0022-3514.80.6.972 Medline:11414378

Field, A. E., Cheung, L., Wolf, A. M., Herzog, D. B., Gortmaker, S. L., & Colditz, G. A. (1999, Mar). Exposure to the mass media and weight concerns among girls. *Pediatrics*, *103*(3), E36–E40. http:// dx.doi.org/10.1542/peds.103.3.e36 Medline:10049992

Fischer, J. (1973). Is social work effective: A review. *Social Work*, *18*(1), 5–20.

Fischer, J. (1981). The social work revolution. *Social Work*, *26*(3), 199–207.

Forness, S., Kavale, K., Blum, I., & Lloyd, J. (1997). A mega-analysis of meta-analyese: What works in special education and related services. *Teaching Exceptional Children*, *13*(1), 4–9.

Foucault, M. (1990). *The history of sexuality: Vol. 1. An introduction* (R. Hurley, Trans.). New York: Vintage Books.

Fox, N. J. (2003). Practice-based evidence: Towards collaborative and transgressive research. *Sociology*, *37*(1), 81–102. http://dx.doi. org/10.1177/ 0038038503037001388

Freud, S. (1966). The neuro-psychoses of defence. In Strachey, J. (Ed. & Trans.) *The standard edition of the complete works of Sigmund Freud* (Vol. 3, pp. 45–61). London: Hogarth Press. (Original work published 1894).

Freud, S. (1946). *The ego and the mechanisms of defense*. New York: International University Press. (Original work published 1936)

Frueh, J. (2003). *Political identity and social change: The remaking of the South African social order*. Albany, NY: SUNY Press.

Gambrill, E. (1999). Evidence-based practice: An alternative to authority-based practice. *Families in Society*, *80*(4), 341–350.

Geller, J. (2001). *Here comes the bride: Women, weddings, and the marriage mystique*. New York: Four Walls Eight Windows.

Gelso, C. J., & Woodhouse, S. S. (2002). The termination of psychotherapy: What research tells us about the process of ending treatment. In G. S. Tryon (Ed.), *Counseling based on process research: Applying what we know* (pp. 344–369). Boston, MA: Allyn & Bacon.

Gergen, K. (1991). *The saturated self: Dilemmas of identity in contemporary life*. New York: Basic Books.

Gergen, K. J. (1999). *An invitation to social construction*. London: Sage.

Gergen, K. J. (2001). *Social construction in context*. Thousand Oaks, CA: Sage.

Gibbs, L., & Gambrill, E. (2002). Evidence-based practice: Counterarguments to objections. *Research on Social Practice*, *12*(3), 452–476. http://dx.doi.org/10.1177/1049731502012003007

Gladwell, M. (2008). *Outliers: The story of success*. New York: Little, Brown & Co.

Goffman, I. (1959). *The presentation of self in everyday life*. Garden City, NY: Doubleday.

Goldstein, A. P. (1981). *Psychological skill training: The structured learning technique*. Oxford: Pergamon Press.

Goldstein, H. (1990). The knowledge base of social work practice: Theory, wisdom, analogue, or art? *Families in Society*, *71*(1), 32–43.

Goleman, D. (1995). *Emotional intelligence: Why it can matter more than IQ*. New York: Bantam.

Gomes-Schwartz, B. (1978, Oct). Effective ingredients in psychotherapy: Prediction of outcome from process variables. *Journal of Consulting and Clinical Psychology*, *46*(5), 1023–1035. http://dx.doi.org/10.1037/0022-006X.46.5.1023 Medline:701541

Gonzales, J. J., Ringeisen, H. L., & Chambers, D. A. (2002). The tangled and thorny path of science to practice: Tensions in interpreting and applying "evidence." *Clinical Psychology: Science and Practice*, *9*(2), 204–209. http://dx.doi.org/10.1093/clipsy/9.2.204

Goode, E. (2000, January 11). A pragmatic man and his no-nonsense therapy. *The New York Times*. Retrieved 21 November 2008, from http://partners .nytimes.com/library/national/science/ health/011100hth-behavior-beck .html.

Gould, N. (2006). An inclusive approach to knowledge for mental health social work practice and policy. *British Journal of Social Work*, *36*(1), 109–125. http:// dx.doi.org/10.1093/bjsw/bch243

Greaves, A. L. (2006). *The active client: A qualitative analysis of thirteen clients' contribution to the psychotherapeutic process.* Unpublished doctoral dissertation, University of Southern California, Los Angeles.

Green, L. W. (2001, May–Jun). From research to "best practices" in other settings and populations. *American Journal of Health Behavior*, *25*(3), 165–178. http://dx.doi.org/10.5993/AJHB.25.3.2 Medline:11322614

Greenacre, P. (1969). The fetish and the transitional object. *Psychoanalytic Study of the Child*, *24*, 144–164. Medline:5353361

Greenberg, L. S. (2002). *Emotion-focused therapy: Coaching clients to work through feelings*. Washington, DC: American Psychological Association Press. http:// dx.doi.org/10.1037/10447-000

Greenberg, L. S. (2007). A guide to conducting a task analysis of psychotherapeutic change. *Psychotherapy Research*, *17*(1), 15–30. http:// dx.doi .org/10.1080/10503300600720390

Greenberg, L. S., & Paivio, S. C. (1997). *Working with emotions in psychotherapy*. New York: Guilford.

Greenberg, L. S., & Safran, J. (1987). *Emotion in psychotherapy: Affect, cognition and the process of change*. New York: Guilford.

Grencavage, L. M., & Norcross, J. C. (1990). Where are the commonalities among the therapeutic common factors? *Professional Psychology, Research and Practice, 21*(5), 372–378. http://dx.doi.org/10.1037/0735-7028.21.5.372

Gresham, F. M. (1997). Social competence and students with behavior disorders: Where we've been, where we are, and where we should go. *Education & Treatment of Children, 20*(3), 233–250.

Gresham, F. M. (1998). Social skill training: Should we raze, remodel, or rebuild? *Behavioral Disorders, 24*(1), 19–25.

Gresham, F. M., Cook, C. R., Crews, S. D., & Kern, L. (2004). Social skills training for children and youth with emotional and behavioral disorders: Validity considerations and future directions. *Behavioral Disorders, Special Issue: Elucidating Precision and Rigor in EBD Research, 30*(1), 32–46.

Gresham, F. M., & Elliott, S. N. (1984). Assessment and classification of children's social skills: A review of methods and issues. *School Psychology Review, 13*(3), 292–301.

Gresham, F. M., & Lopez, M. F. (1996). Social validation: A unifying concept for school-based consultation research and practice. *School Psychology Quarterly, 11*(3), 204–227. http://dx.doi.org/10.1037/h0088930

Grimshaw, J. M., & Russell, I. T. (1993, Nov 27). Effect of clinical guidelines on medical practice: A systematic review of rigorous evaluations. *Lancet, 342*(8883), 1317–1322. http://dx.doi.org/10.1016/0140-6736(93)92244-N Medline:7901634

Grogan, S. (1999). *Body image: Understanding body dissatisfaction in men, women and children*. London: Routledge.

Gurman, A. S., & Jacobson, N. S. (1986). *Clinical handbook of marital therapy*. New York: Guilford.

Hagermoser Sanetti, L. M., & DiGennaro Reed, F. D. (May 2011). Barriers to implementing treatment integrity procedures in school psychology research: Survey of treatment outcome researchers. In C. St. Peter Pipkin (Chair), *Current Issues in Caregiver Training and Treatment Integrity*. Symposium conducted at the annual meeting of the Association for Behavior Analysis International, Denver, CO.

Haines, A., & Jones, R. (1994, Jun 4). Implementing findings of research. *British Medical Journal, 308*(6942), 1488–1492. http://dx.doi.org/10.1136/ bmj.308.6942.1488 Medline:8019284

Hanrahan, P., & Reid, W. J. (1984). Choosing effective interventions. *Social Service Review, 58*(2), 244–258. http://dx.doi.org/10.1086/644190

Hardcastle, D. A., & Bisman, C. D. (2003). Innovations in teaching social work. *Social Work Education, 22*(1), 31–43. http://dx.doi.org/10.1080/ 02615470309131

Hartley, D., & Strupp, H. H. (1983). The therapeutic alliance: It's relationship to outcome in brief psychotherapy. In J. Masling (Ed.), *Empirical studies of psychoanalytic theories* (Vol. 1, p. 138). Hillsdale, NJ: Lawrence Erlbaum.

Hayes, S. C. (2004a). Acceptance and commitment therapy and the new behaviour therapies. In S. C. Hayes, V. M. Follette, & M. M. Linehan (Eds.), *Mindfulness and acceptance: Expanding the cognitive-behavioral tradition* (pp. 1–29). New York: Guilford.

Hayes, S. C. (2004b). Acceptance and commitment therapy, relational frame theory, and the third wave behavioral and cognitive therapies. *Behavior Therapy, 35*(4), 639–665. http://dx.doi.org/10.1016/ S0005-7894(04)80013-3

Hayes, S. C., Strosahl, K. D., & Wilson, K. G. (1999). *Acceptance and commitment therapy: An experiential approach to behavior change.* New York: Guilford.

Health Canada. (2002). *A statistical profile on the health of first nations in Canada.* Ottawa: Health Canada.

Heath, A. (1976). *Rational choice & social exchange: A critique of exchange theory.* Cambridge: Cambridge University Press.

Heidegger, M., & Stambaugh, J. (1996). *Being and time: A translation of Sein und Zeit.* Albany, NY: State University of New York Press.

Heinssen, R. K., Liberman, R. P., & Kopelowicz, A. (2000). Psychosocial skills training for schizophrenia: Lessons from the laboratory. *Schizophrenia Bulletin, 26*(1), 21–46. http://dx.doi.org/10.1093/ oxfordjournals.schbul.a033441 Medline:10755668

Henretty, J. R., Levitt, H. M., & Mathews, S. S. (2008, May). Clients' experiences of moments of sadness in psychotherapy: A grounded theory analysis. *Psychotherapy Research, 18*(3), 243–255. http:// dx.doi.org/10.1080/ 10503300701765831 Medline:18815977

Ho, D.Y.F. (1995). Internalized culture, culturocentrism, and transcendence. *Counseling Psychologist, 23*(1), 4–24. http://dx.doi. org/10.1177/ 0011000095231002

Ho, E.D.F., Tsang, A.K.T., & Ho, D.Y.F. (1991). *An investigation of the calendar calculation ability of a Chinese calendar savant.* Journal of Autism and Developmental Disorders, *21*(3), 315–327.

Hollin, C. R. & Trower, P. (Eds.). (1986). *Handbook of social skills training* (2 vols.) Oxford: Pergamon.

Homans, G. C. (1958). Social behaviour as exchange. *American Journal of Sociology, 63*(6), 597–606. http://dx.doi.org/10.1086/222355

Horyn, C. (2007, May 7). Fashion industry rallies to aid designer in trouble. *New York Times*. Retrieved 10 April 2009, from http://www.nytimes .com/2007/05/07/nyregion/07narciso. html?pagewanted+all.

Howard, K. I., Krause, M. S., & Orlinsky, D. E. (1986, Feb). The attrition dilemma: Toward a new strategy for psychotherapy research. *Journal of Consulting and Clinical Psychology, 54*(1), 106–110. http://dx.doi.org/10.1037/0022-006X.54.1.106 Medline:3958294

Hsu, F.L.K. (1971). Psychosocial homeostasis and *jen*: Conceptual tools for advancing psychological anthropology. *American Anthropologist, 73*(1), 23–44. http://dx.doi.org/10.1525/ aa.1971.73.1.02a00030

Hubble, M. A., Duncan, B. L., & Miller, S. D. (Eds.) (1999). *The heart & soul of change: What works in psychotherapy*. Washington, DC: American Psychological Association. http://dx.doi. org/10.1037/11132-000

Hubble, M. A., Duncan, B. L., Miller, S. D., & Wampold, B. E. (2010). Introduction. In B. L. Duncan, S. D. Miller, B. E. Wampold, & M. A. Hubble (Eds.), *The heart & soul of change: Delivering what works in therapy* (2nd ed., pp. 23–46). Washington, DC: American

Psychological Association. http://dx.doi .org/10.1037/12075-001

Hughes, J. N., & Hall, R. J. (1987). Proposed model for the assessment of children's social competence. *Professional School Psychology*, *2*(4), 247–260. http:// dx.doi.org/10.1037/h0090544

Hughes, J. N., & Sullivan, K. A. (1988). Outcomes assessment in social skills training with children. *Journal of School Psychology*, *26*(2), 167–183. http:// dx.doi.org/10.1016/0022-4405(88)90018-0

Human Resources and Skills Development Canada. (March 2003). Evaluation of the national homelessness initiative: Implementation and early outcomes of the HRDC-based components. Retrieved 10 April 2009, from http:// publications.gc.ca/collections/Collection/ RH63-2-203-03-03E.pdf.

Hurd Clarke, L. (2002). Older women's perceptions of ideal body weights: The tensions between health and appearance motivations for weight loss. *Ageing and Society*, *22*(6), 751–773. http://dx.doi. org/10.1017/S0144686X02008905

Illouz, E. (1997). *Consuming the romantic utopia: Love and cultural contradictions of capitalism*. Berkeley: University of California Press.

Ilsley, P. J. (1992). The undeniable link: Adult and continuing education and social change. *New Directions for Adult and Continuing Education*, *54*, 25–34. http://dx.doi.org/10.1002/ace.36719925405

Irving, H. (2002). *Family mediation: Theory and practice with Chinese families*. Hong Kong: Hong Kong University Press.

Irving, H., & Benjamin, M. (1995). *Family mediation: Contemporary issues*. Boston, MA: Sage Publications.

Irving, H., & Benjamin, M. (2002). *Therapeutic family mediation: Helping families resolve conflict.* Thousand Oaks, CA: Sage.

Israel, B. A., Eng, E., Schulz, A. J., & Parker, E. A. (Eds.). (2005). *Methods in community-based participatory research for health.* San Francisco: Jossey-Bass.

Iwakabe, S., Rogan, K., & Stalikas, A. (2000). The relationship between client emotional expressions, therapist interventions, and the working alliance: An exploration of eight emotional expression events. *Journal of Psychotherapy Integration, 10*(4), 375–401. http://dx.doi.org/10.1023/A:1009479100305

Jacobson, N. S., & Margolin, G. (1979). *Marital therapy strategies based on social learning and behavior exchange principles.* New York: Brunner/Mazel.

Jakubowski, S. F., Milne, E. P., Brunner, H., & Miller, R. B. (2004). A review of empirically supported marital enrichment programs. *Family Relations, 53*(5), 528–536. http://dx.doi.org/10.1111/j.0197-6664.2004.00062.x

Joyce, A., Piper, W. E., Ogrodniczuk, J. S., & Klein, R. H. (2007). *Termination in psychotherapy: A psychodynamic model of processes and outcomes.* Washington, DC: American Psychological Association. http://dx.doi.org/10.1037/11545-000

Kagan, N., Schauble, P., Resnikoff, A., Danish, S. J., & Krathwohl, D. R. (1969, Apr). Interpersonal process recall. *Journal of Nervous and Mental Disease, 148*(4), 365–374. http://dx.doi.org/10.1097/00005053-196904000-00004 Medline:5768914

Kamel, H. K. (2001). Sexuality in aging: Focus on institutionalized elderly. *Annals of Long-Term Care, 9*(5), 64–72.

Katzenstein, P. J. (Ed.). (1996). *The culture of national security: Norms and identity in world politics*. New York: Columbia University Press.

Kazdin, A. E. (1977). Assessing the clinical or applied significance of behavior change through social validation. *Behavior Modification, 1*(4), 427–452. http:// dx.doi.org/10.1177/014544557714001

Kauffman, J. M. (2005). *Characteristics of emotional and behavioral disorders of children and youth* (8th ed.). Columbus, OH: Merrill Prentice Hall.

Kazantzi, N., Deane, F. P., Ronan, K. R., & L'Abate, L. (Eds.). (2005). *Using homework assignments in cognitive behavior therapy*. New York: Routledge.

Kiresuk, T., & Sherman, R. (1968). Goal attainment scaling: A general method for evaluating comprehensive community mental health programmes. *Community Mental Health Journal, 4*(6), 443–453. http://dx.doi.org/10.1007/ BF01530764

Kiresuk, T., Smith, A., & Cardillo, J. (1994). *Goal attainment scaling: Applications, theory, and measurement*. London: Erlbaum.

Klein, W. C., & Bloom, M. (1995). Practice wisdom. *Social Work, 40*(6), 799–807.

Kleinman, A. (1982, Jun). Neurasthenia and depression: A study of somatization and culture in China. *Culture, Medicine and Psychiatry, 6*(2), 117–190. http://dx.doi.org/10.1007/BF00051427 Medline:7116909

Kleinman, A. (1986). *Social origins of distress and disease: Depression, neurasthenia, and pain in modern China*. New Haven, CT: Yale University Press.

Klohnen, E. C., & Luo, S. (2003, Oct). Interpersonal attraction and personality: What is attractive—self similarity, ideal similarity, complementarity or attachment security? *Journal of Personality and Social Psychology, 85*(4), 709–722. http://dx.doi.org/10.1037/0022-3514.85.4.709 Medline:14561124

Knapp, M. L., & Hall, J. A. (2007). *Nonverbal communication in human interaction* (5th ed.). Wadsworth: Thomas Learning.

Koester, L. S., Brooks, L., & Traci, M. A. (2000, Spring). Tactile contact by deaf and hearing mothers during face-to-face interactions with their infants. *Journal of Deaf Studies and Deaf Education, 5*(2), 127–139. http://dx.doi .org/10.1093/deafed/5.2.127 Medline:15454508

Kopelowicz, A., Liberman, R. P., & Zarate, R. (2006, Oct). Recent advances in social skills training for schizophrenia. *Schizophrenia Bulletin, 32*(Suppl 1), S12–S23. http://dx.doi.org/10.1093/schbul/sbl023 Medline:16885207

L'Abate, L. & Milan, M. A. (Eds.). (1985). *Handbook of social skills training and research*. New York: Wiley.

Lambert, M. J. (1992). Implications of outcome research for psychotherapy integration. In J. C. Norcross & M. R. Goldfried (Eds.), *Handbook of psychotherapy integration* (pp. 94–129). New York: Basic Books.

Lambert, M. J., & Barley, D. E. (2002). Research summary on the therapeutic relationship and psychotherapy outcome. In J. C.

Norcross (Ed.), *Psychotherapy relationships that work* (pp. 17–32). New York: Oxford University Press. http://dx.doi.org/10.1037//0033-3204.38.4.357

Lambert, M. J., Shapiro, D. A., & Bergin, A. E. (1986). The effectiveness of psychotherapy. In S. L. Garfield & A. E. Bergin (Eds.), *Handbook of psychotherapy and behavior change* (3rd ed., pp. 157–212). New York: Wiley.

Landrum, T. J., & Lloyd, J. W. (1992, Oct). Generalization in social behavior research with children and youth who have emotional or behavioral disorders. *Behavior Modification, 16*(4), 593–616. http://dx.doi.org/10.1177/ 01454455920164009 Medline:1417716

Larsen, D., Flesaker, K., & Stege, R. (2008). Qualitative interviewing using interpersonal process recall: Investigating internal experiences during professional-client conversations. *International Journal of Qualitative Methods, 7*(1), 18–37.

Leahy, R. L. (1996). *Cognitive therapy: Basic principles and applications*. Northvale, NJ: Jason Aronson.

Leahy, R. L. (Ed.). (1997). *Practicing cognitive therapy: A guide to interventions*. Northvale, NJ: Jason Aronson.

Leiman, M. (1992, Sep). The concept of sign in the work of Vygotsky, Winnicott and Bakhtin: Further integration of object relations theory and activity theory. *British Journal of Medical Psychology, 65*(3), 209–221. http://dx.doi .org/10.1111/j.2044-8341.1992.tb01701.x Medline:1390355

Lee, J. A. (1990). Can we talk? Can we *really* talk? Communication as a key factor in the maturing homosexual couple. *Journal of*

Homosexuality, *20*(3–4), 143–168. http://dx.doi.org/10.1300/J082v20n03_10 Medline:2086645

Levitt, H. M., & Rennie, D. L. (2004). Narrative activity: Clients' and therapists' intentions in the process of narration. In L. E. Angus & J. McLeod (Eds.), *The handbook of narrative and therapy* (pp. 298–314). Thousand Oaks, CA: Sage. http://dx.doi.org/10.4135/9781412973496.d23

Liberman, R. P., DeRisi, W. J., & Mueser, K. T. (1989). *Social skills training for psychiatric patients*. Boston, MA: Allyn & Bacon.

Lin, Y. N. (2002). The application of cognitive-behavioral therapy to counseling Chinese. *American Journal of Psychotherapy*, *56*(1), 46–58. http://csrp1.hku .hk/files/970_3880_1003.pdf Medline:11977783

Linehan, M. M. (1993). *Cognitive-behavioral treatment of borderline personality disorder*. New York: Guilford.

Luborsky, L., & Crits-Christoph, P. (1988). Measures of psychoanalytic concepts—The last decade of research from "the Penn studies." *International Journal of Psycho-Analysis*, *69*(Pt 1), 75–86. Medline:3403154

Lynch, M. T., Zhang, L., & Korr, W. S. (2009). Research training, institutional support, and self-efficacy: Their impact on research activity of social workers. *Administration in Social Work*, *10*(2), 193–210.

Maddux, J. E. (1995). *Self-efficacy, adaptation, and adjustment: Theory, research, and application*. New York, NY: Plenum Press.

Maag, J. W. (2006). Social skills training for students with emotional and behavioral disorders: A review of reviews. *Behavioral Disorders*, *32*(1), 5–17.

Mahler, M. S. (1963). Thoughts about development and individuation. *Psychoanalytic Study of the Child*, *18*, 307–324. Medline:14147283

Mahler, M. S. (1972). On the first three subphases of the separation-individuation process. *International Journal of Psycho-Analysis*, *53*(Pt 3), 333–338. Medline:4499978

Mahler, M. S., & Furer, M. (1968). *On human symbiosis and the vicissitudes of individuation*. New York: International Universities Press.

Mahler, M. S., Pine, F., & Bergman, A. (1975). *The psychological birth of the human infant*. New York: Basic Books.

Mahoney, M. J. (1974). *Cognition and behavior modification*. Cambridge, MA: Ballinger.

Marshall, M. (2002). Randomised controlled trials: Misunderstanding, fraud and spin. In S. Priebe & M. Slade (Eds.), *Evidence in mental health care* (pp. 59–71). Hove: Brunner-Routledge.

Martin, D. J., Garske, J. P., & Davis, M. K. (2000, Jun). Relation of the therapeutic alliance with outcome and other variables: A meta-analytic review. *Journal of Consulting and Clinical Psychology*, *68*(3), 438–450. http://dx.doi .org/10.1037/0022-006X.68.3.438 Medline:10883561

Maslow, A. H. (1943). A theory of human motivation. *Psychological Review*, *50*(4), 370–396. http://dx.doi.org/10.1037/h0054346

Maslow, A. H. (1971). *The farther reaches of human nature*. New York: Penguin.

Mathur, S. R., & Rutherford, R. B., Jr. (1996). Is social skills training effective for students with emotional or behavioural disorders? *Behavioral Disorders, 22*(1), 21–28.

Meichenbaum, D. H. (1977). *Cognitive-behavior modification: An integrative approach*. New York: Plenum.

Meichenbaum, D. (1986). Cognitive behaviour modification. In F. H. Kanter & A. P. Goldstein (Eds.), *Helping people change* (pp. 346–381). New York: Pergamon Press.

Merriam, S. B., & Brockett, R. G. (1997). *The profession and practice of adult education*. San Francisco: Jossey-Bass.

Merrell, K. W. (2001). Assessment of children's social skills: Recent developments, best practices, and new directions. *Exceptionality, 9*(1&2), 3–18.

Miller, G., Yang, J., & Chen, M. (1997). Counseling Taiwan Chinese in America: Training issues for counselors. *Counselor Education and Supervision, 37*(1), 22–34. http://dx.doi.org/10.1002/j.1556-6978.1997.tb00528.x

Miller, K. (2005). *Communication theories*. New York: McGraw-Hill.

Miller, S. D., Duncan, B. L., & Hubble, M. A. (2005). Outcome informed clinical work. In J. Norcross & M. Goldfried (Eds.), *Handbook of psychotherapy integration* (2nd ed., pp. 84–102). New York: Norton.

Miller, S. D., Hubble, M. A., & Duncan, B. L. (Eds.). (1996). *Handbook of solution-focused brief therapy*. San Francisco: Jossey-Bass.

Miller, W. R. (2000). Motivational Enhancement Therapy: Description of counseling approach. In J. J. Boren, L. S. Onken, & K. M.

Carroll (Eds.), *Approaches to drug abuse counseling* (pp. 89–93). Washington, DC: National Institute on Drug Abuse.

Miller, W. R., & Rollnick, S. (2002). *Motivation interviewing: Preparing people for change* (2nd ed.). New York: Guilford.

Miller, W. R., Zweben, A., DiClemente, C. C., & Rychtarik, R. G. (1995). *Motivational enhancement therapy manual* (Project MATCH Monograph Series, Vol. 2). Washington, DC: National Institute on Alcohol Abuse and Alcoholism.

Moran, D. (2014). What does Heidegger mean by the transcendence of Dasein? *International Journal of Philosophical Studies, 22*(4), 491–514.

Morrow-Bradley, C., & Elliott, R. (1986, Feb). Utilization of psychotherapy research by practicing psychotherapists. *American Psychologist, 41*(2), 188–197. http://dx.doi.org/10.1037/0003-066X.41.2.188 Medline:3963612

Moxnes, K. (2003). Risk factors in divorce: Perceptions by the children involved. *Childhood, 10*(2), 131–146. http://dx.doi.org/10.1177/0907568203010002002

Murray, S. L., Holmes, J. G., & Collins, N. L. (2006, Sep). Optimizing assurance: The risk regulation system in relationships. *Psychological Bulletin, 132*(5), 641–666. http://dx.doi.org/10.1037/0033-2909.132.5.641 Medline:16910746

Murray, S. L., Holmes, J. G., & Griffin, D. W. (2000, Mar). Self-esteem and the quest for felt security: How perceived regard regulates attachment processes. *Journal of Personality and Social Psychology, 78*(3), 478–498. http://dx.doi .org/10.1037/0022-3514.78.3.478

Medline:10743875

Murray, S. L., Rose, P., Holmes, J. G., Derrick, J., Podchaski, E. J., Bellavia, G., & Griffin, D. W. (2005, Feb). Putting the partner within reach: A dyadic perspective on felt security in close relationships. *Journal of Personality and Social Psychology*, *88*(2), 327–347. http://dx.doi.org/10.1037/0022-3514.88.2.327 Medline:15841862

Nanyang, R. P., & Hughes, J. N. (2002). Differential benefits of skills training with antisocial youth based on group composition: A meta-analytic investigation. *School Psychology Review*, *31*, 164–185.

Norcross, J. C. (2010). The therapeutic relationship. In B. L. Duncan, S. D. Miller, B. E. Wampold, & M. A. Hubble (Eds.), *The heart & soul of change: Delivering what works in therapy* (2nd ed., pp. 113–141). Washington, DC: American Psychological Association. http://dx.doi.org/10.1037/12075-004

Norcross, J. C., Prochaska, J. O., & Gallagher, K. M. (1989). Clinical psychologists in the 1980s: II. Theory, research and practice. *Clinical Psychologist*, *42*(3), 45–53.

O'Gorman, R., Wilson, D. S., & Miller, R. R. (2008). An evolved cognitive bias for social norms. *Evolution and Human Behavior*, *29*(2), 71–78. http://dx.doi.org/10.1016/j.evolhumbehav.2007.07.002

Ontario Aboriginal Health Advocacy Initiative. (2003). *Aboriginal access to health care systems*. Toronto: Ontario Aboriginal Health Advocacy Initiative.

Orme, J., & Powell, J. (2008). Building research capacity in social work: Process and issues. *British Journal of Social Work*, *38*(5), 988–

1008. http://dx.doi.org/10.1093/bjsw/bcm122

Otnes, C. C., & Pleck, E. H. (2002). *Cinderella dreams: The allure of the lavish wedding*. Berkeley: University of California Press.

Otto, H., Polutta, A., & Ziegler, H. (2009). Reflexive professionalism as a second generation of evidence-based practice: Some considerations on the special issue "What works? Modernizing the knowledge-base of social work." *Research on Social Work Practice, 19*(4), 472–478. http://dx.doi .org/10.1177/1049731509333200

Parker, J. G., & Asher, S. R. (1987, Nov). Peer relations and later personal adjustment: Are low-accepted children at risk? *Psychological Bulletin, 102*(3), 357–389. http://dx.doi. org/10.1037/0033-2909.102.3.357 Medline:3317467

Pavlov, I. (1927). *Conditioned reflexes*. Oxford: Oxford University Press.

Pfeiffer, J. W., & Jones, J. E. (Eds.) (1974). *A handbook of structured experiences for human relations training* (Vol. 1). San Diego, CA: University Associates Publishers and Consultants.

Pajares, F. (1997). Current directions in self-efficacy research. In M. Maehr & P. R. Pintrich (Eds.), *Advances in motivation and achievement* (Vol. 10, pp. 1–49). Greenwich, CT: JAI Press.

Palincsar, A. S. (1998). Social constructivist perspectives on teaching and learning. *Annual Review of Psychology, 49*(1), 345–375. http:// dx.doi.org/10.1146/annurev.psych.49.1.345 Medline:15012472

Perepletchikova, F., Hilt, L. M., Chereji, E., & Kazdin, A. E. (2009, Apr). Barriers to implementing treatment integrity procedures: Survey of treatment outcome researchers. *Journal of Consulting and Clinical*

Psychology, *77*(2), 212–218. http://dx.doi.org/10.1037/a0015232 Medline:19309181

Perez, P. J. (1996). Tailoring a collaborative, constructionist approach for the treatment of same sex couples. *Family Journal*, *4*(1), 73–81. http://dx.doi .org/10.1177/1066480796041016

Philips, B., Werbart, A., Wennberg, P., & Schubert, J. (2007, Mar). Young adults' ideas of cure prior to psychoanalytic psychotherapy. *Journal of Clinical Psychology*, *63*(3), 213–232. http://dx.doi.org/10.1002/jclp.20342 Medline:17211871

Polkinghorne, D. E. (1992). Postmodern epistemology of practice. In S. Kvale (Ed.), *Psychology and postmodernism* (pp. 146–165). London: Sage.

Pope, B. (1986). *Social skills training for psychiatric nurses*. London: Harper & Row.

Potter, J. (1996). *Representing reality: Discourse, rhetoric and social construction*. Thousand Oaks, CA: Sage.

Potter, S. H. (1988). The cultural construction of emotion in rural Chinese social life. *Ethos*, *16*(2), 181–208. http://dx.doi.org/10.1525/eth.1988.16.2.02a00050

Quinn, M. M., Kavale, K. A., Mathur, S. R., Rutherford, R. B., & Forness, S. R. (1999). A meta-analysis of social skill interventions for students with emotional and behavioral disorders. *Journal of Emotional and Behavioral Disorders*, *7*(1), 54–64. http://dx.doi.org/10.1177/106342669900700106

Reason, P. & Rowan, J. (Eds.). (1981). *Human inquiry: A sourcebook of new paradigm research*. London: Wiley.

Reardon-Anderson, J., Stagner, M., Macomber, J. E., & Murray, J. (2005). Systematic review of the impact of marriage and relationship programs. (U.S. Department of Health and Human Services, Administration for Children and Families). Retrieved 11 February 2009, from http://www.acf.hhs.gov/ programs/opre/strengthen/serv_ delivery/reports/systematic_rev/sys_ title.html.

Rennie, D. L. (2000). Aspects of the client's conscious control of the psychotherapeutic process. *Journal of Psychotherapy Integration*, *10*(2), 151–167. http:// dx.doi.org/10.1023/A:1009496116174

Rennie, D. L., & Toukmanian, S. G. (1992). Explanation in psychotherapy process research. In S. G. Toukmanian & D. L. Rennie (Eds.), *Psychotherapy process research: Paradigmatic and narrative approaches* (pp. 234–251). Newbury Park, CA: Sage.

Richerson, P. J., & Boyd, R. (2005). *Not by genes alone: How culture transformed human evolution*. Chicago: University of Chicago Press.

Robinson, L. A., Berman, J. S., & Neimeyer, R. A. (1990, Jul). Psychotherapy for the treatment of depression: a comprehensive review of controlled outcome research. *Psychological Bulletin*, *108*(1), 30–49. http://dx.doi.org/10.1037/ 0033-2909.108.1.30 Medline:2200072

Rogers, C. (1961). *On becoming a person: A therapist's view of psychotherapy*. London: Constable.

Rogers, E. (1995). *Diffusion of innovations* (4th ed.). New York: The Free Press.

Rosen, A. (1994). Knowledge use in direct practice. *Social Service*

355

Review, *68*(4), 561–577. http://dx.doi.org/10.1086/604084

Rosen, A. (2003). Evidence-based social work practice: Challenges and promise. *Social Work Research*, *27*(4), 197–256. http://dx.doi.org/10.1093/ swr/27.4.197

Rosen, A., Proctor, E. K., Morrow-Howell, N., & Staudt, M. (1995). Rationales for practice decisions: Variations in knowledge use by decision task and social work service. *Research on Social Work Practice*, *5*(4), 501–523. http:// dx.doi.org/10.1177/104973159500500408

Rosenberg, E. L. (1998). Levels of analysis and the organization of affect. *Review of General Psychology*, *2*(3), 247–270.

Roth, A., & Fonagy, P. (Eds.). (1996). *What works for whom? A critical review of psychotherapy research*. New York: Guilford.

Rothwell, P. M. (2005, Jan 1–7). External validity of randomised controlled trials: "To whom do the results of this trial apply?" *Lancet*, *365*(9453), 82–93. http://dx.doi.org/10.1016/S0140-6736(04)17670-8 Medline:15639683

Royal Society (2011). *Knowledge, networks and nations: Global scientific collaboration in the 21st century*. Retrieved December 2, 2011, from http://royalsociety.org/uploadedFiles/Royal_Society_Content/policy/publications/2011/4294976134.pdf

Rushton, J. P., Bons, T. A., & Hur, Y. M. (2008). The genetics and evolution of the general factor of personality. *Journal of Research in Personality*, *42*(5), 1173– 1185. http://dx.doi.org/10.1016/j.jrp.2008.03.002

Rutherford, R. B., Jr., & Nelson, C. M. (1988). Generalization and maintenance of treatment effects. In J. C. Witt, S. W. Elliott, & F. M. Gresham (Eds.), *Handbook of behavior therapy in education* (pp. 277–324). New York: Plenum Press.

Salter, A. (1949). *Conditioned reflex therapy: The direct approach to the reconstruction of personality*. Oxford: Creative Age Press.

Scarr, S., & McCartney, K. (1983, Apr). How people make their own environments: A theory of genotype → environment effects. *Child Development, 54*(2), 424–435. Medline:6683622

Schachter, S., & Singer, J. E. (1962, Sep). Cognitive, social, and physiological determinants of emotional state. *Psychological Review, 69*(5), 379–939. http:// dx.doi.org/10.1037/h0046234 Medline:14497895

Schofield, W. (1964). *Psychotherapy: The purchase of friendship*. Englewood Cliffs, N J: Prentice-Hall.

Schwartz, R. M., & Gottman, J. M. (1976, Dec). Toward a task analysis of assertive behavior. *Journal of Consulting and Clinical Psychology, 44*(6), 910–920. http://dx.doi.org/10.1037/0022-006X.44.6.910 Medline:993429

Segal, L. (1994). *Straight sex: The politics of pleasure*. London: Virago.

Segal, Z. V., Williams, J.M.G., & Teasdale, J. D. (2002). *Mindfulness-based cognitive therapy for depression: A new approach to preventing relapse*. New York: Guilford.

Seligman, M.E.P. (1974). Depression and learned helplessness. In R. J. Friedman & M. M. Katz (Eds.), *The Psychology of depression: Contemporary theory and research* (pp. 83–113). Washington, DC: Winston-Wiley.

Seligman, M.E.P. (1992). *Helplessness: On depression, development, and death* (2nd ed.). New York: W. H. Freeman.

Shapiro, D. A., & Shapiro, D. (1982, Nov). Meta-analysis of comparative therapy outcome studies: A replication and refinement. *Psychological Bulletin, 92*(3), 581–604. http://dx.doi.org/10.1037/0033-2909.92.3.581 Medline:7156259

Shaugnessy, A. F., Slanson, D. C., & Bennett, J. H. (1994). Becoming an information master: A guidebook to the medical information jungle. *Journal of Family Practice, 39*(5), 489–499.

Singer, D. (2007). The political economy of psychotherapy. *New Politics, XI*(2). Retrieved 6 August 2011, from http://newpolitics.mayfirst.org/node/195

Singleton, W. T., Spurgeon, P., & Stammers, R. B. (Eds.). (1979). *The analysis of social skills.* New York: Plenum.

Skinner, B. F. (1938). *The behaviour of organisms.* New York: Appleton-Century-Crofts.

Skinner, B. F. (1953). *Science and human behavior.* New York: Free Press.

Smith, M. J. (1975). *When I say no, I feel guilty.* New York: Bantam Books.

Smith, S. W., & Travis, P. C. (2001). Conducting social competence research: Considering conceptual frameworks. *Behavioral Disorders, 26*(4), 360–369.

Stajkovic, A. D., & Luthans, F. (1998). Self-efficacy and work-related performance: A meta-analysis. *Psychological Bulletin, 124*(2), 240–261. http://dx.doi.org/10.1037/0033-2909.124.2.240

Stokes, T. F., & Baer, D. M. (1977, Summer). An implicit technology of generalization. *Journal of Applied Behavior Analysis, 10*(2), 349–367. http://dx.doi.org/10.1901/jaba.1977.10-349 Medline:16795561

Strain, P. S. (2001). Empirically based social skills intervention: A case for quality-of-life improvement. *Behavioral Disorders, 27*(1), 30–36.

Strelan, P. (2007). The prosocial, adaptive qualities of just world beliefs: Implications for the relationship between justice and forgiveness. *Personality and Individual Differences, 43*(4), 881–890. http://dx.doi.org/10.1016/ j.paid.2007.02.015

Taleb, T. N. (2005). *The black swan: the impact of the highly improbable*. New York: Random House.

Tanenbaum, S. (2003, May). Evidence-based practice in mental health: Practical weaknesses meet political strengths. *Journal of Evaluation in Clinical Practice, 9*(2), 287–301. http://dx.doi.org/10.1046/ j.1365-2753.2003.00409.x Medline:12787192

Tillich, P. (1973). *Systematic theology* (Vol. 1). Chicago: University of Chicago Press.

Trower, P. (1984). *Radical Approaches to Social Skills Training*. Michigan: Croom Helm.

Trower, P., Bryant, B., & Argyle, M. (1978). *Social skills and mental health*. London: Methuen.

Truan, F. (1993, Sep). Addiction as a social construction: A postempirical view. *Journal of Psychology, 127*(5), 489–499. http://dx.doi. org/10.1080/00223980 .1993.9914886 Medline:8271227

Tsang, A.K.T. (1979). *Community participation scale*. Unpublished manuscript.

Tsang, A.K.T. (1995). *Negotiation of therapy agenda: Development of a process coding system* (Unpublished doctoral dissertation). University of Toronto.

Tsang, A.K.T. (2000). Bridging the gap between clinical practice and research: An integrated practice-oriented model. *Journal of Social Service Research*, *26*(4), 69–90. http://dx.doi.org/10.1080/01488370009511337

Tsang, A.K.T. (2008). *Psychotherapy integration and beyond: The MCM model*. Retrieved 29 March 2009, from http://kttsang.com/about/mcm/Brief_Intro_to_MCM.pdf

Tsang, A.K.T. (2009, December). *Evidence-based practice in social work*. Keynote lecture at the International Conference on Globalization and Family Changes: Policy Implications, Service Initiatives and Evidence based Practice. Chinese University of Hong Kong.

Tsang, A.K.T. (2011a). *Community participation scale (revised)*. Unpublished manuscript.

Tsang, A.K.T. (2011b). *EBP 3.0 for practice research*. Unpublished manuscript.

Tsang, A.K.T. (2013). *Learning to change lives: The strategies and skills learning and development system*. Toronto, ON: University of Toronto Press.

Tsang, A.K.T., & Bogo, M. (1997). Engaging with clients cross-culturally: Towards developing research-based practice. *Journal of Multicultural Social Work*, *6*(3/4), 73–91.

Tsang, A.K.T., Bogo, M., & George, U. (2003). Critical issues in cross-cultural counseling research: Case example of an ongoing project. *Journal of Multicultural Counseling and Development*, *31*(1), 63–78. http://dx.doi.org/10.1002/j.2161-1912.2003.tb00532.x

Tsang, A.K.T., Bogo, M., & Lee, E. (2010). Engagement in cross-cultural clinical practice: Narrative analysis of first sessions. *Clinical Social Work Journal*, *39*(1), 77–90.

Tsang, A.K.T., & George, U. (1998). Towards an integrated framework for cross-cultural social work practice. *Canadian Social Work Review*, *15*(1), 73–93.

Tsang, A.K.T., George, U., & Bogo, M. (1997). *Three key issues evaluation (3-KIE)*. Toronto: Faculty of Social Work, University of Toronto.

Tsang, A.K.T., with Chu, M., Liu, K. Y., Ip, L.C.F., & Mak, N. S. (2014). *Managing sexuality and intimacy issues among seniors: The SSLD approach*. Toronto: Yee Hong Centre for Geriatric Care.

Vachon, D. O., Susman, M., Wynne, M. E., Birringer, J., Olshefsky, L., & Cox, K. (1995). Reasons therapists give for refusing to participate in psychotherapy process research. *Journal of Counseling Psychology*, *42*(3), 380–382. http://dx.doi.org/10.1037/0022-0167.42.3.380

Vernon, P. A., Petrides, K. V., Bratko, D., & Schermer, J. A. (2008, Oct). A behavioral genetic study of trait emotional intelligence. *Emotion*, *8*(5), 635–642. http://dx.doi.org/10.1037/a0013439 Medline:18837613

Wakefield, J. C., & Kirk, S. A. (1996). Unscientific thinking about scientific practice: Evaluating the scientist-practitioner model. *Social Work Research*, *20*(2), 83–95.

Wampold, B. E., Minami, T., Baskin, T. W., & Callen Tierney, S. (2002, Apr). A meta-(re)analysis of the effects of cognitive therapy versus "other therapies" for depression. *Journal of Affective Disorders, 68*(2–3), 159–165. http://dx.doi .org/10.1016/S0165-0327(00)00287-1 Medline:12063144

Wiseman, H. (1992). Conceptually-based interpersonal process recall (IPR) of change events: What clients tell us about our micro theory of change. In S. G. Toukmanian & D. L. Rennie (Eds.), *Psychotherapy process research: Paradigmatic and narrative approaches* (pp. 51–76). Newbury Park, CA: Sage.

Wolberg, L. R. (1986). *The technique of psychotherapy* (4th ed.). Philadelphia: Grune & Stratton.

Warner, R. (2004). *Recovering from schizophrenia: Psychiatry and political economy* (3rd ed.). New York: Brunner-Routledge.

Watson, J. B. (1925). *Behaviorism*. New York: Norton.

Williams White, S., Keonig, K., & Scahill, L. (2007, Nov). Social skills development in children with autism spectrum disorders: A review of the intervention research. *Journal of Autism and Developmental Disorders, 37*(10), 1858–1868. http://dx.doi.org/10.1007/s10803-006-0320-x Medline:17195104

Winnicott, D. W. (1971). *Playing and reality*. London: Tavistock.

Wolf, M. M. (1978, Summer). Social validity: The case for subjective measurement or how applied behavior analysis is finding its heart. *Journal of Applied Behavior Analysis, 11*(2), 203–214. http://dx.doi.org/10.1901/jaba.1978.11-203 Medline:16795590

Wolpe, J. (1958). *Psychotherapy by reciprocal inhibition*. Stanford:

Stanford University Press.

Wolpe, J., & Rachman, S. (1960, Aug). Psychoanalytic "evidence"：A critique based on Freud's case of Little Hans. *Journal of Nervous and Mental Disease*, *131*(2), 135–148. http://dx.doi. org/10.1097/00005053-196008000-00007 Medline:13786442

World Health Organization (1946/2016). Constitution of WHO: Principles. Retreived from http://www.who.int/about/mission/en/

Yeates, K. O., Bigler, E. D., Dennis, M., Gerhardt, C. A., Rubin, K. H., Stancin, T., Taylor, H. G., & Vannatta, K. (2007, May). Social outcomes in childhood brain disorder: A heuristic integration of social neuroscience and developmental psychology. *Psychological Bulletin*, *133*(3), 535–556. http://dx.doi. org/10.1037/0033-2909.133.3.535 Medline:17469991

Yontef, G., & Simkin, J. (1993). *An introduction to gestalt therapy*. Behaviour on Line. Retrieved 29 March 2009, from http://www. behavior.net/gestalt.html

Zigler, E., & Phillips, L. (1961). Social competence and outcome in psychiatric disorder. *Journal of Abnormal and Social Psychology*, *63*(2), 264–271. http:// dx.doi.org/10.1037/h0046232

Zuckerman, A., & Mitchell, C. L. (2004). Psychology interns' perspectives on the forced termination of psychotherapy. *Clinical Supervisor*, *23*(1), 55–70. http://dx.doi.org/10.1300/J001v23n01_04

中文文獻

毛剛強（2008）。《反思與成長：我的農村社會發展工作》。載曾家達、高鑒國、游達裕、梁玉麒主編，〈微光處處——28位社會工作者的心路歷程〉。中國：中國社會出版社。

王思斌（2011）。〈我國社會工作發展的新取向〉。《中國社會工作》，第19期。

李展熙、葉翠芬、游達裕（2017）。《萬象》。香港：策馬文創。

李楊（2007）。〈高校的非典型腐敗〉。《中國新聞周刊》，2007年4月17日。http://jw.xjtu.edu.cn/info/1032/1494.htm

李路路（2012）。《社會結構階層化和利益關係市場化——中國社會管理面臨的新挑戰》。《社會學研究》，第2期。

國際貨幣基金組織（2016）。〈全球經濟及金融調查〉。《世界經濟展望2016》（World Database Outlook 2016）。http://www.imf.org/external/pubs/ft/weo/2016/02/weodata/index.aspx.

張敏思、張家弘（2013）。〈知行易徑在夫婦關係工作坊的應用與反思〉。載游達裕、區結蓮、曾家達編著，《知行易徑：應用與反思》。香港：策馬文創。

陳偉民（2017）。〈從知行易徑看財富管理〉。載李展熙、葉翠芬、游達裕編著，《萬象》。香港：策馬文創。

曾家達（2013）。〈論需要〉。載游達裕、區結蓮、曾家達編著，《知行易徑：應用與反思》。香港：策馬文創。

曾家達、仁愛堂、易思達行團隊（2016）。《知行易徑介入模式於社會共融工作的應用研究計劃》。香港：仁愛堂。

曾家達、許認（2012）。〈中國社會工作的回顧與展望〉。載曾家達、殷妙仲、高鑒國、辛偉泉，《中國社會工作的發展：加拿大華

人學者的回顧與探討》。北京：社會科學文獻出版社。

曾家達、游達裕（2013）。〈知行易徑與追尋好境〉。載游達裕、區
　　結蓮、曾家達 編著，《知行易徑：應用與反思》。香港：策馬
　　文創。

游達裕（2013a）。《聆聽及面談技巧訓練（學員手冊）》。北京：中
　　國社會出版社。（簡體版）

游達裕（2013b）。《聆聽及面談技巧訓練（導師手冊）》。北京：中
　　國社會出版社。（簡體版）

游達裕、梁玉麒、朱志強（2001）。〈尋解面談簡介〉。載楊家正、
　　游達裕、梁玉麒編，《解困之道》。香港：香港大學出版社。

游達裕、曾家達（2017）。〈知行易徑路徑圖〉。載李展熙、葉翠芬、
　　游達裕編《萬象》（頁 3–16）。香港：策馬文創。

楊曾憲（2007）。〈泡沫學術：「多贏」背後的「多輸」〉。《書摘》，
　　第 6 期。

楊艷秋、徐新年（2013）。〈發掘居民需要，共建互助社區〉。載游
　　達裕、區結蓮、曾家達編著，《知行易徑：應用與反思》香港：
　　策馬文創。

劉山青（2014）。〈平靜是金〉。《852 郵報》，2014 年 10 月 3 日。
　　http://www.post852.com/51204/%E5%B9%B3%E9%9D%9C%E6
　　%98%AF%E9%87%91/